U0015343

TRILLIONS

How a Band of Wall Street Renegades Invented
the Index Fund and Changed Finance Forever

魏吾絲———著
Robin Wigglesworth
朱怡康———譯

送給
瑪蒂妲（Matilde）和芬恩（Finn）
爸爸對你們的愛
超過無限超級大黑洞

目　錄

2 教父⋯⋯⋯⋯⋯⋯⋯⋯⋯⋯⋯⋯⋯⋯⋯⋯⋯⋯⋯⋯⋯37
THE GODFATHER

法國數學家路易・巴榭里耶曾在巴黎證交所兼差，這經驗促使他想透過數學、而非交易者的直覺，為市場波動建構「機率定理」。他的論文〈投機論〉是有史以來第一次以嚴謹的數學方法檢視金融證券，探討股市波動為何似乎隨機而不可預測。為了進一步了解市場看似隨機的波動，也為了估計金融證券的價值，他建立了有史以來第一個分析隨機運動的方法，我們現在更常把這種運動方式稱為「隨機漫步」。巴榭里耶在世時沒有受到重視，今天卻被尊為「數理金融學之父」。他可以說是指數型基金在知識上的教父，但隨機漫步理論之所以能發展成活潑、多面向的模型，解釋市場如何運作、投資人應該如何應對市場，甚至為即將到來的被動投資地震奠定知識基礎，主要應該歸功於這個領域的三名秀異之才：哈利・馬可維茲、威廉・夏普，以及尤金・法馬——他們每一位後來都獲得諾貝爾獎肯定。

3 馴服機運之魔⋯⋯⋯⋯⋯⋯⋯⋯⋯⋯⋯⋯⋯⋯⋯⋯57
TAMING THE DEMON OF CHANCE

據說，美國二十世紀傑出的經濟學家保羅・薩繆森講過：「華爾街站在哈利・馬可維茲的肩膀上。」直到今天，他的作品仍在繼續影響財富管理原則，啟發身價上億的避險基金經理人、積極擴張的投資銀行，以及巨型退休金計畫。

1952年，馬可維茲首次將論文發表在聲譽卓著的《金融期刊》，題名為〈投資組合選擇〉，這是第一次以量化方式討論平衡投資風險與收益的最佳策略。這篇論文是後來的「現代投資組合理論」的基礎，後者直到今天仍在影響多數投資人管理持股的方式。同樣是1952年，馬可維茲得到舉世聞名的智庫蘭德公司的工作，他在那裡認識了年輕、聰明的經濟學者威廉‧夏普，後來不但拜入他的門下，還大幅拓展了他的研究。他們像是天造地設的合作伙伴，一同創造出豐碩的成果。至於如何論證「市場投資組合」為什麼是最佳投資策略？如何將象牙塔裡的學術討論化為燎原之火，掀起金融革命？就是另一位經濟學家的任務了。

約翰‧麥克考想整理過去的股市模式，看看能否利用它們預測股價。為此他和搭檔租用大型電腦IBM 7090。可惜始終徒勞無功。不論他們在金融數據裡發現什麼模式，都找不出股票隔天是漲是跌的線索。但不管是徹夜傳來的紙卡打孔聲，還是電腦吐出的大量數據，都引起了IBM地區主管的好奇。一方面是感興趣，另一方面是想趁機宣傳自家電腦的多元用途，IBM邀請麥克考參加會議，向他們的老客戶和潛在客戶講解他的初步成果。
那是1964年1月，富國銀行董事長蘭森‧庫克也在台下。富國是老字號，儘管信譽卓著，也有心擴大版圖，但影響力始終無法超出西岸根據地。會議結束後，庫克主動找麥克考攀談，麥克考提及，用更科學的方法投資是未來的趨勢。庫克當場邀他來富國銀行成立智庫並負責主持，尋找改善銀行各種業務包括投資管理的辦法。接下來幾週，庫克誠意十足地打了好幾次電話，麥克考終於點頭，隨後成立「富國銀行管理科學組」。

麥克考的管理科學組與沃丁的財務分析室惡戰數年，處處交鋒。不過，前者的確提出大量數據證明自己的看法，連沃丁最後也心服口服。麥克考一方面

想強化這場聖戰的陣容，另一方面有新任董事長慷慨贊助，請來一群學界巨星擔任顧問。威廉・夏普、吉姆・羅里、羅倫斯・費雪、麥可・簡森、哈利・馬可維茲、默頓・米勒、傑克・特雷諾，都曾在不同時間點為他們提供建議，當時逐漸嶄露頭角的經濟學新秀費雪・布雷克和邁倫・修爾斯也曾被諮詢。雖然尤金・法馬從未正式受聘於富國銀行，但他的研究讓他們獲益良多，猶如這群人的知識教父。他不但讓愛徒大衛・布斯為麥克考工作，還把修爾斯和布雷克介紹給管理科學組。對這群人數不多、羽翼未豐但十足熱血的指數基金傳教士來說，法馬日益響亮的名聲是他們亟需的知識擔保。從學術陣容來看，管理科學組可以說是金融經濟學的曼哈頓計畫。

1960年8月，《金融分析師期刊》刊登了一篇署名約翰・B・阿姆斯壯的檄文，嚴詞抨擊學術界居然認為基金經理人投資績效不佳，妄言基金公司應該設法模仿市場，而非擊敗它。後來這個匿名的作者揭曉：竟是約翰・克里夫頓・柏格。諷刺的是，他後來創立先鋒集團，大力推廣被動、價廉、模仿市場的指數型基金——與自己當年的想法背道而馳。

一語道盡一個人的本質很難。如果這個人幾乎走過九十年的人生、重新塑造了自己的產業——甚至有人認為他重塑了資本主義本身——我們更難三言兩語說盡他是個什麼樣的人。詩人阿爾基羅庫斯說過：狐狸知道的很多，刺蝟只知道一件重要的事。柏格是典型的刺蝟，一向只奮不顧身投入一件大事，可是在情況丕變時，他也有足夠的智慧改變立場。後來被問到他對主動投資的想法為何改變時，他引用經濟學家約翰・凱恩斯的話，說：「事實改變了，所以我的想法也跟著變，你呢？」

1975年12月，先鋒為「第一指數投資信託」（FIIT）註冊，在1976年5月正式向證管會提交招股書。先鋒取得標準普爾授權使用他們的指數。標普只收取

象徵性費用，反映出他們尚未意識到自己的指數其實潛力無窮，足以創造豐沛的收益流。由於基金需要一些資金起步，而先鋒自己不能經銷，柏格的下一步是找一群證券商銷售股票給他們的客戶。他信心十足地對董事會說：首次公開募股之後，證券商一定能募到一億五千萬，遠遠超過買下複製標普500所需的所有股票的金額。

可是，在券商帶柏格和李普巡迴各地向全國客戶推銷之後，一開始的樂觀氣氛頓時消散。最後，承銷商一臉陰鬱地告訴他們恐怕只募得到三千萬，與買下整個標普500的金額差得很遠。1976年8月31日，結果揭曉：FIIT只募到1,132萬元。媒體很快給FIIT起了「柏格的蠢事」的綽號。這場慘敗也斷了其他公司跟進先鋒的念頭。在許多共同基金集團眼裡，指數型基金簡直是過街老鼠。

1982年美國股市止跌回升，小型股更異軍突起。大衛·布斯創立的德明信基金一開始的報酬率將近29%，反觀標普500只有14.7%。這成為德明信銷售宣傳的重點，到1983年初，它管理的資產已接近十億大關。此時，德明信的銷售軍火庫裡還多了一件重型武器——邁倫·修爾斯的門生洛夫·邦茲。邦茲曾以CRSP數據計算小型股的平均報酬，結果發現：雖然它們的波動遠大於聞名的績優股，但長期而言收益更多。令人吃驚的是，小型股不但能在理論上發揮分散投資的作用，長期而言，它們連實際表現都優於大型股。1981年3月，邦茲就這個主題所寫的博士論文在《金融經濟學期刊》發表，布斯對德明信的小型股基金更具信心——現在，他有確切證據可證明自家產品與眾不

同，不但能將雞蛋放到更多籃子，還能獲得更多長期報酬。管理財富的新途徑就此開啟。德明信沒放過這次行銷機會，一開始稱之為「象限」，而現在，支持這套途徑的人多半稱它為「聰明β」或「因子投資」。

11 「蜘蛛」誕生 ···················193
THE SPIDER'S BIRTH

內特・莫斯特為聲譽卓著但面臨瓶頸的美國證交所工作，對於如何挽救這裡的期貨交易，他有個大膽的想法。為達成目標，他希望先鋒的指數型基金變成整天可以買賣，像其他股票一樣。約翰・柏格對他說：「你想讓人們能買賣標普，但我只想讓他們買下標普就別賣。」莫斯特的構想後來變成ETF，它將是投資史上影響力極大的發明，也將帶領指數投資革命進入下一個階段。ETF對重塑金融的貢獻甚至超過第一代指數型基金。它們的急劇成長正重構交易模式、重組市場連結、改寫投資產業，甚至開始影響公司治理，步調雖然緩慢，卻沛然莫之能禦。而它們帶來這些變化的方式，我們才剛剛開始研究而已。

柏格晚年對ETF的態度勉強軟化一點。他坦誠道：「我完全沒想到，短短十年之內，ETF就能引發燎原烈火，不只改變指數的本質，也改變整個投資領域。」

12 富國投顧2.0 ···················213
WFIA 2.0

13 賴瑞・芬克的豪賭 ···················233
LARRY'S GAMBIT

2008年，雷曼兄弟投資銀行破產，巴克萊大膽買下它在美國的產業，沒想到很快被這筆交易拖下水。到了2009年初，巴克萊也開始拚命籌款，為了避免英國政府紓困，不惜變賣旗下產業，連廣獲好評的資產管理品牌BGI都打算分割求售。4月初，巴克萊與倫敦大型私募股權公司CVC達成協議，準備以四十二億元出售BGI成長快速的安碩ETF。不過，協議允許巴克萊在期限內與開價

高於CVC的買家交涉。這為貝萊德打開了一扇窗──但它得盡快抓住機會。
至少從2007年開始，貝萊德便已默默留意各大ETF團隊，希望能透過收購進入快速成長的ETF產業。貝萊德執行長賴瑞‧芬克當時詢問策略長蘇珊‧瓦格納：如果公司也想加入ETF戰局，用什麼辦法最好？瓦格納的建議是收購──誰也沒想到兩年之後，一支ETF勁旅就倏地成了拍賣品。事實上，在CVC與巴克萊公布協議之前，消息靈通的芬克便已透過管道得知兩者相談甚歡──也已準備橫刀奪愛。

某日，保守福音派基督徒內茲利徹底檢查了自己的投資組合，驚愕地發現：「我的投資清單像是地獄版的『熱門股排行榜』……全是邪惡的東西。」隨後他離開富國銀行，創立基督徒財富管理公司。這門生意一炮而紅，於是內茲利與幾家指數型基金供應商接洽，希望他們推出更符合他的客戶需求的產品，但基督徒財管不寬容的立場嚇壞了這些供應商，他們全都敬謝不敏。內茲利不得已只好自創啟示投資，推出一系列「聖經責任」ETF。
啟示投資是ETF改變指數基金業的鮮活案例。拜ETF技術之賜，以往相對簡單、主要只是股市現象的東西，現在幾乎在金融體系的每一個角落建立灘頭堡。雖然有些支持者認為，這讓各種口味的投資人都有選擇空間，然而，它也逐漸變成危險的叢林。由於各種金融證券都能輕易打包到ETF裡，它反而讓投資人犯錯的風險變高。而指數型基金一開始，正是為了降低風險而發明。

在以前，為金融市場提供指數被當成乏味的工作，但今天，創造基準本身已

成為獲利極豐的產業，由MSCI、富時羅素、標普道瓊指數「三巨頭」主宰。它們加起來的市占率約70%，已經從市場的快照變成影響市場的力量。之所以發生這種變化，主要是拜指數型基金之賜，因為這些基金其實把自己的投資決定交給了創造基準的公司。

全球投資業掌控的資金，絕非指數型基金所能望其項背；與更龐大的全球金融資產相比，指數型基金的二十六兆更顯渺小。然而，指數型基金仍在高速成長，影響力日益提高，連一些支持者都承認：有越來越多跡象顯示指數型基金正反客為主，反過頭來左右市場。雖然指標大多是依據冷硬的量化標準創造的，但該用哪些量尺、股票如何加權，都由指數供應商決定，它們不但能間接影響大型上市公司的命運，還能形塑數千萬人的生活，因此嚴格把關不僅是他們的權利，更是義務。

17 這是水
THIS IS WATER

伊莉莎白・費爾南多是USS股票投資團隊的主管，她的基金管理團隊表現出色，卻在為公司服務二十五年後遭到資遣──新老闆西蒙・皮爾契打算大刀闊斧改造公司，決定解散整個內部選股團隊，將資金挪去經營主流市場，並發展主要以量化模型和電腦為準的「主題式」策略。USS選股團隊的遭遇不是孤例，它顯示金融業的鐘擺在過去十年已大幅轉向，從傳統投資擺向量化和被動的一邊。

不論被動投資的支持者或反對者，都同意它會產生副作用。指數型投資除了衝擊市場和其他投資人以外，對經濟動能也有害嗎？伯恩斯坦公司分析師伊尼格・弗雷澤－簡金斯曾發表了一篇嗆辣的文章：〈默默通向奴役之路：為什麼被動投資比馬克斯主義更糟〉，雖然他故意寫得火藥味十足，但其中有一點是無可否認的：指數型基金是搭主動經理人的便車，後者具有總體社會價值──連約翰・柏格都承認。他在去世前幾年說：如果每一個人都只選擇被動投資，結果將是「混亂、災難」。

目　錄
Contents

18 | 我們的新企業領主
OUR NEW CORPORATE OVERLORDS

在早期，對指數型基金的批評集中在投資人不應「接受庸才」，但這種攻擊已被鐵一般的數據狠狠粉碎。後來，有人認為指數型基金讓市場泡沫化，也有人指控它讓市場變得脆弱，但相關證據始終薄弱。而最新、或許也最有力的批評是：被動投資的成長強化業界寡占問題，對公司治理造成惡劣影響。
「公司治理」一詞或許看似枯燥冷僻，似乎只有怪咖律師才會注意，但它其實非常重要。公司在現代世界享有龐大的影響力，而它們最大的股東，現在越來越常是貝萊德、先鋒、道富等企業推出的指數型基金。這是這些企業無法迴避的議題，因為就算他們決定不使用影響力，「不使用影響力」本身也會造成影響。指數投資的規模經濟必然導致後果。柏格晚年對這個問題日益不安，他指出：如果強化寡占的趨勢持續下去，少數幾家公司將逐漸在多數公司享有投票優勢，最後，美國每一家大型上市公司都會被他們控制。

除非特別註明，原註內容皆出自作者2018至2020年之採訪，
文中貨幣皆為美元。

特別聲明　本書中的言論內容不代表本公司／出版集團的立場及意見，由作者自行承擔文責。

登場人物
Cast of Characters

華倫・巴菲特（Warre Buffett）

　　波克夏・海瑟威公司董事長，全球最著名的投資家。在指數型基金與避險基金的十年獲利對決中，因押寶指數型基金而贏得投資業的世紀賭注。

泰德・塞德斯（Ted Seides）

　　避險基金投資公司「門徒」（Protégé Partners）共同創辦人。得知巴菲特對指數型基金信心滿滿，認定傾全球最佳財富管理人之力，十年獲利也不可能超過指數型基金，塞德斯決定與巴菲特對賭。

約翰・克里夫頓・「傑克」・柏格（John Clifton "Jack" Bogle）

　　先鋒集團（Vanguard）創辦人，全球頂尖指數型基金經理人。由於他致力推廣被動投資工具，鼓勵投資業用這種方式讓更多人得到「公平待遇」，他有「聖傑克」之稱。

路易・巴榭里耶（Louis Bachelier）

　　二十世紀初法國數學家。雖然終身沒沒無聞，但他對股票「隨機漫步」（random walk）的研究對被動投資影響深遠。

阿佛列・考爾斯三世（Alfred Cowles III）

　　出身報業大亨之家，曾患結核病。他嚴謹研究專業投資人員的實際績效，將他們的成果與股市大盤的績效做比較，是這個領域早期的研究者。

詹姆斯・羅里（James Lorie）

　　芝加哥大學教授，性好交際。他受美林集團（Merrill Lynch）委託研究股票的

長期報酬，做出目前為止最大也最全面的股票市場研究，為指數型基金的
發展提供了原始燃料。

哈利・馬可維茲（Harry Markowitz）

足智多謀的經濟學家。1952年寫成的金融市場博士論文深具開創性，是影
響金融業極深的學術論文。這本論著不但讓他拿下諾貝爾經濟學獎，也為
後來的被動投資革命打下基礎。

威廉・夏普（William Sharpe）

早年習醫，後來成為第一代兼通電腦程式與經濟學的專家。他以師父馬可
維茲的研究為基礎，證明「市場投資組合」（market portfolio）的力量——市場
投資組合即指數型基金。

尤金・法馬（Eugee Fama）

曾是運動高手，後來成為芝加哥大學傳奇經濟學家。他的效率市場假說
（efficient-markets hypothesis）有助於解釋市場為何難以擊敗，也催生了被動投資。

約翰・麥克考（John McQuown）

意志堅決、著迷電腦的銀行家，說服富國銀行（Wells Fargo）設立研究單位，
組成最大的經濟超級巨星團隊，進而推出改寫金融的第一檔被動投資基金。

雷克斯・辛格費德（Rex Siquefield）

曾受教於法馬，後來成為別具個人風格的效率市場假說「大教長」，在芝加哥
的美國國民銀行（American National Bank）設立第一個標普500（S&P 500）指數
型基金。後來和麥克考的徒弟大衛・布斯（David Booth）一起成立德明信基
金顧問公司（DFA，Dimensional Fund Advisors）。

迪恩・里巴倫（Dean Lebaron）

不按牌理出牌的財富管理人。雖然他成名於1960年代的股市狂飆期，但他
的百駿財管公司（Batterymarch）是最早設立指數型基金的公司之一——不
過，一開始沒人看好。

吉姆・沃丁（Jim Vertin）

富國銀行信託部研究室主任。原本激烈反對麥克考，最後也信服被動投資，
並積極推廣。

13

威廉・富斯（William Fouse）

　　留八字鬍，懂得享受生活，大學期間全在玩爵士樂。被排擠離開梅隆銀行（Mellon Bank）之後，他成為麥克考的研發團隊和富國銀行其他投資部門的橋梁。

吉姆・李普（Jim Riepe）

　　柏格在威靈頓資產管理公司（Wellington）的主要助手。他一路追隨柏格度過「大分裂」和創立先鋒集團，在發行第一指數投資信託（First Index Investment Trust）上扮演關鍵角色。

楊・特瓦多斯基（Jan Twardowski）

　　柏格的年輕「量化分析師」（quant），他用一種現在已經失效的程式語言，協助設計先鋒集團最早的指數共同基金。儘管這個基金一開始不受投資人青睞，他總算確保它沒有偏離指標太遠。

柏頓・墨基爾（Burton Malkiel）

　　經濟學家，著有《漫步華爾街》（A Random Walk Down Wall Street）。這本書讓法馬等人發展的許多理論普及化。墨基爾後來成為先鋒集團董事和美國證券交易所（American Stock Exchange）新產品部門主管——ETF（exchange-traded fund，指數型基金的一種）就是美國證交所開發的。

傑克・布倫南（Jack Brennan）

　　出身波士頓上流階層，在將先鋒集團打造成大型投資集團上厥功甚偉。他原本是柏格信任的助手和接班人，但兩人後來決裂，激烈較勁，讓先鋒集團一度方向不明。

大衛・布斯（David Booth）

　　堪薩斯人，熱愛籃球，從芝加哥博士班輟學進入富國銀行，為約翰・麥克考效力。他後來和曾經師從法馬的雷克斯・辛格費德一起創立德明信基金顧問公司，為指數型基金革命再下一城。

賴瑞・克洛茲（Larry Klotz）

　　原為貝克投資公司（AG Becker）頂尖營業員，後來和布斯、辛格費德一起成立德明信基金顧問公司。德明信的第一批大客戶很多都是克洛茲招來的，

但他很快就被布斯和辛格費德趕出公司。

琴恩・辛格費德（Jeanne Sinquefield）

雷克斯・辛格費德傑出而嚴格的妻子，擁有社會學博士學位，協助設計衍生性金融商品，後來成為德明信交易主管。每個新雇員都必須通過她的「琴恩測驗」（Jeanne Test）。

丹・惠勒（Dan Wheeler）

前海軍陸戰隊成員，個性健談，後來成為財務顧問，協助建立德明信的營運模式和訓練中心，將效率市場的福音傳向投資業的新角落。

內特・莫斯特（Nate Most）

為人和善的物理宅和前潛艇隊員，於金融業浮沉多年之後，在美國證交所研發ETF的過程中扮演重要角色。

史蒂芬・布倫（Steven Bloom）

莫斯特在美國證交所年輕聰明的好伙伴，有哈佛經濟學博士名校學歷，與他師父兼容並蓄的創意形成完美搭配。他後來到那斯達克工作，之後在西點軍校和艾森豪國家安全與資源策略學院（Eisenhower School for National Security and Resource Strategy）任教。

艾弗斯・萊利（Ivers Riley）

前海軍飛行員，與迪克・格拉索（Dick Grasso）競逐紐約證交所主席失利後加入美國證交所。他看出莫斯特和布倫的心血結晶的潛力，說它將是競爭激烈的交易市場中「扭轉命運的商品」。

弗瑞德・葛勞爾（Fred Grauer）

原本在學術界工作，曾被富國投顧（WFIA，Wells Fargo Investment Advisors）掃地出門，後來受邀回鍋領導該部門。葛勞爾讓富國投顧起死回生，蛻變為世上規模數一數二的投資集團。

派蒂・鄧恩（Pattie Dunn）

原是充滿魅力的新聞系學生，進入富國投顧擔任祕書後快速升遷，最後取代師父葛勞爾而成為巴克萊全球投資（BGI，Barclays Global Investors）執行長——葛勞爾對此大為震驚。

李‧克藍富斯（Lee Kranefuss）

　　原為企業顧問，受鄧恩之命將世界股票基準股（WEBS，World Equity Benchmark Shares）改造成獨立的ETF事業，更名「安碩」（iShares）。雖然他在公司內部引起許多不滿，他的成功遠遠超過所有人的預期。

賴瑞‧芬克（Larry Fink）

　　曾是波士頓第一銀行（First Boston）風光一時的明星債券交易員，後來因為一次慘烈的失敗被開除。東山再起後建立貝萊德（BlackRock），將它打造成世界最大的投資帝國。

羅伯‧卡皮托（Rob Kapito）

　　芬克在波士頓第一銀行的左右手，後來也是他在貝萊德的重要助手。喜愛紅酒，以作風強勢跋扈而聞名，對貝萊德的成長貢獻良多。

瑞夫‧許洛斯坦（Ralph Schlosstein）

　　曾於財政部和雷曼兄弟（Lehman）任職，後來和朋友芬克一起創立貝萊德。他有政治家一般的外交手腕，主導收購道富研究（State Street Research）和美林投資管理公司（MLIM，Merrill Lynch Investment managers）。

馬可‧魏德曼（Mark Wiedman）

　　曾任律師及財政部官員，個性外向，主導貝萊德收購巴克萊全球投資。由於魏德曼表現傑出，如果芬克退休，他可望成為接班的主要人選。

CHAPTER

1

巴菲特的賭局
Buffett's Bet

　　2007年一個沉悶、慵懶的夏日，泰德‧塞德斯走進他位在紐約現代藝術博物館（MoMA）十五樓的大辦公室，在現代風格的橢圓桌後坐定，把全國廣播公司商業頻道（CNBC）像背景音樂一樣開著。既然沒什麼急事要辦，他打開電子信箱瀏覽郵件，結果發現一則有趣的消息。

　　有朋友寄了封信給他，裡頭是華倫‧巴菲特最近和一群大學生對談的紀錄。塞德斯一向欽佩這位素有「奧馬哈神諭」之稱的傳奇人物，每逢巴菲特龐大的投資集團波克夏‧海瑟威舉辦年會，他總是排除萬難積極與會。但這天早上，他對這封信裡的一段話大為搖頭。

　　有學生問起巴菲特一年前打的賭。他當時說：單純追蹤美國股市的基金，可以擊敗任何一個由高績效避險基金經理人組成的團隊。巴菲特回答那位學生說：既然沒人敢和他打這個賭，「我想我是對的」。塞德斯36歲，長得有點像不留鬍子的電影製作人賈德‧阿帕托（Judd Apatow）。他平常是個冷靜自持的華爾街人，但巴菲特這句話惹毛了他。畢竟，避險基金是他的吃飯傢伙。

　　他的選股本事是親自跟著大衛‧史雲生（David Swensen）學的，後者是耶魯大學校務基金負責人。幾年前塞德斯協助創辦「門徒資產管理公

司」，為退休基金和私人銀行操作業界最炙手可熱的金融工具——「避險基金的基金」（fund-of-hedge-funds）。在2007年，門徒公司為客戶管理35億元的避險基金投資，報酬高達95％，輕鬆擊敗美國股市的報酬。[1]

雖然避險基金業直到1960年代才出現，但過去十年經歷了爆炸性成長。到2007年，避險基金業為全球投資人管理的資產已經將近兩兆元，為喬治·索羅斯（George Soros）和肯恩·格里芬（Ken Griffin）這種等級的經理人賺進大筆財富，金額之鉅連金融業其他高薪領域都看了眼紅。到2000年代中期，年輕華爾街人大多都以避險基金為志，沒興趣到投資銀行賺辛苦錢，更無意從事貸款給公司這種乏味的工作。

可是，巴菲特卻對這種熱潮不以為然，因為長久以來，他總覺得投資業充滿資質平庸的泛泛之輩，只知道把客戶的大筆佣金放進自己口袋。在2006年波克夏·海瑟威的年會上，巴菲特第一次提出上述賭注，也對投資業火力全開。

「你的老婆要生孩子了，找婦產科醫生來比自己接生好；你家水管堵住了，找水電工來比自己動手好。大多數活計都是這樣，讓專業的來比門外漢好。但整體來說，投資業不是這樣。」巴菲特對與會者說：「現在幹這行的有一大堆——我看他們一年賺走一千四百億吧——但他們做得到的，一般人一年花十分鐘就做得到。」

塞德斯並不完全反對巴菲特的看法，他也同意很多專業財富管理人根本沒什麼本事，但他認為巴菲特把話說得太過。那天上午他看著全國廣播公司商業頻道，意識到次貸危機已山雨欲來。他判斷事態將更加惡

1　Carol Loomis, "Buffett's Big Bet," *Fortune*, June 2008.

化,好轉還需要一段時間。不過,他認為避險基金業的海盜應該更能度過這場風暴,畢竟不論股市是漲是跌,避險基金都能獲利,而且投資標的遠比巴菲特拿來賭的標普500(S&P 500)更多。何況標普500當時的估值還是非常高,似乎渾然不覺金融危機即將來臨。所以塞德斯相信:雖然避險基金經理人收費較高,但他們有辦法度過這次難關,並輕鬆擊敗標普500。

2006年巴菲特在波克夏・海瑟威年會上打賭的時候,塞德斯錯過了機會。這天既然事情不多,看起來也沒人願意和巴菲特對賭,塞德斯開始以老派作法寫信給巴菲特,表示自己有意與他一賭。這封信以「親愛的華倫」開頭:[2]

> 我上週得知您在最近一次年會上提出的挑戰,很想與您一賭。您認為避險基金投資人的總收益會被經理人的高額收費吃掉,對此,我深表同意。事實上,要是弗雷德・史維德(Fred Schwed)今日仍在寫作,他大概會把他的書名取做《客戶的G5在哪裡?》(*Where Are the Customers' G5s?*)。[3]
>
> 不過,我想與您賭的是:雖然整體來說您是對的,但您的看法不適用於當前的情況。事實上,我有充分信心對您說:在接下來的這段時間,管理得法的避險基金投資組合會比市場指標表現得更好。

2　Ted Seides, "Dear Warren," letter to Buffett.
3　譯註:原書名為《客戶的遊艇在哪裡?》(*Where are the Customers' Yachts?*),繁體中文譯本由寰宇出版社發行。史維德原為證券交易員,但本身也在1929年時嚴重虧損。此書諷刺金融業者對投資人幾乎毫無貢獻,能坐擁遊艇的只有金融鉅子。

我認為我不必選十檔避險基金，只要選五檔組合型基金就能贏。您一定等不及要賭了吧？

令塞德斯興奮的是：巴菲特很快回信了。他在塞德斯的信上草草寫上回覆，寄回紐約，接著開始來回討論怎麼安排賭局。最後談妥：兩人以一百萬元為賭注，對押兩種截然相反的投資哲學——一種是花大錢聘請飛揚跋扈的投資經理人搜遍全球，尋找最有利可圖的機會；一種是購買廉價的「被動」基金，由它閉著眼睛買下整個市場。這是一場菁英謀略對草根氣概的戰爭。

· · ·

儘管巴菲特自己就是大名鼎鼎的投資家，他卻一直有點輕視自己的行業。在1975年寫給華盛頓特區社交名人、《華盛頓郵報》前發行人凱瑟琳·葛蘭姆（Katharine Graham）的信裡，他將這種態度表露無遺。「要是以『獲利高於平均』來衡量投資經理人的表現，他們大多數都不合格。」巴菲特冷冷地寫道。[4]

這封信談的主要是退休基金。巴菲特以一貫輕鬆的語調向他這個朋友解釋枯燥的精算知識，說明如何規劃才能讓員工定期領到穩定的退休金。不過，對於退休基金是否應該聘請專業經理公司管理，他老實不客氣地提出了他的看法。

巴菲特直言不諱：期待所有的退休基金獲利都高於市場平均，「必

---

4 Stephen Gandel, "The 1975 Buffett Memo That Saved WaPo's Pension," *Fortune*, August 15, 2013.

定會大失所望」。畢竟，這些基金**本身就是**市場。巴菲特將這種想法比喻成有人坐上賭桌對大家說：「好的，各位，如果我們今晚都好好地打，我們就都能贏一點。」要是把交易成本和經理人的支薪也考慮進來，投資基金的平均績效一定不如大盤市場。

當然，許多投資公司不會同意巴菲特的看法（受大老闆之託管理錢銀的退休基金也不會同意），他們會說：訣竅在於只投資績效高於平均的經理人。雖然能力平庸、混水摸魚、判斷失誤的經理人的確不少，但只要經過嚴謹的調查，還是可以找到有能力一再擊敗市場的選股高手。

在管制不嚴的年代，上流社會的人可以透過社交聚會得知市場動向。光是和大老闆們吃吃飯、喝喝酒，就能比普羅投資大眾更早獲得可靠而關鍵的情報，想做他們生意的華爾街公司也會雙手奉上調查結果。另一方面，雖然許多交易是個別投資人、牙醫、律師做的，但他們往往是靠證券商拿主意，而那些券商的專業和操守未必值得信賴。在這種環境裡，「專業基金經理人必能擊敗市場」的假設似乎不甚合理？

他們的確曾經風雲一時。1960年代，第一批共同基金投資名人崛起，足智多謀的選股奇才猶如超級巨星。正如財經雜誌《機構投資者》（*Institutional Investor*）所說，直到那時為止，主導金融業的仍是「神聖殿堂裡的智者，他們默默馴服緩緩成熟的資本」。然而，1960年代經濟狂飆的牛市改變了一切。《機構投資者》說：「基金產業亟欲獲利，經理人成了保羅·紐曼、伊莉莎白·泰勒一般的明星，分得一部分利潤。」[5]

這些明星的目標是狠狠擊敗市場，而他們的手段是投資急速成長的公司，例如全錄（Xerox）、伊士曼柯達（Eastman Kodak）等等，其中許多都因股市表現傑出而躋身「漂亮五十」（Nifty Fifty）之列。然而，隨著榮

景在 1960 年代末期結束,「漂亮五十」不再漂亮,這些經理人也迅速失去光彩。

　　為什麼連戰績輝煌的基金經理人都不可信?巴菲特在寫給葛蘭姆的信裡,用猜硬幣比賽做出生動的解釋:如果有一千個人參加猜硬幣比賽,從數學上來說,有三十一個人可以猜對五次。當然,如果基金經理人聽到你把他們的工作比做猜硬幣,一定會七竅生煙,覺得你忽視他們接受的教育和投入的心血,可是機率法則是很清楚的。

　　在 1984 年一場著名演講裡,巴菲特進一步闡釋了他的看法:讓美國兩億兩千五百萬人一起參加猜硬幣比賽,每個人的賭注都是一元,每天把猜錯的人淘汰出去,賭注一直累加。十天後,猜對十次的美國人大約有二十二萬人,每個人的賭注累積到一千美金。「到了這個時候,這些人大概會開始有點自負。人性就是如此。」巴菲特說:[6]「他們也許會試著表現謙虛,可是到了派對上,他們會忍不住向迷人的異性透露他們的訣竅,還有他們為猜硬幣領域帶來的深刻洞見。」

　　如果這場全國猜硬幣大賽繼續進行,就統計來說,再十天後會有215 人連續猜對二十次,原本一元的賭注也將超過一百萬。雖然此時的淨結果仍是贏家拿走兩億兩千五百萬、輸家失去兩億兩千五百萬,但巴菲特預測贏的那些人會開始自鳴得意,自吹自擂。他開玩笑說:「搞不好會有人出《只要二十天!每天早上三十秒,一元飆漲一百萬》之類的書。」

5　Chris Welles, "Fred Alger, Portrait of a Star," *Institutional Investor*, January 1968.
6　Warren Buffett, "The Superinvestors of Graham-and-Doddsville," speech, Columbia Business School, May 17, 1984.

　　巴菲特承認，我們的確可能找到真才實料的基金經理人。身為班傑明‧葛拉漢（Benjamin Graham）的徒弟（葛拉漢是建立人稱「價值投資」方法的著名投資家和學者），巴菲特常常強調有多少成功的經理人尊葛拉漢為他們「共同的知識祖師」。但他也指出：有辦法不斷贏過市場的投資者少之又少。

　　在寫給《郵報》發行人那封信的結尾，巴菲特提出他的建議：可以選擇維持現狀，繼續請主流的大型專業基金經理公司管理退休基金，並接受退休基金的績效可能略遜於市場；或者改找規模較小、但精通投資的公司，他們比較可能擊敗市場；第三種辦法最簡單：建立龐大、多元、反映整體市場的投資組合。巴菲特說得含蓄：「最近已經有幾檔複製平均績效的基金，它們十分明確地體現出一個原則：扣除交易成本後，不必管理的基金比需要管理的基金更便宜，而且績效還更好一點。」

　　這種看似偷懶的投資策略當時還沒有名稱，採用這種策略的人也不多，而且個個都是在舊金山、芝加哥、波士頓地方銀行工作的怪咖。而現在，這種投資組合叫「指數型基金」，這種投資策略被稱為「被動投資」。

　　指數型基金是單純模仿金融證券指數的投資工具。它們模仿的指數可能是大而出名的（例如美國的道瓊工業平均指數、英國的富時100指數、日本的日經指數），也可能是比較少人聽過的（例如追蹤開發中國家債務的基準）。專業經理人管理的傳統「主動」基金會設法擇優逐劣，指數型基金則是什麼也不做，只按訂好的解釋規則買下市場基準裡的所有標的。以一般公認判斷美國股市最好、也最全面的量尺標普500（S&P 500）為例：標普500指數型基金會將該指標裡的五百支股票一網打盡，

依照它們各占標普500指數中的市值比例買進——所以，它買的蘋果
（Apple）股票會多過阿拉斯加航空集團（Alaska Air Group）股票。

　　這種策略看起來或許有點怪，但巴菲特早已發現：不論再精明的華
爾街專業人士，選擇金融證券都有看走眼的時候。另一方面，既然基金
經理公司的收費這麼高，他們必須能狠狠擊敗市場基準，才能讓投資人
收支平衡。用運動比賽的話來說：投資人選了昂貴的主動管理基金，每
場比賽就已先失一分；這檔基金接下來至少必須贏回兩分，才能讓投資
人得到回報。問題是，我們似乎沒辦法找到總是能贏至少兩分的團隊。

　　數據公正無私，它告訴我們：或許有人能風生水起幾年，但長期都
能維持同樣水準的人鳳毛麟角。雖然不同國家和不同市場的統計數字不
盡相同，但整體而言，能擊敗市場基準十年以上的主動基金只有10％
到20％。換句話說：投資路艱險難行，懶惰一點選擇便宜的被動基金，
反而比較有利。

　　無論如何，1970年代還沒什麼人知道這個數據，「指數型投資」
（index investing）也才剛剛出現。這種「不必多做功課，照抄股市就好」
的主張，讓金融業許多人嗤之以鼻。對《郵報》來說，用這麼離經叛道
的辦法管理退休基金似乎太冒險，最後還是委託給巴菲特親自推薦的幾
家公司。

　　在許多企業的退休金計畫面臨困境的此刻，《郵報》的退休金制度
仍能運作無礙，巴菲特的深謀遠慮厥功甚偉。事後來看，巴菲特審慎肯
定這種單純模仿股市的新創基金，可謂先知先覺。數十年後，這份信心
更讓他贏得投資界的世紀賭局。

· · ·

　　塞德斯原本提議賭十萬元——巴菲特一年的薪水——但巴菲特想更刺激一點。他已經上了年紀，這個賭局又以十年為期，如果他在這段時間去世，輸贏結果可能影響遺產處理。所以他說要賭就賭五十萬以上，不然他沒興趣。即使如此，他在信中對塞德斯說：「我的遺產律師八成覺得我一定是瘋了，才會把事情弄得這麼複雜。」[7]

　　不過，這麼高的賭注塞德斯負擔不起，所以最後是由門徒公司出面與巴菲特對賭。雙方說好各出三十二萬元，購買賭局結束時（2018年）價值一百萬元的國債。如果門徒公司贏，收益捐給避險基金界許多名人支持的慈善組織「兒童絕對回報」（Absolute Return for Kids）；如果巴菲特贏，則捐給巴菲特家族長年支持的慈善機構「女孩企業」（Girls Inc.）。

　　巴菲特在2006年提出這個賭局的時候，說他可以讓對家挑十檔避險基金。但門徒公司選了五檔和自己性質類似的組合型基金，亦即投資其他避險基金的投資基金。這五檔組合型基金投資的避險基金超過一百個，讓結果不致被某個績效奇佳或奇差的經理人扭曲。巴菲特愛出風頭，說他會在每年的波克夏・海瑟威年會上公布最新進展。

　　由於美國某些州對賭博有法律限制，這場賭局交由長期賭局（Long Bets）安排。長期賭局是亞馬遜（Amazon）創辦人傑夫・貝佐斯（Jeff Bezos）成立的論壇，專門針對預測未來的大賭局。打賭雖然看似胡鬧，但友善的打賭有時影響深遠。例如在1600年，約翰尼斯・克卜勒（Johannes Kepler）和一名丹麥天文學家打賭，說自己能在八天內算出火星軌道。雖

7　Loomis, "Buffett's Big Bet."

然他後來花了五年才算出來，但這項成果促成了天文學革命。[8]長期賭局計畫就是想鼓勵這種賭局，而巴菲特和門徒公司的打賭正對他們的胃口。最後，這場賭局在2008年6月號的《財星雜誌》（Fortune）上正式宣布，執筆者是知名記者凱洛‧盧米斯（Carol Loomis），巴菲特的老朋友。

雖然組合型基金確實比較不容易被害群之馬拖垮，巴菲特還是認為門徒公司押錯了寶——避險基金價格不斐，往往每年要收2%的管理費，如果獲利，還要讓管理公司抽成20%，而組合型基金除了這些之外還有別的費用。相較之下，照抄美國股市的被動投資工具——也就是巴菲特多年以前和凱瑟琳‧葛蘭姆提過的那種指數型基金——每年只收0.04%的費用。

「做避險基金的有不少聰明人，可是他們的戰果很多都被自己吃掉了。他們的智商很高，可是他們向投資人收的費用更高。」巴菲特說。[9]塞德斯也同意傳統共同基金經理人只知道死盯股票，平均績效不如標普500這種「窄」基準。但他還是認為兩者不能相提並論，何況避險基金在證券下跌時也能獲利，而且投資的市場遠比標普500廣。

塞德斯說：「對避險基金來說，在景氣不好時表現得比市場好是成功，在景氣大好時表現得不如市場也是成功。雖然避險基金收費較高，但優秀的經理人能在景氣循環中降低風險，讓扣除費用之後的淨獲利高於市場。」塞德斯同意高額費用確實是問題，但他相信只要組合型基金

8　Ahmed Kabil, "How Warren Buffett Won His Multi-Million Dollar Long Bet," *Medium*, February 17, 2018.

9　「自2008年1月1日至2017年12月31日十年間，標普500的績效將超過避險基金之基金組合。『績效』以扣除管理費、成本和支出後之淨利為準。」Long Bets Project, 2008.

能選到最好的避險基金，就能彌補這個弱點。

事實上，巴菲特一開始對自己的勝率估得保守，認為大概是六成左右。因為他也同意他的對手是一群「菁英人才，腦子機靈，有膽識、有自信」。[10] 相較之下，塞德斯對避險基金更有信心，認為自己有八成五的機會能贏這一局。[11]「對我們來說幸運的是，我們賭的是標普500的績效，而不是巴菲特的績效。」他說。

剛開始的時候，「奧馬哈的神諭」遠遠落後對手，情況看起來對他相當不利。在2009年的波克夏年會上，巴菲特避談這個賭局。雖然避險基金在2008年下跌超過20%，但隨著金融危機衝擊市場，巴菲特選擇的指數型基金績效更差，下跌37%。塞德斯講過避險基金在熊市中更能保值，他似乎說中了。

2010年也沒有好到哪裡去。雖然巴菲特首次在波克夏年會上談到這場賭局，但只用寥寥數語帶過。2011年他總算多講了幾句，但主要還是在數落他的老對手。股東午餐休息時間之前，他說：「到目前為止，領先的只有投資經理人。」到了第四年，標普500總算開始縮小差距，但巴菲特還是落後。由於歐洲當時危機升高，勝負變得更難以預料。

• • •

2016年12月，約翰・克里夫頓・柏格（John Clifton Bogle）收到一封神祕兮兮的信。寄信給他的是老友史蒂芬・高伯瑞（Steven Galbraith），摩根士丹利（Morgan Stanley）的前策略專家。高伯瑞請他把明年5月的第一

10 Berkshire Hathaway annual report, 2017.
11 Loomis, "Buffett's Big Bet."

個週末空下來，因為到時是柏格的88歲大壽，他想給老朋友一份驚喜，但不願透露他葫蘆裡賣的是什麼藥。

約翰・柏格四十年前創立了先鋒（Vanguard）投資集團，將指數追蹤基金帶給大眾。雖然先鋒集團在1974年起步時不太順利，但多虧柏格懷有頑固的救世主心態，先鋒後來成為全球最大的財富管理公司，擁有許多管理費低廉的基金，這些基金只設法模仿市場，而非試著擊敗市場。事實上，巴菲特挑來和塞德斯對賭的正是先鋒集團的基金，而這場賭局的結果正好會在柏格生日前後揭曉。

到了88歲的年紀，柏格已不像壯年時那般盛氣凌人。原本有稜有角的面容變得柔和，向來剪得乾淨俐落的小平頭變得稀疏，年紀、脊椎側彎和其他疾病讓他不再挺拔。柏格第一次心臟病發時才31歲，38歲時診斷出罕見的心律失常性右心室發育不全，67歲時終於做了心臟移植。但他依然聲如洪鐘、思考敏銳，也依然喜歡刺激，所以他欣然接受高伯瑞的神祕安排。

2017年5月5日早上，柏格和家人從他們位在布林莫爾（Bryn Mawr）的家出發，坐車前往大西洋航空在賓州的私人機場。高伯瑞已在商務噴射機上等著他們，一行人一路直飛奧馬哈，陪柏格第一次參加波克夏・海瑟威年度股東大會。

波克夏年會常被稱為「資本主義的胡士托節」（Woodstock of capitalism），只要你是波克夏・海瑟威的股東，就可以問巴菲特和他的夥伴查理・蒙格任何問題，從商業經營、地緣政治到個人價值，百無禁忌。他們都喜歡出風頭，巴菲特平易近人、機智風趣，蒙格言辭犀利，總能一針見血。

柏格入住奧馬哈希爾頓酒店時，才發現等著他的驚喜似乎有點令人

難為情──但感覺不賴：一大群人拿著iPhone瘋狂搶拍，捕捉他大駕光臨內布拉斯加資本主義嘉年華的畫面，讓創辦先鋒集團的這位金融巨星彷彿置身狗仔隊。「我們得一路護著柏格。」高伯瑞回憶道。柏格的太太伊芙（Eve）對這種場面有點擔心，怕他身體承受不了，但柏格開心得很。一整天下來，人們爭相與他合照，連他當晚在飯店用餐都不放過他。「我很快發現直接說『好』就對了，省得講了『不好』還得囉囉嗦嗦。」柏格後來寫道。[12]

到星期六早上起床往旅館窗外看，柏格才發現波克夏年會是何等大事：為了坐得離巴菲特和蒙格近一點，成千上萬的人不畏內布拉斯加清晨的寒冷，從會議中心外以一列四人的陣仗排到看不見的地方。那年有四萬人參加年會，超過一半得擠在附近的另一個地點看轉播。柏格、高伯瑞和他們的家人則被安排在貴賓席，坐在波克夏的元老級股東和主管後面。

巴菲特和蒙格和以往一樣輕鬆開場。「各位應該分得出我們哪個是哪個──耳朵沒問題的是他，眼睛還行的是我。咱倆一個能聽，一個能看，所以合作得好。」巴菲特先拿自己和老伙伴開玩笑，接著就開始談波克夏上個年度的成果。柏格對內容雖然感興趣，但過了一會兒，他不禁疑惑高伯瑞幹嘛這麼費事，為什麼要大老遠地把年老體衰的自己帶來奧馬哈？不料巴菲特此時突然話鋒一轉，答案呼之欲出。

「今天我還想向大家介紹另一個人，我想他已經在現場了。我還沒和他見面，但我知道他到了。」巴菲特環視聽眾，說：「我相信他今天

---

12 Jack Bogle, "Warren Buffett Gave Me a Surprise Shoutout at Berkshire Meeting," *Omaha World-Herald*, April 10, 2018.

有來，讓我們歡迎——約翰・柏格。約翰・柏格對美國投資人的貢獻或許比任何一個人都大。傑克，能請你站起來嗎？——他在這裡。」歡聲雷動中，一身深色西裝和格子開領衫的柏格緩緩站起，向大家揮手，再向巴菲特和蒙格的講台微微躬身致意，身形瘦弱的他無比耀眼。

考慮到有些與會者或許不認識這位老先生，巴菲特對大家說：先鋒集團當年開風氣之先推出指數型基金，如今這種基金已經接掌也顛覆了財富管理業。「照我估計，傑克這些年至少讓投資人……省下好幾十兆，賺進好幾百兆。」巴菲特說：「下星期一是傑克的88歲生日。傑克，我想對你說聲『生日快樂』，也想為全美國的投資人感謝你。」全場爆出另一輪掌聲。

對柏格來說，當著幾萬人的面被巴菲特讚美，實在受寵若驚。「我不是個容易被情緒淹沒的人，但那次真的太棒、太棒了。」高伯瑞說：「那對他意義非凡。」想和柏格照相的人再次暴增，此後，他參加活動總是不得不提前離席才能脫身。他後來也寫道：經此一事，自己「開始知道為什麼搖滾明星老是忙著避開狗仔隊」。不過，對這位一生波折不斷，雖然富裕、但絕非豪商巨賈的老人來說，能在人生盡頭看見自己的得意之作被肯定和稱許，心中之激動可想而知。

「我承認，那麼大的場面令我飄然。看到那麼多人肯定我對投資界有貢獻，對將資產託付給先鋒集團指數型基金的人有貢獻，我那個志得意滿啊！」柏格後來說：「我只是人嘛，人哪有不愛被捧的？」[13]

巴菲特也是人。對「奧馬哈的神諭」來說，柏格與會猶如一場勝利遊行。

13 Bogle, "Warren Buffett Gave Me a Surprise Shoutout at Berkshire Meeting."

　　就在波克夏股東會的幾天以前，塞德斯已經正式承認賭輸了這一局。雖然他幾年前已離開門徒公司，但他還是代表他們宣布：賭局只剩八個月，他們已不可能逆轉。

　　長期賭局的網頁一片叫好：「狂賀華倫打爆門徒」、「不是小贏，指數型基金狂勝」……《財星雜誌》六十年來的招牌凱洛・盧米斯原本已很少寫稿，此時也特地為文恭喜巴菲特「暴擊避險基金」。以先鋒集團創辦人為偶像的線上論壇「柏格頭」（Bogleheads）歡聲雷動，其中一篇毫不掩飾得意之情：「奧馬哈大神認證傑克和柏格頭是先知──被動投資才是王道」。

　　勝負雙方差距不小：先鋒集團500指數型基金的十年獲利是125.8%──諷刺的是，柏格四十年前設立這檔基金的時候沒人看好。至於門徒公司的五檔組合型基金，平均獲利是36.3%。事實上，先鋒集團追蹤的標普500指數大獲全勝，這五檔避險基金投資工具沒有一個勝過它。

　　巴菲特在年度報告中也難掩得意。「請別忘了我們的對手並非等閒之輩：所有子避險基金加起來有一百多個經理人，每個都有強烈的金融動機要做到最好。」他寫道：「此外，泰德選的這五檔組合型基金公司同樣鬥志旺盛，他們會全力挑選最好的避險基金經理人，因為他們的績效費多寡端視子基金表現而定。我很確定這兩個層次的經理人幾乎都是誠實的聰明人。但他們帶給投資人的卻是慘敗──真的是慘敗。」

　　巴菲特認為管理費高昂是避險基金一大問題，塞德斯同意這點，但還是認為巴菲特太過誇大這個缺點。他認為自己之所以輸了這局，是

因為他的那些避險基金很多都把主力放在公司債券和政府公債，獲利有限，相較之下，巴菲特的美國股市基金勝算較大。另一方面，儘管他們對賭的這十年遇上金融危機，美國股市還是表現非凡，

　　拜雙方及時將抵押品從美國國債改成波克夏股票之賜，他們的收益達兩百二十萬元（這顯示人的判斷力在投資裡還是扮演重要角色），這筆錢最後全部捐給女孩企業。女孩企業用這筆錢改建奧馬哈郊區一座廢棄的修女院，用來安置弱勢年輕女性，而且為那裡取了一個貼切的新名字──門徒之家（Protégé House）。

　　回過頭看，塞德斯覺得自己輸得心服口服。他說要是他現在還年輕，絕不會選擇踏進投資業。這個行業變得越來越競爭，也越來越難，幾乎不可能判斷一個人的業績是因為運氣、還是因為技巧。另外，投資也是少數經驗未必有用、但平庸一定失敗的行業。塞德斯坦承：「一般水準的醫生還是能救人性命，一般水準的投資人只是降低社會的價值。」

　　當然，巴菲特還是認為成為專業投資人並非不可能的任務，但他懷疑有多少人可以成功。畢竟，連專業投資人都會看到成果日益萎縮。雖然績效卓越的基金經理公司能吸引很多新投資人，但管理的錢越多，就越難找到獲利機會。既然投資業的薪資多半是依管理的資金多寡而定，他們不太有動機將資金保持在可以好好管理的範圍。巴菲特說：「當數以兆計的資金是由收費高昂的華爾街人管理，收割超額利潤的通常是經理人，而非客戶。相反地，不論是大戶還是小散戶，都可以從低成本的指數型基金獲利。」〔14〕

· · ·

　　這場賭局代表的是投資界更大的變化。在1970年代中期,《華盛頓郵報》還不願投資剛剛發軔的指數型基金;但今天,這些基金正大舉占領投資業的版圖。據投資業權威評級機構晨星(Morningstar)統計,到2020年末,投資公開發售的指數型基金的資金已將近十六兆元。除了這些基金以外,大型退休金計畫和主權財富基金(sovereign wealth fund)內部也有類似指數投資的設計,有的自行訂定指數追蹤策略,有的委託投資集團為他們在既有基金結構之外另做規劃。依世界最大的財富管理公司貝萊德(BlackRock)估計:2017年,私下以被動股票策略管理的資金——亦即在基金內部自行管理、或委由類似貝萊德的公司管理的資金——大約還有6.8兆元。如果這些投資的成長率和公開發售的指數型基金一樣,就代表:現在什麼也不做、只是追蹤金融指數的資金——不論它們追蹤的是美國股市的標普500、美國債券市場的彭博巴克萊綜合指數(Bloomberg Barclays Aggregate),還是追蹤開發中國家債券市場的JP摩根EMBI指數[15]——保守估計就有二十六兆元。

　　現在,世界最大的股票基金是指數型基金,世界最大的債券基金也是指數型基金。最大的黃金ETF擁有的黃金高達一千一百噸,超過大多數中央銀行,相當於美國諾克斯堡(Fort Knox)國庫的黃金儲量的四分之一。難怪彭博談ETF的播客節目故意取名叫《兆億之戰》(Trillions),開Showtime影集《億萬之戰》(Billions)一個玩笑(該劇主角巴比·阿克斯是避險基金經理人)。

　　幾乎每一個人都直接、間接受益於指數型基金。2009年,聯準會

---

14 Berkshire Hathaway annual report, 2016.
15 譯註:新興市場債券指數(Emerging Markets Bond Index)。

前主席保羅・伏克爾（Paul Volcker）說了一句名言：ATM是過去二十年來金融業唯一有價值的創新。如果把時間拉長到五十年，我會說：誕生於1970年代初的指數型基金，才是金融業唯一有價值的創新。過去二十年中，美國共同基金的平均成本之所以能攔腰減半，主要就是歸功於指數型基金的成長，以及它們為所有投資管理費帶來的壓力。

　　指數型基金在這段時間為投資人省下好幾兆元，這些錢扎扎實實進了投資人的帳戶，而非金融業高薪專業人員的口袋。舉個例子：在總額八兆的交易所交易基金（exchange traded fund，簡稱ETF）交易中[16]，投資人一年的成本大約才一百五十億——這只是避險基金總利潤的九牛一毛，比富達投信（Fidelity）一家公司2020年的營收額還低。[17]（ETF是新一代的指數型基金，我們在後面幾章會詳談。）

　　金融業向來比一般企業更懂得發明能斂財的新產品，指數型基金是少數例外。它是一群自嘲為金融業叛徒和異端的人的心血結晶，一開始非常不被看好。然而，在這個世界各地貧富差距不斷擴大的時代，它卻在短短幾十年間發揮了正面效應，鼓舞無數人心。

　　不過，指數型基金基本上是新技術，新技術一定會出現非預期結果，而這些結果未必都是正面的。隨著指數型投資日益成長，原本對它的嘲諷也變成憂心、甚至恐懼，質疑的聲浪在過去十年越來越大。知名避險

---

16 編註：ETF在台灣有時譯為「指數股票型基金」，包括台灣證券交易所亦使用此翻譯。唯ETF發展到後來，不僅是追蹤指數，也有主動型基金採ETF發行。也不僅限於股票，範圍擴大至債券、原物料、REITs（Real Estate Investment Trusts，不動產投資信託）等。「可在交易所買賣的基金」才是不同ETF唯一共通的特性。

17 Justin Baer, "Fidelity Reports Record Operating Profit, Revenue," *Wall Street Journal*, March 3, 2020.

基金經理人、艾略特管理公司（Elliott Management）執行長保羅・辛格（Paul Singer）甚至說被動投資已經成「斑」（blob），「有吞噬資本主義之虞」。

「我們一直能看到畫虎不成反類犬的例子。有的想法或靈感原本還不錯，後來卻因為延伸太過，變得像自己的諷刺畫，甚至產生反效果——被動投資可能也會如此。」辛格在2017年給投資人的信中這樣寫道。[18]

辛格並不是客觀中立的觀察者。指數型基金一方面對避險基金長年以來的高額收費形成壓力，另一方面也讓艾略特管理公司熟悉的商業模式變得複雜，令辛格十分頭痛。然而，雖然他的批評稍嫌尖刻，卻不是無的放矢。

指數型投資的支持者應該了解它的潛在缺點，設法加以改善，而非盲目否認它也會帶來負面影響。在接下來的幾十年，被動投資的成長將是我們的重大挑戰。它不只會對市場和投資造成衝擊，也會影響資本主義的運作方式。在疫情蔓延、國族主義再起、貧富差距擴大的此刻，這樣的提醒看似危言聳聽，但我們在2008年都看到了：不論我們樂不樂見，金融都會影響我們社會的每一個面向，而且方式常常難以捉摸。

• • •

柏格絕對有資格被巴菲特公開致敬，不只是因為他讓巴菲特賭贏塞德斯而已。柏格不但創造了標普500指數型基金，也比任何一個人都熱心宣傳和推廣它。在金融界鋪天蓋地的挖苦、訕笑、嘲諷之下，指數型基金之所以還能有長足成長，很大一部分得歸功於他傳教一般的熱情。

---

18 Paul Singer, "Comfortably Numb," Elliott Management letter to investors, 2017.

不過，這場最終重塑金融界的革命並不是柏格一個人完成的。他對指數型基金的貢獻或許無人能及，可是，為它奠定知識基礎、發明結構，還有後來讓它席捲全球的，都不是他。

我刻意不把這本書寫得像指數型基金「入門」，也盡量不用行話、不談太多技術性細節，把焦點放在人的故事，保持敘事流暢。我希望我寫的東西能讓讀者認識指數型基金如何崛起，從更廣闊的投資史來理解它的脈絡，協助諸位看清我們正走向何方。

在被動投資的發明與成長背後，有一群聰明敏銳、風采迷人的人。雖然他們很多人並不喜歡「被動投資」這個詞（因為聽起來像偷懶），但還是大方地接受了我的訪問。儘管他們有的時候記憶模糊，對一些事情的說法並不一致，讓我很難整理出清晰明確的敘事，但我希望這本書對得起我想訴說的偉大故事。

我們會在接下來的章節裡看到：這場革命的種子在美好年代（Belle Époque）的巴黎便已播下，在充滿波西米亞風格的舊金山第一次收成，再由華爾街的金融工程師改造成征服世界的發明。登場的人物形形色色：有當過農場工人的電腦怪才、有業餘爵士音樂家、有前神學生、有離開象牙塔的學者、有和藹可親的物理聲學家、有躍升企業執行長的迷人祕書、有金融鉅子，連《魔鬼終結者》（The Terminator）的取景地都來客串了一下。他們不斷面臨龐大的挑戰，心血結晶一度乏人問津，他們還經常被金融界主流嗤之以鼻。然而，他們的成就撼人心魄。

CHAPTER
2

教父
The Godfather

　　芝加哥大學統計學教授里奧納德・「吉米」・薩維奇（Leonard "Jimmie" Savage）深度近視，眼鏡厚如可樂瓶。1954年某日在大學圖書館查資料時，這位博學多聞的天才發現一本奇書，作者是路易・尚－巴第斯特・歐豐斯・巴榭里耶（Louis Jean-Baptiste Alphonse Bachelier），二十世紀之交一位鮮為人知的法國數學家。看到書中的觀念遠遠超前時代，薩維奇十分詫異。他忍不住寫明信片給幾個朋友稱讚這部作品，詢問他們：「有沒有聽過這個人？」[1]

　　他請教的其中一個朋友是鼎鼎大名的經濟學家保羅・薩繆森（Paul Samuelson），後來也是美國第一位諾貝爾經濟學獎得主。雖然薩繆森在麻省理工圖書館沒找到那本書，只找到巴榭里耶的法文博士論文，但內容也令他十分感興趣。他很快把它翻譯出來，在經濟學同儕之間傳閱，評點道：「巴榭里耶好像滿腦子只有一件事，但這件事還真重要！」[2]它的確重要。我們甚至可以說：薩維奇在1954年寄出的這張小小明信片，

1　Peter Bernstein, *Capital Ideas: The Improbable Origins of Modern Wall Street* (New York: Wiley, 1992), 23.

2　Bernstein, *Capital Ideas*, 23.

改寫了後來的金融歷史。

　　金融史上很少有人像路易・巴榭里耶這樣，在世時沒沒無聞，去世後卻對世界產生莫大影響。巴榭里耶家境富裕，父親是名不見經傳的法國酒商。好在幾十年後有個近乎失明的美國統計學家不但品味獨到，又喜歡在圖書館裡亂逛，而且在美國經濟學界交友廣闊，巴榭里耶默默奠下的基礎才改變了我們的世界。

　　巴榭里耶於1870年3月生於阿弗赫（Le Havre）。法國當時雖然政治動盪，知識界卻人才輩出，美好年代孕育出亨利・馬諦斯（Henri Matisse）、埃米爾・佐拉（Émile Zola）、瑪麗・居禮（Marie Curie）等藝術家、文學家、科學家。儘管巴榭里耶在學術上留下了可貴遺產，我們對他的經歷卻所知不多，生平資訊的大量空白正反映出他在當時多麼不受重視。阿弗赫是著名的轉運港，國際貿易興盛，但和咖啡館、畫廊、學院隨處可見的巴黎比起來，它的確遜色不少。

　　巴榭里耶是長子，家裡原本打算讓他接手販酒事業。但他的父親也是業餘科學家，他從小就愛上了物理和數學。為了攻讀學士學位，巴榭里耶前往下諾曼第（Lower Normandy）首府康城（Caen）讀中學。1888年畢業後，他正準備開始數學研究之路，悲劇突然降臨。

　　1889年1月11日，巴榭里耶的父親去世，僅僅四個月後，他的母親也撒手人寰。18歲的巴榭里耶不得不放棄繼續求學的計畫，返鄉接掌家業，照顧姊姊和年僅3歲的弟弟。到了21歲，巴榭里耶被徵召入伍。

　　一年兵役結束之後，他總算進入索邦大學就讀，受教於多位數學巨人。其中一位是他的博士論文指導教授亨利・龐加萊（Poincaré）。[3]巴榭里耶成績平平，但1900年30歲生日後不久，他順利通過論文答辯。

或許是因為他在索邦讀書時也去巴黎證交所兼差，他研究的是應用數學，論文主題是「將機率演算應用於股市操作」。[4]

尷尬的是，雖然龐加萊稱讚巴榭里耶的論文「極具原創性」，他只得到「優異」的成績，低於學術工作通常要求的「極優異」。成績不如預期可能與選題有關──金融當時被視為骯髒的行當，不值得嚴肅的科學研究。連龐加萊都說：「這個題目離我們的候選人一般會寫的主題有點遠」。

這是很沉重的打擊。因為這個關係，巴榭里耶在索邦教機率數學多半無法支薪，只能靠不固定的獎學金過日子。後來第一次世界大戰爆發，巴榭里耶再次被徵召入伍。復員後他還是找不到全職教職，只能在貝桑松（Besançon）、第戎（Dijon）、雷恩（Rennes）等地的大學輾轉兼職。1921年5月，法國高等教育司長私下寫信給貝桑松大學校長：「他不是頂尖人才，寫的東西也比較偏。但他在戰爭期間表現很好，我們對他卻不夠禮遇。事實上，貴校一再予以刁難。」[5]

最屈辱的是，巴榭里耶有一陣子被第戎大學拒於門外，因為系主任想要把終身職給另一個人選，竟將他送至巴黎理工學院（École Polytechnique）的論文斷章取義，誣賴他的研究有明顯瑕疵，顯然不適格。[6]一直到1927年，巴榭里耶才總算在貝桑松大學獲得終身教職，他在那裡教了十年書，退休後搬到布列塔尼（Brittany）。1946年去世的

3　Mark Davis, "Louis Bachelier's Theory of Speculation," talk, Imperial College, https://f-origin. hypotheses.org/wp-content/blogs.dir/1596/files/2014/12/Mark-Davis-Talk.pdf.

4　L. Carraro and P. Crépel, "Louis Bachelier," Encyclopedia of Math, www.encyclopediaofmath. org/images/f/f1/LouisBACHELIER.pdf.

5　Carraro and Crépel, "Louis Bachelier."

時候，知道他的人寥寥無幾。

雖然數學界有人注意到巴榭里耶論機率的作品，可是在吉米‧薩維奇發現他的書之前，基本上沒什麼人知道有這個人（薩維奇則是名聞遐邇的博學之士，經濟學家米爾頓‧傅利曼〔Milton Friedman〕說過：「在我認識的人裡，他是少數讓我毫不遲疑地會說是個天才的人。」）薩維奇向美國經濟學家熱心推廣巴榭里耶的重要性，確保他能得到雖然遲來、但絕對應得的名聲。

巴榭里耶的論文〈投機論〉（Theory of Speculation）現在廣獲肯定，不但被公認為金融史上極具開創性的作品，也是有史以來第一次以嚴謹的數學方法檢視金融證券，探討股市波動為何似乎隨機而不可預測。1960年代的頂尖金融學者保羅‧庫特納（Paul Cootner）講過：「他的作品登峰造極。我們甚至能說：投機價格的研究從一開始就光芒萬丈。」[7]

在巴黎證交所兼差的經驗給了巴榭里耶靈感，他想透過數學、而非交易者的直覺，為市場波動建構「機率定理」。〈投機論〉不是給一般人看的，裡頭充滿謎樣的數學公式，文字也像典型的學術論文──根本不在意好不好讀，甚至不管小圈圈之外的人看不看得懂。巴榭里耶論述的重點是：「買賣雙方對（市場）波動的看法南轅北轍。在同一個時間點，買方相信市場在漲，賣方相信市場在跌……所以，市場──亦即投機者的全體──似乎一定會在某個時間點既不相信價格上漲，也不相信價格下跌，因為每個報價都會有同樣多的買方和賣方。」

6　Colin Read, *The Efficient Market Hypothesists: Bachelier, Samuelson, Fama, Ross, Tobin, and Shiller* (Basingstoke, UK: Palgrave Macmillan, 2013), 48.

7　Bernstein, *Capital Ideas*, 18.

換句話說，在精明的買家以為自己談了個好價錢的時候，想必有同樣精明的賣家也以為自己談了個好價錢，否則雙方不可能成交。因此，金融證券在任何一個時間點的價格，都是投資人整體、平均而言認為是公平的。這是深具突破性的領悟。

巴榭里耶的成就不只這個。他還指出：金融證券似乎是依科學家稱為「隨機」（stochastic/random）的方式移動的。說到隨機運動，最有名的形式是蘇格蘭植物學家羅伯・布朗（Robert Brown）發現的。1827年布朗以顯微鏡觀察花粉微粒時，發現花粉迸發的微粒到處亂竄，看不出模式。這種現象後來被稱為「布朗運動」（Brownian motion）。

為了進一步了解市場看似隨機的波動，也為了估計金融證券的價值，巴榭里耶建立了有史以來第一個分析隨機運動的方法，比愛因斯坦獨立想出同樣的方法還早了整整五年（但愛因斯坦的分析焦點是物理現象）。我們現在更常把這種運動方式稱為「隨機漫步」（random walk），因為它就像喝醉的人跌跌撞撞走夜路。整體看來，市場的績效就像醉漢漫步，和忙完一天之後去酒吧喝個爛醉的學生相去不遠。

巴榭里耶當時雖然沒有受到重視，今天卻公認是十九世紀最偉大的學者之一，也被尊為數理金融學之父。他去世時沒沒無名，但推崇他的人在2000年成立了巴榭里耶金融學會（Bachelier Finance Society），每兩年舉辦一次數理金融學會議。

此外，巴榭里耶奠定的基礎，也有助於我們解釋投資業裡一個令人不解的現象：為什麼大多數的專業財富管理人都表現不佳？

． ． ．

喧囂的1920年代以股災結束。1929年10月第四個星期四陰鬱淒冷，躁動不安的美國股市災難式崩盤。各大銀行和投資信託公司趕忙大舉購入股票，希望能藉此平息恐慌。這套招數在前幾次危機曾經奏效，不料這次只換得短暫喘息。從1929年9月中到11月中，美國股市幾乎折半，股災連帶衝擊世界各國，造成經濟大蕭條。

資產管理這門行業當時才出現沒多久，1929年的股災對他們的信譽是一大打擊。在之前景氣大好的時候，投資人十分相信「投資信託」經理人（亦即為成千上萬名儲戶管理大量金錢的專業投資人），公司一年只需要公布幾次客戶持有的股份，因為太頻繁的話可能引發投機狂熱。但股災讓許多金錢帝王被看破手腳。正如約翰・肯尼斯・高伯瑞（John Kenneth Galbraith）在講述這段歷史的名著中所說：「在很短的時間裡，原本呼風喚雨的美國大人物也被看穿只是凡夫。」[8]

1940年，曾經擔任華爾街股票交易員的弗雷德・史維德出版《客戶的遊艇在哪裡？》，將自己原本從事的金融業狠狠挖苦了一番。直到現在，很多人還是會拿這本書的書名調侃金融業者，因為相較之下，很多投資人的績效還勝過他們的交易員和金融顧問。不過，第一部以嚴謹方法探討專業投資人表現的經驗研究，卻出自一位意想不到的作者。

阿佛列・考爾斯三世（Alfred Cowles III）生於1819年，從名字裡的「三世」就看得出來他出身豪門。他的祖父老考爾斯是《芝加哥論壇報》

8　John Kenneth Galbraith, *The Great Crash, 1929* (Boston: Mariner Books, 2009; originally published by Houghton Mifflin, 1955), 27.（中譯本《1929年大崩盤》由經濟新潮社出版）

的創辦人之一；他的父親小考爾斯是傑出的律師，後來也加入報社的經營。考爾斯三世從耶魯大學畢業後，也跟著父親的腳步進入報社，為接掌管理職位做準備。

不料，命運卻在此時出手干預，大幅改變了的考爾斯的人生路。他在1920年代得了肺結核，家人把他送到科羅拉多泉（Colorado Springs）休養，希望山地清新的空氣、乾燥的氣候和豐富的陽光能讓他順利康復。考爾斯為了找點事做，開始幫父親管理家族財產。他訂了很多投資刊物和商務通訊以了解市場，但令他錯愕的是，它們竟然全都沒有料到1929年的股災，對後續發展分析得也不好。於是考爾斯下定決心，一定要弄清楚股市到底能不能預測。[9]

考爾斯分析了十六份金融通訊的紀錄、《華爾街日報》創辦人查理斯・道（Charles Dow）奉為圭臬的「道氏理論」（Dow Theory）、二十多本他讀來入門的投資書籍，還有二十家頂尖火險公司的公開買賣紀錄。[10]這是十分浩大的工程。他必須仔細閱讀和評估金融通訊提出的七千五百個建議，總計七萬五千筆分錄、保險公司四年份的交易數據、兩百五十五篇《華爾街日報》社論，以及投資刊物的三千三百個建議。

考爾斯將結果寫成論文，發表在他1933年親自出資成立的數理經濟學新期刊《量化分析經濟學》（*Econometrica*），題目是：〈股市預測員真的能預測嗎？〉（Can Stock Market Forecasters Forecast?）。考爾斯的結論簡潔

9　Bernstein, *Capital Ideas*, 29.
10　Alfred Cowles, "Can Stock Market Forecasters Forecast?," paper read at a joint meeting of the Econometric Society and the American Statistical Association, Cincinnati, Ohio, December 31, 1932, https://cowles.yale.edu/sites/default/files/files/pub/misc/cowles-forecasters33.pdf.

而冰冷：「令人懷疑」。[11]

考爾斯的計算顯示，只有一小部分預測員的績效真的比整體股市更好，而且可能只是瞎貓碰到死耗子而已。連火險公司的績效都不怎麼樣（考爾斯特別提醒：這些公司「擁有多年經驗，也有大量資本可供處置」）：從1928到1931年，它們的績效平均每年低於市場1.2%。考爾斯毫不留情地寫道：「即使是其中最好的紀錄，都不比那十六份金融通訊中最成功的紀錄好到哪裡去，換言之，它無法清楚證明投資有任何技巧存在。」[12]

編輯這些數據和計算預測員的成功率是大工程，考爾斯的工具也只有一台原始的打孔計算機，由剛剛開始嶄露頭角的國際商務機器公司（IBM，International Business Machines）提供。到1944年，研究者又做了更大型的追蹤計畫，分析橫跨十五年的6,904則市場預測。同樣地，他們沒有發現任何成功預測市場的證據。[13]

可以理解的是，投資界無法接受考爾斯對他們專業能力的評論。「當然，我受到很多批評。」他後來回憶道：「他們想知道是誰派我去追蹤這些預測的——當然沒有。投資顧問對我恨得牙癢癢的。我對他們說他們的行當根本不是專業，當然，他們聽了更火。」[14]

不過，這還不是這位報界大亨之子對金融的唯一貢獻。1932年，他成立了考爾斯經濟學研究委員會（Cowles Commission for Research in

---

11 Bernstein, *Capital Ideas*, 33.

12 Cowles, "Can Stock Market Forecasters Forecast?"

13 Alfred Cowles, "Stock Market Forecasting," *Econometrica* 12, no. 3/4 (July–October 1944): 206–14, http://e-m-h.org/Cowl44.pdf.

14 Bernstein, *Capital Ideas*, 35.

Economics），以「科學即測量」為機構理念。測量是考爾斯的終生愛好，他的兒子後來透露他記錄和分析的主題五花八門，從耶魯大學的錄取率、美國盲人的人數變化，到最受歡迎的品種狗、棕櫚灘的氣候和鯊魚等等，無所不包。[15]

考爾斯委員會後來贊助了許多重量級經濟和金融學者，包括詹姆斯・托賓（James Tobin）、約瑟夫・史迪格里茲（Joseph Stiglitz）、阿巴・勒那（Abba Lerner）、肯尼斯・阿羅（Kenneth Arrow）、雅各・馬夏克（Jacob Marschak）、提亞林・庫普門斯（Tjalling Koopmans）、法蘭科・莫迪利安尼（Franco Modigliani）、哈利・馬可維茲（Harry Markowitz）等人，其中幾位還因為他們在委員會完成的作品獲頒諾貝爾獎。在鼎盛時期，考爾斯委員會可以說是歷史上影響力最大的經濟智庫。考爾斯出身新聞世家，雖然因為罹患肺結核的關係，不得不幽居在景色優美但地處偏遠的科羅拉多泉，但他困心衡慮做出的成績還真是不賴。

• • •

考爾斯委員會對另一個重要新興領域也有重大貢獻——測量整體市場。1938年，考爾斯發表了一篇煞費苦心的大型研究：蒐集紐約證交所（New York Stock Exchange）自1871年以來所有上市股票的數據，並建立整體指數，以「描繪美國……這些投資的平均經驗」。[16]

這個工程反映出股市指數當時開始變得多麼重要。最早發布股市指數的是金融通訊，但它們只是粗略計算，不定期發表。第一個每天更新

---

15 Bernstein, *Capital Ideas*, 36.
16 Alfred Cowles, Cowles Commission for Research in Economics (Monograph No. 3), 2.

的股市指數出現在1884年，由查理斯・道公布在他的《客戶午後通訊》（*Customers' Afternoon Letter*）。他一開始只計算十一檔運輸股的平均，幾乎全是鐵路公司。1889年，這份通訊改名為《華爾街日報》；1896年，道開始計算他的第一個純工業股的每日指數──亦即今日聞名世界的道瓊工業平均指數。

然而，一直要到喧囂的1920年代股市狂飆，金融指數才真正開始擴散。不過雖然它們快速竄紅，可是用現在的標準來看卻十分原始。畢竟沒有電腦，每個指數都必須用人工編纂和計算，如果該指數含括的股票不少，統計無疑是艱鉅的工作。1957年，標準普爾公司（Standard & Poor's）發布了他們自己的美國大企業指數，這是重要的里程碑，諾貝爾獎得主羅伯・席勒（Robert Shiller）說它「象徵的是金融業電子時代的開始」。[17]

標普500雖然名為「500」，它一開始其實追蹤了425家公司，由一台直接連接到股市收報機（ticker machines）的數據處理機計算，可以不斷測量新的指數。這是飛躍的進步。到1962年，標普500已經可以每五分鐘計算一次（到1986年則是每十五秒計算一次）。

但奇怪的是，沒人真的知道股票的長期報酬到底有多少。畢竟指數只記錄到最大、交易最多的上市公司，沒有計算股利支付、股票合併（mergers）、分拆（spin-offs）或分割（share splits，股票價格高到一般投資人買不起的時候，公司將它切成較小的增額股，讓價格更親民）。隨著不同類型的股票越來越多，也越來越複雜，於是沒有人真的能篤定回答投資人的問題：我們到底可以預期從股市獲得多少長期報酬？

---

17 Robin Wigglesworth, "Passive Attack: The Story of a Wall Street Revolution," *Financial Times*, December 20, 2018.

華爾街的投資公司當時正好遇上瓶頸——他們難以引起潛在客戶的興趣。畢竟，這些客戶仍對大蕭條心有餘悸，而且一面倒地相信由大公司或政府發行的債券比較安全。

1948年，美林、林區、皮爾斯、分納與史密斯（Merrill Lynch, Pierce, Fenner and Smith）證券經紀公司的行銷長路易斯・恩格爾（Louis Engel）想出奇招：他在《紐約時報》買下整版廣告，向讀者保證他會用「淺白的方式講解常常聽來複雜的簡單商業知識」，說明「人人該懂的……股票和債券」。[18]這或許是有史以來最長的廣告，文長超過六千字，但極其成功。它以某種形式流傳了二十年，讓許多人對美林著名的「猛牛雄師」（thundering herd）[19]股票經紀人產生興趣，最後亦由恩格爾寫成《如何買股票？》（How to Buy Stocks）一書，銷售四百萬冊。[20]不過，當恩格爾在1960年想如法炮製，登廣告明確指出股票是一般人的良好投資選擇，卻被證券交易委員會（Securities and Exchange Commission，後面譯為「證管會」）擋下。[21]華爾街的金融看門狗說他這樣講要拿得出證據。

於是，恩格爾向他的母校芝加哥大學求助，想透過實證研究確認股票長期而言是否能獲利。美林集團提供芝加哥商學院副院長詹姆斯・羅里（James Lorie）五萬元的經費，由羅里在1960年3月於芝加哥成立證券

18 Louis Engel, "What Everybody Ought to Know . . . About This Stock and Bond Business," *New York Times*, October 19, 1948, https://swiped.co/file/about-this-stock-bond-louis-engel/.

19 譯註：美林集團的商標是公牛，所以有這個綽號。

20 David Bird, "Louis Engel Jr., Ex-Merrill Lynch Partner, Dies," *New York Times*, November 8, 1982, www.nytimes.com/1982/11/08/obituaries/louis-engel-jr-ex-merrill-lynch-partner-dies.html.

21 譯註：美國證券交易委員會的功能類似台灣金管會。為方便讀者理解其功能，並與接下來會提到的美國證券交易所（American Stock Exchange）明確區隔，以下將譯為「證管會」。

價格研究中心（Center for Research in Security Prices，以下簡稱CRSP），開始蒐集必要的數據。羅里原本打算一年內提出明確答案，「沒想到我們花了四年，用掉二十五萬元。」他後來自嘲說。[22]

　　儘管過程並不順利，可是不論在專業能力或個人特質上，羅里都是主持這項計畫的適當人選。雖然他不像同時期的芝加哥同儕那樣出名，也沒有得到諾貝爾獎，但他對芝加哥大學經濟學系的貢獻不容忽視——對指數型基金的發明更厥功甚偉。

· · ·

　　羅里是密蘇里州堪薩斯城人，1922年生，喜歡馬，熱愛雙陸棋。[23]他待人隨和親切，喜歡開玩笑（強尼·卡森〔Johnny Carson〕是他的最愛）[24]，博學多聞，聰明絕頂。這些特質讓他人緣極佳，成功吸引到其他著名經濟學家來芝加哥與他共事。研究所的學生也很喜歡他，總把他的金融課程暱稱為「羅里說故事」，因為他常常離題聊起有趣的軼聞瑣事。[25]不過，他最大的成就仍是建立CRSP（通常讀為「Crisp」）。

　　羅里為美林集團完成的工作一點也不簡單。他在美國統計學會（American Statistical Society）演講時，以一貫的風趣談到這份任務，說：「有

22 James H. Lorie, "Current Controversies on the Stock Market," speech to American Statistical Association, September 1965, www.crsp.uchicago.edu/50/images/lorie.pdf.
23 Tonya Maxwell, "In Memory of James H. Lorie," *Chicago Tribune*, August 11, 2005, www.dailyspeculations.com/vic/JimLorie.html.
24 Maxwell, "In Memory of James H. Lorie."
25 "Lorie Developed Chicago Approach to Management Education," *University of Chicago Chronicle*, October 6, 2005, http://chronicle.uchicago.edu/051006/obit-lorie.shtml.

人認為性不像佛洛伊德想的那麼重要，我年紀越大，越傾向同意他們的看法。也有人說錢不像社會主義者說的那麼重要。也許他們是對的，但性和錢無疑都深受歡迎，甚至重要。」他也提到：美國其實有兩百萬人持有股票——有的是直接持有，有的是透過退休基金間接持有——而這些股票的總值高達六千億元。[26]

　　儘管羅里十分敬佩考爾斯的開創性成果，但他也指出：以往進行這類研究的人固然精通股市，對統計學卻了解有限。他說：「這種知與無知的組合雖然不像反過來的組合——精通統計，但不懂應用——那樣枯燥，但它價值有限。」[27]羅里認為，實際計算數值的工作應該交給他精通電腦的同事羅倫斯‧費雪（Lawrence Fisher），他可以做得更好。

　　他們決定計算紐約證交所上市的普通股的平均報酬率，蒐集在那裡上市的一千七百家公司的每月收盤價，以及所有與計算它們的報酬有關的其他數據。這件事說起來簡單，做起來難，因為美國公司長年以來分配利潤給股東的方法很多，可能是透過手續費成本，可能是透過所得稅處理，甚至會隨公司發行的不同證券而易。在普通股的部分（普通股對發行它的公司具有部分所有權，也可以分股利），羅里和費雪找出五十種以上不被稱做普通股、但實際上就是普通股的股票，還有一些雖然稱做普通股、但其實不是普通股的股票。

　　他們蒐集了將近四十萬筆報價，其中超過三萬筆需要進一步核對或刪除。嚴謹的費雪甚至想讓它們比原始資料更清楚和精確，羅里後來說

26 Lorie, "Current Controversies on the Stock Market."
27 Lorie, "Current Controversies on the Stock Market."

這種雄心「或許值得敬佩，但絕對太超過了」。[28] 無論如何，1964年終於公布的結果令人讚嘆。資料磁帶要是捲開，長度可以超過三哩。[29] 他們計算出1926到1960年間二十二個時間區段的股市報酬率，同時考慮到發或不發股利和不同的稅率假設。大致上說，如果有人在1926年投資紐約證交所的所有股票，並且把所有股利全都用來再投資，到1960年時，年平均報酬率是9%——遠比大家之前以為的高。

　　令贊助研究的美林集團詫異的是：一個人就算是在1920年代牛市時進場投資，隨即遇上1929年股市崩盤，年報酬率還是可以達7.7%。從1950年開始，年平均報酬率超過10%。對美林集團的股票經紀人來說，這宛如仙樂。他們立刻買下《華爾街日報》全版廣告刊登這份研究[30]，不但在全美各地發送七十萬份，還在倫敦、日內瓦、紐約、舊金山等地舉辦會議詳加說明。[31] 這是個爆炸性消息，對許多一向認定長期持有債券更安全、報酬也更高的人來說，更是如此。他們現在不得不重新思考一直以來的預設。

　　CRSP算出的另一個數據同樣深具啟示：與投資信託和共同基金的平均報酬相比，美國股市的長期報酬其實還稍微高了一點。差不多也是

28 Lorie, "Current Controversies on the Stock Market."

29 L. Fisher and J. Lorie, "Rates of Return on Investments in Common Stocks," *Journal of Business* 37, no. 1 (January 1964): 1–21, at 2.

30 Center for Research in Security Prices, "Louis Engel: The Man Who Brought Wall Street to Main Street," *50th Anniversary Issue: Rates of Return of Investments in Common Stocks*, www.crsp.org/research/louis-engel-man-who-brought-wall-street-main-street..

31 Center for Research in Security Prices, "James Lorie: Recognized the Importance of CRSP for Future Research," *50th Anniversary Issue: Rates of Return of Investments in Common Stocks*, www.crsp.org/research/james-lorie-recognized-importance-crsp-future-research.

在這段時間，貝克等投資顧問公司也開始更有系統地蒐集相關數據。這
實在令人好奇，羅里在1965年的演講中興奮地說。[32]「為這些公司操作
基金的經理人都是能幹、負責的專業人士。他們的事業很大部分取決於
他們是否選對證券，還有買進和賣出的時機恰不恰當。」他說：「可是
從投資方法來看，把股票和買進、賣出時間寫在紙上拿飛鏢亂射，平均
結果和依賴專家的判斷相去無幾。」

　　1967年，另一篇論文再次道出這個不中聽的真相。論文作者麥可．
簡森（Michael Jensen）也是芝加哥大學的傑出校友，他在學術上繼承了考
爾斯的問題意識，也投入心血檢視專業投資人的績效。簡森梳理1945
到1964年一百一十五檔共同基金的績效，結果發現：即使不計費用，
它們的平均績效也不如大盤市場。此外，這份研究也毫不留情地指出：
「少有證據顯示任何一檔基金的績效優於隨機選擇。」[33]

　　不過，快速成長的共同基金業對這些證據充耳不聞。對1960年代
牛市造就的明星財富管理公司來說，象牙塔裡書生之見有什麼好在乎的
（事實上，他們搞不好根本不知道有這些研究）。在前網路時代，資訊流
通得很慢，不中聽的資訊更容易被無視。想知道專業經理公司的績效
嗎？富達投信蔡至勇（Gerald Tsai）這樣的基金經理人可以直接報出豐厚
的獲利，告訴你這就是他們投資「漂亮五十」的戰果。雖然現在聽起來
不可思議，可是在1960年代，大多數投資人不會要求要看相對績效數
據，基金經理公司也不會提供。[34]況且對很多人來說，「買下全市場便

---

32 Lorie, "Current Controversies on the Stock Market."
33 Michael Jensen, "The Performance of Mutual Funds in the Period 1945–1964," *Journal of Finance*, May 1968.

可高枕無憂」的想法簡直荒謬。

從1960年一篇超前時代的基進論文遭受的反彈，便可一窺當時的氣氛。撰寫那篇文章的是愛德華・仁蕭（Edward Renshaw）和保羅・費爾德斯坦（Paul Feldstein）。前者畢業自芝加哥大學經濟學系，當時在加州大學教經濟學，後者是他的學生。他們提出成立「不事管理的投資公司」的充分理據，指出這樣的公司只需追蹤股市指數（例如道瓊工業平均指數），即可獲利。[35] 雖然他們避免批評財富管理人的專業能力，只把重點放在如何為欠缺經驗的投資人提供方便，讓他們在共同基金經理人多如過江之鯽的年代分沾薄利，這篇論文還是受到嚴厲批評。有個筆名約翰・B・阿姆斯壯（John B. Armstrong）的業界資深老手，甚至因為在《金融分析師期刊》（Financial Analysts Journal）批判這篇論文而獲獎。[36] 仁蕭和費爾德斯坦的觀點就這樣銷聲匿跡。面對學術界的挑戰，投資界可以輕輕鬆鬆拋一句「沒人能夠購買下整個市場」，就把這個選項一筆帶過。對主流金融媒體來說，這場辯論深奧到不值得關注，何況報導明星基金經理公司的銷量一定比較好。

不過，《商業週刊》（Business Week）還是注意到CRSP結果的意義（巧合的是，恩格爾在加入美林集團之前是《商業週刊》的編輯主任）：「對

34 Paul F. Miller Jr., "The Dangers of Retrospective Myopia," in *The Book of Investing Wisdom: Classic Writings by Great Stock-Pickers and Legends of Wall Street*, ed. Peter Krass (New York: Wiley, 1999), 49.

35 Edward Renshaw and Paul Feldstein, "The Case for an Unmanaged Investment Company," *Financial Analysts Journal*, 1960.

36 John B. Armstrong, "The Case for Mutual Fund Management," *Financial Analysts Journal*, 1960.

華爾街很一大部分的從業者來說（共同基金經理人、證券分析師、投資顧問等等），這份研究令人不安。畢竟在某種程度上，這個領域就是靠出售技巧給非專家營生。」[37]

有些熟悉金融業的人開始慢慢領悟其中深意，後來創辦格林威治聯營顧問公司（Greenwich Associates）的查爾斯・艾利斯（Charles Ellis）便是一例。1975年時，艾利斯仍在帝傑投資銀行（Donaldson, Lufkin & Jenrette）工作。他在《金融分析師期刊》撰文〈輸家的遊戲〉（The Loser's Game），文中指出：「投資管理雖然應該是專業，實則不然。這個產業建立在一個簡單而基本的信念上：專業財富管理人能打敗市場──但這個前提似乎是錯的。」[38]

CRSP的數據成為啟發這種看法的泉源。當時還在芝大商學院求學的（Rex Sinquefield）雷克斯・辛格費德半開玩笑說：「如果要我為天下大事分出輕重，我大概會說CRSP比創造宇宙更重要一點。」[39]

羅里還是強調專業投資人「可以、也幾乎一定有其作用」。光是說服大眾投資股票，便是大功一件（羅里已經證明：把錢拿來投資股票比購買債券或存在銀行獲利更多），而且他們還能以相對有效的辦法設計投資組合。羅里認為：簿記和保管的成本畢竟不低，只要專業人士能減少小投資人「選擇和負責的痛苦」，他們的服務就有價值。[40]

儘管如此，羅里還是想知道專業財富管理人出了什麼問題，為什

37 Prasanna Chandra, *Behavioural Finance* (New Delhi: McGraw-Hill Education, 2016), 7.
38 Charles D. Ellis, "The Loser's Game," *Financial Analysts Journal*, 1975.
39 Ian Liew, "SBBI: The Almanac of Returns Data," Index Fund Advisors, July 19, 2019, www.ifa.com/articles/draft_dawn_creation_investing_science_bible_returns_data/.
40 Lorie, "Current Controversies on the Stock Market."

麼他們的平均報酬似乎無法超越市場？羅里發現有一部分的原因相當明顯。舉例來說：共同基金公司通常會先向投資人收8%的手續費（業界人士稱為「佣金」），以後每年再收一次管理費。共同基金和投資信託公司很少把錢全部投入股市，因為他們多半會預留一些現金以備不時之需（例如投資人臨時想要退出、大好的買進機會突然降臨等等）。然而，在市場蓬勃時保留現金不利創造績效。此外，既然專業投資人在股市裡的角色越來越重要，在許多面向上——誠如巴菲特後來在信中對凱瑟琳·葛蘭姆所說——他們**就是**市場。

最後，羅里討論了一個逐漸在學術圈外傳開的爭議理論——亦即巴榭里耶在1900年首次提出、但直到這時才被薩維奇、薩繆森等人重新發現的那個理論——股票走勢是「隨機漫步」，我們其實無法一而再、再而三地準確預測。

1964年，薩繆森在麻省理工的同事保羅·庫特納出版五百頁的巨作《股市價格的隨機特質》（*The Random Character of Stock Market Prices*），書中討論到庫特納本人、考爾斯和該領域其他學者的許多作品。其中一位是知名英國統計學家莫里斯·肯德爾（Maurice Kendall），曾在1953年發表一篇討論英國股票、芝加哥小麥和紐約棉花價格波動的研究。對於股票走勢，他的描述相當生動。他說：價格序列似乎毫無規則，「幾乎就像機運之魔每週一次隨便抽個數字」。[41]

庫特納的書也收錄了巴榭里耶1900年的原始論文，這是它第一次全文翻譯出版，有助於更多讀者認識巴榭里耶的貢獻。「他的作品極具

---

41 Bernstein, *Capital Ideas*, 97.

開創性，但是我們花了好一段時間才看出它的價值。」羅里說：「直到過去十年，他的作品才被有興趣檢視它的人重新發現，並且拓展到其他領域。」[42]

　　巴榭里耶可以說是指數型基金在知識上的教父，但經濟和金融領域猶如金字塔，每個人都站在巨人的肩膀上。隨機漫步理論之所以能發展成活潑、多面向的模型，解釋市場如何運作、投資人應該如何應對市場，甚至為即將到來的被動投資地震奠定知識基礎，主要應該歸功於這個領域的三名秀異之才：哈利・馬可維茲、威廉・夏普（William Sharpe），以及尤金・法馬（Eugene Fama）——他們每一位後來都獲得諾貝爾獎肯定。

---

42 Lorie, "Current Controversies on the Stock Market."

CHAPTER
3

馴服機運之魔
Taming the Demon of Chance

在指導教授辦公室的前廳默默等候時,思考縝密、身材瘦長的芝加哥大學研究生哈利・馬可維茲決定和前來拜訪的股票經紀人搭話。

那時是1950年,第一本《史努比》漫畫剛剛出版;詹姆斯・迪恩(James Dean)以百事可樂廣告一炮而紅;同年夏天,冷戰隨著北韓入侵南韓驟然降臨。然而,芝加哥大學猶如遺世獨立,與流行文化和地緣政治都離得很遠。兩名求見教授的訪客百無聊賴,開始談起馬可維茲苦思不得的博士論文題目。「寫一本研究股市的論文如何?」那名股票經紀人建議。[1]

事後證明這次偶遇是天賜大禮,它讓馬可維茲能以一種獨特的方式享受成名——你不必擔心在公共場合被人包圍,但博學之人會低聲驚呼你的名字,心中充滿敬畏。據說,美國二十世紀傑出的經濟學家薩繆森講過:「華爾街站在哈利・馬可維茲的肩膀上。」[2] 直到今天,他的作品仍在繼續影響財富管理原則,啟發身價上億的避險基金經理人、積極

---

1 Russell R. Wasendorf Sr. and Russell R. Wasendorf Jr., "Feature Interview: Harry M. Markowitz, Nobel Laureate," *SFO Magazine*, July 2008, 2, www.altavra.com/docs/thirdparty/interview-with-nobel-laureate-harry-markowitz.pdf.

擴張的投資銀行，以及巨型退休金計畫。

馬可維茲對金融原本不甚了解，也興趣缺缺，命運對他的安排恐怕連他自己都感意外。馬可維茲生於1927年，父母都是猶太人，夫妻倆一起在芝加哥經營雜貨店，家境小康。馬可維茲小時候的生活平靜安定，連經濟大蕭條都沒有在他心裡留下長久的陰影──但的確讓他開始對經濟現象產生興趣。他從小喜歡棒球、足球和小提琴，長大後漸漸迷上哲學，尤其喜歡大衛·休謨（David Hume）和何內·笛卡兒（René Descartes）。在芝加哥大學讀完兩年預科後，他隨興之所至選了經濟學當主修，但主要是因為他喜歡數學。

師長很快注意到他的天賦，邀他加入阿佛列·考爾斯三世二十年前成立的考爾斯委員會，成為學生會員。馬可維茲的指導老師雅各·馬夏克（Jacob Marschak）也曾擔任委員會主席，而馬可維茲和那名股票經紀人的對話就發生在他門外。馬可維茲敲門進去後馬上和他的指導教授談起這件事，說他有意寫一篇與股市有關的論文。[3]

在當時，這個想法有點出格。儘管芝加哥商學院辦得有聲有色，學術界還是不太看得起股市，覺得它不夠資格當嚴肅、知性的學術研究主題。但馬夏克同意這是值得開拓的學術沃土，還說考爾斯當年也對這個主題很感興趣。不過，馬夏克坦承自己對這個主題所知有限，建議馬可維茲向芝大商學院的馬歇爾·凱琛（Marshall Ketchum）請教。凱琛開了入門閱讀書目給馬可維茲。

2　UBS, "Harry Markowitz," Nobel Perspectives, www.ubs.com/microsites/nobel-perspectives/en/laureates/harry-markowitz.html.

3　Wasendorf and Wasendorf, "Feature Interview: Harry M. Markowitz, Nobel Laureate," 3.

馬可維茲隨即鑽進圖書館，一個下午就想出了後來造成深遠影響的核心觀念。金融業裡很多人說，那天算是現代金融學的誕生之日。

馬可維茲快速讀完凱琛推薦閱讀的其中一本：約翰·布爾·威廉斯（John Burr Williams）的《投資價值理論》（*The Theory of Investment Value*）。威廉斯本來在華爾街工作，親身經歷1929年的股災和經濟大蕭條後，為了深入了解這場災難，也為了提升專業能力，他進入哈佛大學讀研究所，取得經濟學博士學位。威廉斯在《投資價值理論》裡提出一個觀念：股價應該等於未來發給股東的預期股利的現值。這個觀念將馬可維茲進一步推入浩如煙海的芝大圖書館。

至少在理論上，這代表我們應該只投資能提供最大預期收益的單一股票。但馬可維茲知道：要是實際上真的這樣做，根本是瘋了。因為未來的股利本身就是不確定的，而投資人固然在乎收益，他們也在乎投資風險。馬可維茲認為分散投資才能降低風險（換言之，要把雞蛋放在不同的籃子裡）。馬可維茲用股票的波動率（volatility）衡量風險，以實證方式證明：分散投資一大批獨立變動的證券——金融業稱一組證券為一個「投資組合」（portfolio）——的確能為投資人降低風險。

馬可維茲也指出：投資人真正應該在意的是整組投資組合的績效，不必太過擔心投資組合中個別證券的漲跌。只要一張股票的波動在某種程度上能獨立於其他股票，投資組合的整體風險就能降低（至少波動率可以降低）。大範圍撒網將整個股市打包的被動投資組合，能達成分散投資的效果。而馬可維茲認為，分散投資是投資人唯一可得的「免費午餐」。

當然，大多數投資人已經憑本能知道：把所有雞蛋全放在同一個

籃子裡很危險。可是依照金融史家彼得‧伯恩斯坦（Peter Bernstein）的
說法，在當時，選擇股票組成投資組合的策略主要是「經驗法則和道聽
塗說」。[4] 1952年，馬可維茲首次將論文發表在聲譽卓著的《金融期刊》
（*Journal of Finance*），題名為〈投資組合選擇〉（Portfolio Selection），這是第
一次以量化方式討論平衡投資風險與收益的最佳策略。這篇論文成為後
來的「現代投資組合理論」（modern portfolio theory）的基礎，後者直到今
天仍在影響多數投資人管理持股的方式，也在1990年為馬可維茲拿下
諾貝爾獎。「那個點子是一下子迸出來的。」他後來回憶道：「有人問我
當時知不知道我會得諾貝爾獎。我總說我不知道，但我知道拿博士沒問
題了。」[5]

　　儘管馬可維茲信心滿滿，儘管那個點子影響深遠，但它換得經濟學
博士學位的過程卻充滿波折。同樣是1952年，馬可維茲得到舉世聞名
的智庫蘭德公司（RAND Corporation）的工作，離開芝加哥前往陽光燦爛
的加州，隔了一段時間才回系上參加論文答辯，但他並不擔心。飛機降
落在芝加哥的時候，他心想：「這個題目太冷門，我看連米爾頓‧傅利
曼博士都找不出問題刁我。」[6][7]

　　不幸的是，傅利曼對他的論文另有看法。馬可維茲答辯五分鐘後，
芝加哥大學這位知識巨人說話了：「哈利，你的論文我已經看過了。數
學部分什麼問題也沒有，可是這不是經濟學論文。我們不能為一本不是

4　Peter Bernstein, *Capital Ideas Evolving* (Hoboken, NJ: Wiley, 2007), xiii.
5　Robin Wigglesworth, "How a Volatility Virus Infected Wall Street," *Financial Times*, April 12, 2018, https://www.ft.com/content/be68aac6-3d13-11e8-b9f9-de94fa33a81e.
6　Wasendorf and Wasendorf, "Feature Interview: Harry M. Markowitz, Nobel Laureate," 3.
7　編註：傅利曼是芝加哥大學經濟學系傳奇教授。

經濟學的論文給你經濟學博士學位。」這番話引起一陣激烈辯論，馬夏克力挺徒兒，不斷為馬可維茲辯護。最後，他們請馬可維茲去走廊等候決定。大約五分鐘後，馬夏克走出來說：「恭喜，馬可維茲博士。」

去藍德公司工作是好決定。馬可維茲在那裡認識了年輕、聰明的經濟學者威廉‧夏普，後來不但拜入他的門下，還大幅拓展了他的研究。對此，馬可維茲至為感謝。「比爾總說他之所以得諾貝爾獎，是因為他跟著我做投資組合理論；但依我說，我之所以得諾貝爾獎，是因為他把這個領域從企管變成經濟。」馬可維茲後來說：「要不是這樣，我不會得經濟學獎。」[8]

• • •

夏普出身南加州河濱市（Riverside），原本想當醫生。但1951年進入柏克萊（Berkeley）就讀後，他很快發現自己見血就暈，恐怕不適合行醫，於是他轉學到加州大學洛杉磯分校（以下簡稱 UCLA）讀企業管理。雖然他受不了會計課上鋪天蓋地的簿記知識，倒是和一門叫「經濟學」的深奧課程很投緣，上完入門課就迷上了，馬上決定再次轉換跑道。「我覺得它好美好美，所以把主修改成經濟。我不知道怎麼靠它吃飯，但我就是想學。」他後來回憶道。[9]

然而時機不對，夏普亮眼的成績對他進入華爾街沒什麼幫助——實際上恰恰相反。到某家銀行面試時，面試官看了一眼他的成績，就對他說他應該去讀研究所，而不是來金融界工作。「他們給我的感覺是：銀

8　Wasendorf and Wasendorf, "Feature Interview: Harry M. Markowitz, Nobel Laureate," 3.
9　Natalie Marine-Street, William F. Sharpe interview, Stanford Historial Society, 2018.

行業不想找（成績好的）人。」他回憶道。夏普趕忙補充自己也是地方遊艇俱樂部的會長，而且有加入預備軍官訓練團（Reserve Officers' Training Corps），還參加過兄弟會（雖然時間很短，但至少參加過）。總之，他堅持自己「其實是個多才多藝的人」。然而，他最後還是決定攻讀經濟學碩士學位。讀完以後，他去維吉尼亞州李堡（Fort Lee）服兩年兵役。

夏普還算幸運，沒被派往韓戰戰場。雖然他並不討厭軍中生活，但有一件事還是令他心動：如果他轉任為政府約聘人員，兩年役期可以一下子縮短成六個月。他在UCLA的教授曾經建議過他：服完兵役以後，不如加入蘭德公司。因為蘭德是空軍資助的研究機構，夏普可以一邊工作，一邊在UCLA讀博士。於是，夏普在1956年以經濟學專長加入蘭德。

蘭德的風氣對夏普影響甚鉅。有員工戲稱「RAND」是「只研究不發展（Research And No Development）」的縮寫，它的求知精神深深打動這名年輕的經濟學家。即使是困難到其實無法解決的問題，智庫還是鼓勵員工盡情探索。[10] 他們每週只需做公司的計畫四天，一天可以自由做自己的研究。夏普任職期間，知名經濟學家肯‧艾羅（Ken Arrow）和博奕理論大師約翰‧奈許（John Nash，即電影《美麗境界》主人翁）都是它的顧問。夏普早年的作品主題多元（除了一份課徵煙霧稅的提案之外，還有一篇為軍方寫的機艙設計標準檢討報告），也反映出蘭德研究團隊的好奇心很廣泛。

當時剛剛出現的電腦也引起夏普的興趣。他同時學習操作最先進的IBM機器和一台老舊的蘭德電腦（後者是二十世紀美國數學翹楚約翰‧

---

10 Marine-Street, William Sharpe interview.

馮紐曼〔John von Neumann〕設計的，職員給它取了「強尼亞克」〔Johnniac〕的綽號）。[11] 操作電腦當時還是非常新穎的技術，需要日以繼夜藉由打孔的紙卡給電腦下指令。事後證明，這門技術對這名年輕的經濟學家無比可貴。它不但幫助夏普克服他在純粹數學上的弱點，史上第一位經濟學家兼程式設計師的身分，最後也讓他順利取得博士學位。

不過，最重要的或許還是他認識了馬可維茲。夏普第一次嘗試寫成的博士論文雖然鎩羽而歸，但他因此熟讀芝加哥大師們的作品。馬可維茲一進入蘭德，夏普便尋求他的建議。他們像是天造地設的合作伙伴，兩個人一同創造出豐碩的成果。

夏普以電腦程式簡化馬可維茲的模型，讓它們更能實際應用。在1952年，能運算馬可維茲的分析的電腦都在美國政府手上——用來設計核子武器。[12] 夏普用他在蘭德學會的程式語言Fortran寫出演算法，嘎拉作響三十秒就能分析一百種證券。相較之下，用IBM 7090跑完馬可維茲的全部程序通常要花三十三分鐘。在運算時間所費不貲的當時，夏普的改良裨益無窮。

不僅如此，為了簡化馬可維茲的模型，夏普加入一項重要的根本因素——整體股市的收益。在此同時，他轉而計算個股相對於整體股市的變化，而非個股相對於彼此的變化。在他的公式裡，個股相對於市場的變化用希臘文 β 表示。所以，如果整體股市每上漲1%，可口可樂股價

---

11 譯註：結合馮紐曼的名字「John」和普林斯頓高等研究院的縮寫「IAS」而成。馮紐曼曾在 IAS 主持電腦研發計畫，蘭德的電腦也是在這個基礎上完成的。

12 Ronald N. Kahn, *The Future of Investment Management* (CFA Institute Research Foundation, 2018), 19, www.cfainstitute.org/-/media/documents/book/rf-publication/2018/future-of-investment-management-kahn.ashx.

就上漲0.8％，β值就是0.8；如果某支飆股上漲到2％，它的β值就是2。β值越高的股票波動越大，報酬應該會比β值低、但較為穩定的證券高。於是，β值變成股市整體收益的代名詞，後來加入的α值則是指技巧高超的投資人的額外收益。

夏普不只因此拿到博士學位，最後還發表了一篇談「資本資產定價模型」（capital asset pricing model，以下簡稱CAPM）的重量級論文，讓投資人可以用CAPM公式計算金融證券。CAPM更深遠的意義是引入「風險調整後之報酬」（risk-adjusted returns）的概念（亦即：在評量股票或基金管理人的績效時，必須同時考慮報酬的波動性），並指出大多數投資人的最佳整體投資策略是投資整個市場，因為它反映的是風險與報酬間的最適取捨（optimal tradeoff）。

這為即將發明的指數型基金奠定了知識基礎。夏普從來沒有明確點名任何一檔指數型基金（畢竟當時尚未發明），也不曉得仁蕭提過更基進的「不事管理的投資公司」。夏普只簡單稱它為「市場投資組合」，但它的意義十分清楚。差不多在夏普構思CAPM論文的同一段時間，傑克‧特雷諾（Jack Treynor）、約翰‧林特納（John Lintner）、楊‧莫辛（Jan Mossin）等人其實也獨立發展出類似的模型，但夏普及時發表，讓這篇論文成為經濟史上影響最大的作品之一。

諷刺的是，這篇CAPM論文的投稿過程並不順利。夏普對它相當有信心，認為是自己有史以來寫過最好的論文，1962年初投稿之後就坐等電話打來報喜。不料《金融期刊》拒絕刊登，理由是它的許多假設太不切實際。夏普頑固地再次投稿，這次總算在1964年獲得刊登，可是一開始的反應並不熱絡。「你各位啊，我寫了我有史以來最好的一篇

論文，結果沒人理我。」[13] 一向開朗的夏普心裡嘀咕。但它的價值隨著時間被越來越多人看見，最後為他——還有馬可維茲——拿下1990年的諾貝爾經濟學獎。

至於如何論證「市場投資組合」為什麼是最佳投資策略？如何將象牙塔裡的學術討論化為燎原之火，掀起金融革命？就是另一位芝加哥經濟學家的任務了。

* * *

這是典型的美國移民故事。1900年代早期[14]，傑達諾（Gaetano）和桑姐‧法馬（Santa Fama）告別故鄉西西里（Sicily），隨著大批義大利移民來到美國，在寒冷的新英格蘭落腳。傑達諾改名蓋伊（Guy），找到理髮師的工作，與桑姐定居在波士頓北部的小義大利，養大了七個孩子。他們的兒子法蘭西斯（Francis）在那裡認識了安潔莉娜‧薩拉切諾（Angelina Sarraceno），另一對義大利移民夫婦的女兒。兩人婚後搬到波士頓北方的勞動階級小城莫爾登（Malden）。1939年情人節當天，他們迎來第三個孩子（他們最後總共生了四個孩子），取名尤金‧法蘭西斯‧法馬（Eugene Francis Fama）。[15]

尤金幼時的記憶除了第二次世界大戰之外，就是擔心父親被徵召入伍。法蘭西斯‧法馬是卡車司機，但戰爭期間在波士頓的船廠製造軍

---

13 Marine-Street, William Sharpe interview
14 The Nobel Prize, "Eugene F. Fama" (biography).
15 Colin Read, *The Efficient Market Hypothesists: Bachelier, Samuelson, Fama, Ross, Tobin, and Shiller* (Basingstoke, UK: Palgrave Macmillan, 2013), 93.

艦。雖然他最後沒被徵兵，而且一生不菸不酒，但船廠充斥的石棉讓他在70歲時死於石綿沉著病（肺癌的一種）。沒過多久，安潔莉娜也死於癌症，原因可能是服用高劑量荷爾蒙（當時醫生會開荷爾蒙給更年期的病人）。[16]

儘管如此，尤金·法馬還是度過愉快的童年。法蘭西斯、安潔莉娜和姑姑、姑父在梅德福（Medford）合買了一幢兩層樓的房子，臨神祕之河（Mystic River）河畔，離莫爾登也不遠。雖然尤金身高不過五呎八吋，最壯時也才一百六十磅重，但他擅長運動，籃球、棒球、田徑、橄欖球樣樣拿手。他說橄欖球的「翼鋒」（split end）是他發明的——當年為了阻擋個頭比他高大許多的對手，他狠狠挨了一記，於是想出這招。不論翼鋒是不是他的發明，他的運動能力毋庸置疑，高中母校的體育名人堂裡永遠有他一席之地。

差不多也是在這段時間，他認識了隔壁天主教女校的莎莉安·迪梅科（Sallyann Dimeco），一名美麗、嬌小的女孩，兩人中學畢業沒多久就結婚。雖然球場、情場兩得意，法馬一點也沒荒廢學業，始終名列前茅。由於媽媽鼓勵他繼續求學，法馬也想當中學老師（也許還能兼當教練），他成為全家族第一個上大學的人，進入塔夫茨大學（Tufts University）學羅曼語言（Romance languages）。他似乎即將成為中產階級的一員，過著幸福但沒沒無聞的人生。

豈料課程無聊到讓他欲哭無淚。「我不知如何是好。」他回憶道。上了兩年似乎永遠上不完的伏爾泰（Voltaire）之後，他一時興起修了經

16 The Nobel Prize, "Eugene F. Fama."

濟學，立刻愛上這門課——一方面是主題吸引他，另一方面是這條路可以讓他不必「一輩子勒緊褲帶，靠高中老師的微薄薪資挨日子」。[17] 在塔夫茨大學的最後兩年，他修了所有他修得到的經濟學課，也申請了好幾間名校的研究所。離塔夫茨不遠的哈佛錄取了他，但芝加哥大學一直沒有回音。在另一個平行時空裡，芝加哥大學或許真的沒有錄取這個學生，白白錯失一名後來成為它的活招牌的經濟學教授。但這個時空的法馬十分好奇為何遲遲沒有下文，打電話去芝加哥大學學生事務處詢問。接電話的剛好是主任傑夫・梅特卡夫（Jeff Metcalf）本人。

「尤金，我們沒有你的申請紀錄喔。」梅特卡夫對法馬說。[18]

「可是我真的有寄。」法馬堅稱。

「你的成績怎麼樣？」梅特卡夫問。

「全部是A！」法馬說。

梅特卡夫繼續和他談，覺得這個年輕學生挺有意思的。於是他告訴法馬芝大有個專門給塔夫茨學生的獎學金，這名早熟的前運動健將就這樣進了芝加哥大學。在這通扭轉人生的電話之後，法馬幾乎再也沒有離開過芝加哥，只有1970年代中期去比利時魯汶大學（University of Leuven）擔任兩年客座教授。他現在已經八十多歲，還在芝加哥大學教書。

法馬進入芝加哥大學之後才認識本華・曼德博（Benoit Mandelbrot），一名生於波蘭、長於法國、最後落籍美國的數學家。這名博學之人經常四處講學，偶爾也會來芝大對研究生發表演講。他和年輕的法馬十分投

---

17 The Nobel Prize, "Eugene F. Fama."

18 Eugene Fama, "A Brief History of Finance and My Life at Chicago," *Chicago Booth Review*, April 7, 2014, https://review.chicagobooth.edu/magazine/fall-2013/a-brief-history-of-finance.

契，經常繞著校園邊走邊聊。更重要的是：曼德博讓這名年輕的義裔美國人眼界大開，不僅讓他看見金融市場的明顯隨機性，也領他認識巴榭里耶半世紀前的偉大作品。曼德博還在法國的時候就熟悉〈投機論〉，巴榭里耶的作品之所以能廣為人知（尤其是在芝加哥），他和薩繆森、薩維奇都扮演了關鍵角色。

決定博士論文題目的時候，法馬向指導教授默頓·米勒（Merton Miller）提了五個想法（米勒本身也是經濟學巨星）。「他溫和地捏死四個，還好他覺得第五個很有趣。」[19] 還在塔夫茨大學讀四年級的時候，這名經濟學新秀就已經為一名兼差股市預測的教授打過工。法馬當時的工作是蒐集資料預測走勢，但問題在於：以歷史數據為本的方法似乎都無法通過「樣本外」測試（"out of sample" tests）──換言之，舊的模式無法適用於新的市場數據。

舉例來說，即使歷史數據顯示每逢週一買汽車製造股一定賺，但當你真的週一買進汽車製造股，你恐怕竹籃打水一場空。樣本外測試是統計學的工具，用來驗證某個模式是否真的有預測力，或者只是偽相關而已（例如人均起司消費量似乎與每年有多少人被床單纏住而死密切相關，就是偽相關）。[20]

雖然法馬沒能找到預測股市的辦法，這份辛苦的工作還是給了他回報：他蒐集到道瓊指數三十家股票的每日資訊，建立起一座資料庫。巧合的是：羅里和費雪當時仍在蒐集CRSP的數據，地點就在旁邊的大樓。換句話說，芝大校園當時可謂資料的寶庫。法馬向米勒說明他的計畫：

19 The Nobel Prize, "Eugene F. Fama."
20 Tyler Vigen, "Spurious Correlations," www.tylervigen.com/spurious-correlations.

他打算以詳盡的證據證明曼德博的假說（亦即「股市報酬為非常態分布」
——它幾乎是隨機的，波動比一般人以為的大得多），並仔細檢視長期
報酬。雖然已經有學術作品討論過這個主題，但法馬認為他蒐集的資料
能讓他提出「具有統合性的觀點」。

他做到了。他的博士論文證明（他後來自己說「細到讓人想吐」）：
股市的確有超乎尋常的極端變動。大多數自然現象都呈「鐘形曲線」常
態分布，例如六呎高的人比七呎高的人多，也比四呎高的人多。把身高
的統計數字畫成圖形，分布會呈鐘形，大多數觀察值平均聚集在最常見
的數據點兩側。這種常態分布也叫「高斯分布」（Gaussian distribution），
以十八世紀日耳曼數學家卡爾・腓特烈・高斯（Carl Friedrich Gauss）為名。

股市只在某種程度上符合常態分布：股票漲跌1%的機會的確比
2%多——可是，法馬1964年的論文〈股市價格的行為〉（The Behavior of
Stock-Market Prices）證明：股票下跌的機會比常態分布高得多。用統計學
術語來說，股市報酬往往呈現令人厭惡的「肥尾」（fat tails），而不是正常
的鐘形曲線。除此之外，法馬的論文也證實曼德博、薩繆森等人先前提
出的論點：市場變化接近隨機，所以不可能預測。正如這位年輕的經濟
學家在序言中所說：「價格變動毫無記憶可言，也就是說：我們沒辦法
用任何有意義的方式以過去預測未來。」[21]

原因何在？法馬的重大貢獻就在這裡：他以龐大的假說——「效率
市場」（efficient markets）——解釋這個結論。不過，他在博士論文裡並沒
有提到這個詞，這個詞第一次出現在他1965年發表於《金融分析師期

---

21 Eugene Fama, "The Behavior of Stock-Market Prices," *Journal of Business* 38, no. 1 (January 1965).

刊》的論文——〈股市價格中的隨機漫步〉（Random Walks in Stock Market Prices）。同年稍晚，這篇論文以簡要版形式再次登上《機構投資者》（*Institutional Investor*），財富管理界的頂尖期刊。

　　法馬認為：既然在效率市場中競爭的交易者、分析師、投資人多的是聰明人，因此不論在任何時候，股價一定已經反映出所有已知的相關資訊。如果出現新的資訊，一定也會即時反映在價格上。

　　這個論點最後被稱為「效率市場假說」。事實上，它並不是全新的概念。早在1889年，喬治・拉特利奇・吉布森（George Rutledge Gibson）就在《倫敦、巴黎與紐約的股票交易》（*The Stock Exchanges of London, Paris, and New York*）中寫道：當「股票在開放市場中變得廣為人知，其價格或可視為依據與其有關的最佳資訊所做的判斷。」[22]不過，法馬的確是第一位把理論和數據統合為巨型架構的人。1970年，他將這些見解整理為〈效率資本市場：理論與實證研究之回顧〉（Efficient Capital Markets: A Review of Theory and Empirical Work）一文，成為效率市場假說的經典之作。

　　很快地，效率市場假說成為全美各地商學院不可不知的學說，在芝加哥的地位更是近乎宗教。幾十年前啟發馬可維茲的凱琛教授當時還在任教，可是法馬的作品風靡學界之後，凱琛的金融證券分析課立刻失寵。當時在芝加哥讀書的大衛・布斯（David Booth）說：「如果你想跟上潮流，你就不會修凱琛的課。」

　　然而直到今天，效率市場假說仍有爭議。畢竟，如果市場真的這麼有效率，為什麼它們總是時而蓬勃、時而蕭條？為什麼有些人似乎就是

---

22 Read, *The Efficient Market Hypothesists*, 102.

比其他人更有辦法獲利？既然股票顯然會被失控的狂熱影響（例如2021
年初流行的「迷因飆股」〔meme stonk〕），叫人怎麼相信這個假說是對的？
即使是當時，學術圈外對效率市場假說也沒有全盤接受。股票經紀人可
能一面為羅里CRSP顯示的獲利叫好，一面對不利他們生意的研究視而
不見。奧本海默控股公司（Oppenheimer & Co.）在1968年的一則廣告，明
顯透露出金融業對這個假說的態度：[23]

　　　和情投意合的人在公園裡隨意漫步，是人間第一樂事；可是進了
　　股市，隨機漫步恐怕會讓您走上危險歧路。儘管某些博覽群書的理
　　論家另有高見，但我們認為：對財富管理的高品質研究的價值，永
　　遠無可取代。

　　對支持效率市場假說的人來說，2008年的金融危機是尤其尷尬的
反證。不過，法馬本人其實早就講過市場有「肥尾」崩盤的傾向，後來
也持續寫出影響深遠的重要作品，討論哪些因素能讓投資人獲得高於
市場的利潤（我們之後會詳談）。法馬強調市場很少發揮百分之百的完
美效率，也語帶辛辣地指出：「只有不想相信這個理論的人，才會認為
它有爭議。」在他看來，不論是網際網路泡沫、2008年金融危機，還是
2020到2021年的後疫情市場復甦，都可以證明：雖然價格未必永遠是
「正確」的，可是在「正確」的價格出現之前，我們不可能知道什麼時
候的價格是「錯誤」的。

23 Institutional Investor, April 1968.

　　不過，對效率市場假說最好的辯護不是來自法馬，而是來自二十世紀英國著名統計學家喬治‧伯克斯（George Box），據說他講過一句妙語：「所有模型都是錯的，但有些還是管用。」效率市場假說或許不是百分之百正確（畢竟市場是人塑造的，而人的行為充滿偏誤和不理性），但它至少還算接近市場運作的實際情況，也有助於解釋市場為什麼這麼難以擊敗。連許多投資人敬重的班傑明‧葛拉漢，在事業後期其實也成了效率市場假說的信徒。

　　對於那些不贊同他的看法的投資人，法馬後來打了一個生動但鹹濕的比方挖苦他們。他把傳統財富管理比做色情書刊，說：「雖然有些人愛看，但這種玩意兒終究比不上真正的性。要是你願意花錢買，那就買吧——但別花太多錢。」[24]

· · ·

　　學術界對投資業發動的這場革命雖然有好幾座前哨，但大本營無疑是芝加哥。華盛頓公園與密西根湖之間這兩百英畝的土地，集結了有史以來陣容最大、也最聰明絕頂的經濟學思想家。在這片綠樹成蔭、哥德式建築星羅棋布的校園裡，他們悄悄地顛覆金融世界。

　　不過，知識的酵母滲透現實金融世界的速度很慢。畢竟，華爾街的人多半沒時間、沒興趣，有時甚至沒能力了解學界醞釀的重大變局。然而鴨蛋雖密也有縫，即使華爾街的免疫系統固若金湯，還是留下了破口。於是，這些基進的見解像病毒一樣，慢慢入侵金融業。

24 Roger Ibbotson, "Random Talks with Eugene Fama," Ibbotson Associates, 2000.

　　除了將蒐集到的金融數據原始資料供業界參考之外，CRSP還有其他貢獻。羅里和費雪公布他們的發現之後，開始一年兩次舉辦研討會，地點就在芝加哥大學的繼續教育中心（位於將芝大校區切成兩塊的中央大道公園旁）。羅里和費雪提供資料，世界頂尖經濟學者來這裡發表論文和看法，思想開通的專業投資人和銀行家也會來這裡取經，了解學術界的最新進展。

　　經常與會的有：約翰・克里夫頓・柏格（John Clifton Bogle），鼎鼎大名的威靈頓資產管理公司執行長（威靈頓公司當時已是美國數一數二的共同基金集團）；雷克斯・辛格費德，芝加哥商學院學生，美國國民銀行（American National Bank）信託部的明日之星；柏頓・墨基爾（Burton Malkiel），華爾街證券商美邦公司（Smith Barney）的投資銀行家；威廉・富斯（William Fouse），梅隆國家銀行與信託（Mellon National Bank and Trust）證券分析師；約翰・麥克考（John McQuown），堅韌不拔的富國銀行執行長；迪恩・里巴倫（Dean LeBaron），共同基金集團基石（Keystone）的財務經理，大方豪爽，善與人交。他們許多人因為善於運用電腦而被稱為「量化分析師」（Quantifiers）。幾百年來，量化分析一直仰賴人工作業，耗時費力。到了這個時候，電腦在投資界總算不再是希罕之物，他們開始用電腦將這類工作做得更嚴謹。誠如1968年4月號的《機構投資者》所說：

　　並不是每一場革命都得挑在5月血流成河，有的是一點一滴緩緩發生。一開始是游擊隊在山林負隅頑抗；然後是冒出幾個與舊政客截然不同的新領導者；最後，他們的盟友開始出現在政府的每一個角落。這時你知道大勢已去，如果你想活命，就非得改弦易轍不可。

投資界目前也正發生一場無聲的戰鬥，態勢很清楚：勝利將屬於革命的一方。他們的名字叫量化分析師，他們的武器是電腦。

羅里和費雪半年一次的研討會成了異端新說的傳播管道，將學術論文的高論注入金融界的血液。

以墨基爾為例。暢飲CRSP之泉、也親眼見證投資業的慘況之後，他決定離開華爾街，到普林斯頓大學攻讀經濟學博士學位，最後進入學界。1973年，他以《漫步華爾街》將許多學術理論介紹給一般大眾，並寫下名言：「讓蒙著眼睛的猴子對報紙財經版擲飛鏢，選出來的投資組合和專業人士仔細選出來的一樣好」。

墨基爾也在書中呼籲成立新型基金，「只買下幾百種構成市場平均的股票，不做交易……雖然基金代言人會馬上對你說『你不可能買到構成市場平均的股票』，但我們快要做得到了。」[25]

的確，在墨基爾準備和撰寫這本暢銷書的同時，競爭已經開始。波士頓、芝加哥、舊金山等地的反傳統投資家紛紛加入戰局，全力打造能結合金融學界最新研究成果的投資基金。他們希望新的產品能讓投資業伏首稱臣，甚至永遠改變金融業的樣貌。而當然，他們都想成為第一個開發出這個產品的人。

25 Burton Malkiel, *A Random Walk Down Wall Street* (New York: Norton, 1973).

CHAPTER

4

量化分析師
The Quantifiers

　　約翰‧麥克考其實沒幾套西裝，但他這天盛裝走進加州聖荷西一棟外觀單調的會議中心，自信滿滿地踏上講台。當時是1964年1月，他特地來這裡講解他正試圖回答的奇特問題：能不能用電腦預測股價？他不知道的是，這場演講將改變他的人生。

　　麥克考當時年紀還輕，是紐約證券經紀商美邦的投資銀行家。那段時間的華爾街相對平靜，大多數合夥人對公司不多干涉，也還沒出現動輒拿銀行資產豪賭的操盤手。麥克考大多數時間都在處理公司的理財業務，協助美國企業增加營收——工作雖然稱頭，但往往沒什麼樂趣。

　　麥克考膀大腰圓，眉毛粗獷，頭髮濃密。他年少時務農，成年後當過海軍工程師，結實的體格充分反映他的經歷。除了在證券公司上班之外，他的另一份事業也才剛剛起步：他想整理過去的股市模式，看看能否利用它們預測未來的股價。

　　為了這個計畫，他和搭檔決定租用大型電腦IBM 7090。這個龐然大物位在曼哈頓五十一街和第六街交口的時代生活大廈（Time-Life Building），使用一次五百元。由於麥克考白天還有工作，而且當時的電腦不但運算很慢，租金也貴得驚人，他常常必須守著電腦度過夜晚和週

末，趁機器隆隆計算時鑽進睡袋打個盹。[1]

可惜，他們始終徒勞無功。不論他們在金融數據裡發現什麼模式，都找不出股票隔天是漲是跌的線索。一切似乎都是隨機的。但辛苦沒有完全白費：不論是徹夜傳來的紙卡打孔聲，還是電腦吐出的大量數據，都引起了IBM地區主管的好奇。一方面是感興趣，另一方面是想趁機宣傳自家電腦的多元用途，IBM邀請麥克考到聖荷西參加會議，向他們的老客戶和潛在客戶講解他的初步成果。

麥克考抵達舊金山的時候，那裡絕對是全世界最吸引人的城市之一。雖然愛之夏（Summer of Love）是三年以後的事，但廉價的住宅、輕鬆的社會氣氛，已經醞釀出蓬勃的反文化運動；勇士隊的威爾特·張伯倫（Wilt Chamberlain）為NBA掀起旋風；科技業在一個叫「矽谷」的地方崛起，開始嶄露頭角。拜杭特·湯普森（Hunter S. Thompson）、湯姆·沃爾夫（Tom Wolfe）等作家的生花妙筆之賜，舊金山在1960年代的文化盛況將成為許多人的記憶。

雖然IBM的聖荷西商務中心離這場文化嘉年華很遠，但它在1964年初舉辦的這場會議同樣戲劇性十足。富國銀行董事長兼執行長蘭森·庫克（Ransom Cook）當時也在台下。富國是老字號銀行，歷史可以上溯到1850年代的加州淘金熱。儘管信譽卓著，也有心擴大版圖，但它的影響力始終無法超出西岸根據地。庫克聽了麥克考的演講之後，對這名中西部年輕人和他的科技長才印象深刻。

會議結束後，庫克主動找麥克考攀談，對他說富國銀行近年增加最

1　Peter Bernstein, *Capital Ideas: The Improbable Origins of Modern Wall Street* (New York: Wiley, 1992), 237.

快的開銷就是電腦，可惜成果到目前為止乏善可陳。「在我看來，我們現在做的事和1930年代沒什麼兩樣。差別只在於他們是戴上臂章和綠色濾光帽[2]，用手寫字。」庫克發牢騷：「就不能用電腦多做點什麼嗎？」麥克考對他說一定可以。

聊過幾句後，這位富國銀行董事長問麥克考是否計畫多待幾天。麥克考正好有這個打算，第二天就到了銀行總部和董事長先生長談。庫克毫不拐彎抹角，直接坦言：「雖然我不算很懂投資組合，我也不認為有人真的懂，但我很在意它的投資績效。」接著，他開口問麥克考：「你真的能用那玩意兒賺錢嗎？」[3]「那玩意兒」指的是他昨天在會議上看到的那一大疊數據——電腦產生的。

麥克考說，用更科學的方法投資是未來的趨勢。他還說傳統方法太迷信「英雄」，沒有跳脫十九世紀哲學家湯瑪斯・卡萊爾（Thomas Carlyle）的英雄史觀。這種看法以為會挑股的人有天縱之才，可是這樣的人一旦沒了運氣，投資人會毫不猶豫地拋下他——在1960年代，這個「他」理所當然是男性——把希望寄託在下一個英雄身上。麥克考評論道：「傳統辦法從頭到尾都靠運氣，沒有道理可循。這裡面還有很多我們不知道的東西，需要好好研究。」[4]

庫克顯然認同他的看法，當場邀他來富國銀行成立內部智庫，並負責主持，尋找改善銀行各種業務（包括投資管理）的辦法。麥克考受寵

---

2 譯註：當時的營業員常戴綠色濾光帽舒緩眼睛壓力，https://en.wikipedia.org/wiki/Green_eyeshade

3 Bernstein, *Capital Ideas*, 238, and author interviews with McQuown.

4 Bernstein, *Capital Ideas*, 238.

若驚，但突如其來的邀請也令他不知所措。他說他得回紐約和妻子茱蒂絲・特納（Judith Turner）商量一下，畢竟她正在哥倫比亞大學讀書。茱蒂絲原本心有疑慮，但接下來幾個星期，庫克誠意十足地打了好幾次電話，麥克考終於點頭答應。1964年3月，麥克考搬到舊金山，成立新部門「富國銀行管理科學組」（Wells Fargo Management Sciences）──直接回應董事長本人的要求。茱蒂絲則轉學到柏克萊大學，在那裡讀完MBA。

　　庫克提供的待遇十分讓人心動。麥克考在美邦公司的年薪是六千元，庫克一口氣提高到一萬八千元，這多少減輕了茱蒂絲對搬到西岸的不安。庫克問他這個新屬下：新部門需要多少預算？麥克考其實心裡還沒有底，但擔心要得太少會給得更少，開口就說：「一開始大概一年一百萬吧。」[5]令他驚喜的是，庫克認為這完全合理，極為慷慨地支持他尋求突破。

　　富國銀行管理科學組成立之後，麥克考做的第一件事就是請庫克批准與CRSP合作，參加他們的研討會、參考他們的股市資訊，成為CRSP資料庫的第一個商業使用者。支持吉姆・羅里的計畫不是小數目，麥克考不確定庫克是否願意如此力挺新成立的智庫。結果庫克連眉頭也沒皺一下就答應了。

　　「該花的就花。」庫克對他說：「需要用錢就告訴我，我來想辦法。」麥克考基本上從那天開始就得了一張空頭支票，只要是為了探索金融新前線，多少資源都可以投入，需要花多少錢就花多少錢。「他就像打開金庫隨我拿。」至今回想，麥克考對當年的好運仍然感到不可思議。

5　Bernstein, *Capital Ideas*, 238.

1966年末，理查・庫利（Richard Cooley）接下庫克的棒子，成為富國銀行董事長兼執行長。智庫繼續得到他的支持。「我看他們喝的水八成有古怪，不然怎麼都有氣魄做這些事？」麥克考說。

・ ・ ・

　　麥克考生長在伊利諾州鄉村，家中務農。對小時候的他來說，華爾街或許就像異次元世界。二次大戰爆發後，鎮上的男性都被徵召上陣，8歲大的「麥可」開始幫忙農務。雖然這段經驗讓他始終熱愛大自然，但他當時最感興趣的還是農業機械。秉持著這份好奇，他後來進入西北大學讀機械工程，是家族裡受高等教育的第一人。

　　讀西北大學時，他曾去一家製造金屬辦公家具的公司實習，想知道工程背景在商業世界有沒有用。他在那裡第一次看到電腦──一台用二十四吋磁盤和打孔紙卡操作的 IBM 305 RAMAC ──公司用它管理產品和零件的庫存。他後來回憶道：「運轉時吵得像貨運火車，但我很喜歡。」[6]除此之外，他也很快發現了另一個興趣：他湊巧修了一門企業金融學，立刻迷上其中的複雜性。他就此沉浸於債券和股票的世界。

　　麥克考讀西北大學時加入了預備軍官訓練團，所以1957年畢業後，他掛上海軍少尉軍階入伍兩年，在美國二戰時期的驅逐艦威爾希號（Wiltsie）上服役。第一年駐紮在聖地牙哥海軍基地，第二年以僅僅24歲之齡擢升為輪機長，派往西太平洋七個月。不論在工程實務上或領導統御上，這段經驗對年輕的麥克考來說都是震撼教育。他後來說：「說我

6　John McQuown, "A Personal History of Modern Finance," speech, 2011.

的個性都是這段時間塑造的，一點也不誇張。」[7]

　　這段經驗為麥克考留下深深的烙印，也強化了這個中西部青年原已堅毅不撓的心智。朋友和以前的同事都說他幹勁十足，雖然表現不對的時候顯得性急而暴躁，但這個特點的確讓他完成很多事。雖然年紀漸長，他執拗如故。有朋友說他六十多歲時滑雪受傷，整條腿都打了石膏，卻還是親自開車載朋友去索諾馬（Sonoma）看他的葡萄園。他明明痛得不得了，吉普車卻一路狂飆。回想起這件事，他朋友說：「這傢伙真是硬漢。」

　　在海軍服完兩年兵役後，麥克考到哈佛商學院讀MBA，先前對電腦的興趣也在那裡變成狂熱。由於哈佛商學院沒有電腦供學生使用，他必須跨過查爾斯河到對岸的麻省理工練習。他在那裡認識了一位麻省理工的教授，後者正在研究能否從過去的成交量和模式預測未來的股價。麥克考成了他的「數據狗」，幫忙從《巴倫周刊》（Barron's）蒐集股價的原始數據，再把它們轉成可供機器讀取的形式，最後再用麻省理工的IBM大型電腦檢視那名教授的假設。

　　麥克考在1961年畢業，但他的背景和興趣卻讓某些面試他的投資銀行滿腹狐疑。「你一個工程師跑來華爾街是想幹嘛？」其中一個面試官這樣問。[8]事實上，當時連麥克考自己都不曉得該怎麼回答這個問題。他最後之所以選擇美邦公司，一方面固然是因為它是華爾街的老字號，另一方面更是因為它的金融實務培訓更加完善。在此同時，他也繼續參與麻省理工那名教授的計畫──這讓他在1964年初遇上他的貴人蘭森·

7　McQuown, "A Personal History of Modern Finance."
8　McQuown, "A Personal History of Modern Finance.

庫克，進而為富國銀行成立管理科學組。

　　雖然富國銀行處理投資管理業務的是信託部，但管理科學組並沒有正式編入信託部。除了研究投資管理，管理科學組還負責許多計畫，例如量化各部門的經濟情況、評估貸款給大公司的利潤及違約風險等。

　　他們也利用電腦建立消費者信用等級量尺，後來被費爾以撒公司（Fair, Isaac and Company）融入信用評分分析框架，現在稱為FICO。[9]富國銀行管理科學組對銀行卡協會（ICA，Interbank Card Association）也有貢獻。ICA由美國西岸的幾家銀行共組，目的是聯合發行信用卡，與美國銀行（Bank of America）深獲好評的BankAmericard抗衡。現在全球通行的萬事達卡（Mastercard）就是從ICA發展而來的。

　　新官上任三把火，麥克考就任第一天就發布計畫，打算分析信託部的績效並提出改進辦法。這個舉動引起外界注意。「富國銀行的確是將電腦應用於投資的實驗室。」1968年，《機構投資者》在一篇討論「量化分析師」興起的文章中說：「背後只有一個原因：約翰·A·麥克考。」[10]不過，他的投入還是付出了代價：茱蒂絲終究不能適應西岸的生活方式，他們在1966年離婚，茱蒂絲搬回東岸。

　　婚姻觸礁之外，麥克考在職場上也並非一帆風順。最大的問題是富國銀行信託部處處制肘，財務分析室主任詹姆斯·沃丁（James Vertin）對麥克考尤具敵意，財務分析室的工作是以研究和投資組合管理協助信託業務，沃丁私下叫麥克考「大刀麥可」（Mac the Knife），說管理科學組是「一群穿白色工作服守著吵死人的電腦的咖」。在他眼中，管理科學組就

9　費爾以撒公司創辦人比爾·費爾（Bill Fair）是庫利的朋友。
10 Institutional Investor, April 1968.

像「露出水面的鯊魚鰭」，莫名其妙侵入他的地盤。〔11〕這無可避免造成許多內部摩擦，麥克考後來說：「鳥事沒完沒了，應接不暇。」〔12〕

同一時間，還有幾組人馬也在鴨子划水，夢想拔得頭籌，發行世上第一支追蹤指數的被動管理投資基金，將馬可維茲、夏普、法馬及其同儕的尖端學術成果化為現實。

• • •

雷克斯・辛格費德是金融圈的異數。他自小家境極為貧困，後來一度有心成為神職人員。雖然他常常喜歡嘲諷東岸的自由派菁英，但他的影響絕不下於他們，同樣無可抹滅。

辛格費德的故鄉是聖路易（St. Louis）。父親死後，母親無力撫養他和他4歲大的弟弟，將他們送進天主教孤兒院，由嚴格的德國修女照看。辛格費德的姊姊當時已經是中學生，所以留在媽媽身邊。雖然家人分離帶給辛格費德巨大的痛苦，但他在聖文生孤兒之家（St. Vincent Orphan Home）〔13〕的管教下成長茁壯。六年後，他的媽媽找到祕書工作，兄弟倆總算回家團圓。

中學畢業後，辛格費德進入神學院就讀，原本計畫成為神父，但三年後離開。由於放棄聖召是極為艱難的決定，選擇離開的神學生不會被詢問原因。對此，辛格費德也始終保持沉默。「教會很好，」他說：「只

11 Bernstein, *Capital Ideas*, 241.

12 Robin Wigglesworth, "Passive Attack: The Story of a Wall Street Revolution," *Financial Times*, December 20, 2018.

13 譯註：天主教習慣譯為「文生」而非「文森」。

是我不適合走這條路。」雖然神學生都必須以哲學為主修，但令他陶醉的卻是截然不同的學問。所以，他在聖路易大學（Saint Louis University）雖然還是主修哲學，但他如饑似渴地選修商學課程，最後還延畢一年取得金融學士學位。

由於他的成績非常優異，老師們鼓勵他申請芝加哥大學商學研究所。無奈越戰方酣，他被徵召入伍，所幸分配到文職工作，平安無事地順利退伍。入伍前他已熱中西洋棋，在萊利堡（Fort Riley）服役時又為了打發時間學會柔道，甚至打進堪薩斯錦標賽。

芝大商學院的課程對辛格費德猶如另一次天啟。他為這裡卓爾不群的教授著迷——例如默頓·米勒以及他的入室弟子尤金·法馬。辛格費德變成效率市場理論的忠實信徒。「這一定是對的。」他當時心想：「為宇宙和市場創造秩序的一定是這個。」[14]他打從心裡深信法馬的理論是絕對真理，後來甚至自稱效率市場的「大教長」（Ayatollah）。[15]芝大商學院還帶給他另一個禮物：他在柔道社認識了一位聰明的女生——棕帶三級[16]、正在讀社會學博士班（專攻人口學）的琴恩·凱恩斯（Jeanne Cairns）——他們沒過多久就結了婚。

畢業後，辛格費德摩拳擦掌，迫不及待要進入投資業發揮所學。可是儘管他有芝大MBA的文憑，他在芝加哥、紐約、洛杉磯面試的大銀行卻全都不錄用他，他改變投資管理業的豪情壯志一時受挫。唯一錄用

14 Jeanette Cooperman, "The Return of the King," *St. Louis* magazine, June 23, 2009, www.stlmag.com/The-Return-of-the-King/.

15 Donald MacKenzie, An Engine, Not a Camera: How Financial Models Shape Markets (Cambridge, MA: MIT Press, 2006), 100.

16 譯註：美國的柔道色帶規定與台灣不同，棕帶三級在台灣為綠帶。

他的是芝加哥的美國國民銀行，一間信譽良好、但規模不大的地方商業銀行──信託部甚至更小。[17]

他一開始被分到信託部研究股市。工作地點不錯（銀行大樓富麗堂皇，位在繁華的金融區的心臟地帶），可是對一個由衷信奉效率市場理論的信徒來說，心態上需要很大的調整。他一點也不想整天研究哪一檔股票是最佳選擇。他的第一份報告寫得十分痛苦，談的是啤酒釀造商安海斯－布希（Anheuser-Busch）。「辛蒂，這根本是胡說八道。」他有一天對祕書說：「我們寫的東西全是胡說八道。」

工作之餘，他也在羅傑・易普生（Roger Ibbotson）那裡兼差，協助更新和拓展CRSP的研究，追蹤債券和國庫券（bills，一種短期政府債券）的長期報酬，以及通貨膨脹率。1977年首次出版的《股票、債券、國庫券與通貨膨脹》（*Stocks, Bonds, Bills, and Inflation*），後來成為長期發行的叢書，猶如投資界的運動年鑑。

儘管辛格費德對工作不甚滿意，他的教育背景和見解還是引起上司注意。儀表堂堂、曾任空軍上尉的信託部主管高登・坎伯（Gordon Campbell），對辛格費德所說的最新學術成果深感興趣。他請這位年輕的效率市場擁護者發表高見，和部門裡的幾個職員談談這個主題。反應相當好。於是，坎伯請辛格費德向董事會再報告一次，董事會也接受了這套理論。

辛格費德的芝大學歷終於幫了他一把，讓他在1972年1月調到投資組合管理組。新職上任才一個月，辛格費德就提出他已醞釀多日的基進

17 Deborah Ziff Soriano, "Index Fund Pioneer Rex Sinquefield," *Chicago Booth Magazine*, May 2019, www.chicagobooth.edu/magazine/rex-sinquefield-dimensional.

提案。他寄了一封一頁長的備忘錄給幾名主管，請他們模仿標普500發行「被動」的股票投資組合（他一開始給這種投資工具起名「市場基金」〔The Market Fund〕）。這份備忘錄除了簡述金融理論依據之外，也提出主動基金經理人大多績效不佳的證據。

可是主管們沒什麼反應，辛格費德只好逮住機會直接問坎伯的想法。這位信託部主管說他覺得主意不錯，也許該花兩年好好研究。告退之後，辛格費德邊走邊想：「兩年？胡說八道。我們現在就該做。」

令他驚喜的是，董事會馬上要他放手去做，把他那個古怪的點子好好想清楚，證明自己真的有辦法不下重本就精準地複製股市指數。「我真的很敬佩他們。」辛格費德後來說：「他們其實不懂我要做的是什麼東西，但他們還是押上整個銀行的信譽挺我。」

於是，1973年夏天，辛格費德火力全開，每天晚上仔細設計投資組合並計算價格，證明它和標普500之間的誤差非常小。信託部許多職員也大力相助──之前聽他講效率市場理論的時候，他們便已被他說服。不過，美國國民銀行高層最後是否同意發行指數追蹤基金，仍在未定之天。

. . .

迪恩・里巴倫和麥克考還有辛格費德一樣，也是金融界的異類。金融界的人多半冷淡而克制，里巴倫卻熱情而衝動。在這個幾乎人人都想成為一方之霸的產業裡，巴倫總說他想當的不是佼佼者，而是領頭羊。「當最強的不難，只要做別人也在做的事，做得比他們更好、更賣力就行。」他開玩笑說：「可是打頭陣不容易。」

1960年，里巴倫拿到哈佛MBA學位後進入投資業。[18]他說，這樣選擇純粹是因為他喜歡冒險，不想變成另一個「一身灰色法蘭絨西裝、只巴望當上通用汽車哪個廠的副廠長的人」。[19]在股市蓬勃的1960年代，他在基石投資管理公司擔任投資組合經理，以精湛的技巧闖出名號。不過，雖然他在投資上頗有斬獲，他卻更為芝加哥大學、史丹佛大學和麻省理工的尖端金融研究著迷，開始參加CRSP每半年在芝加哥舉辦的研討會。

在公餘時間，里巴倫除了學習當時流行的程式語言Fortran之外，也喜歡兜風。他買了一架雙引擎西斯納天空大師（Cessna Skymaster），還有一輛德國製的亮紅色水陸兩用車Amphicar。他常開著愛車招搖過市，對那些坐在波士頓港碼頭用餐的客人閃大燈。[20]

然而，他在1969年和基石的管理層發生齟齬，因為公司規定資深員工都要花錢捐贈政治獻金[21]，也要花時間寫立場書。里巴倫認為這無異於政治遊說，拒絕配合，公司內部對他堅不妥協的態度相當驚愕。「我那時常聽到他們在別的房間釘東西，大概是要做個和我差不多尺寸的箱子。」他邊說邊笑。

趁著還沒被塞進這個玩笑裡的棺材，他決定離開，在1969年創立百駿財務管理公司（Batterymarch Financial Management）。他將百駿定位為

---

18 Margaret Towle, "Being First Is Best: An Adventure Capitalist's Approach to Life and Investing, a Conversation with Dean LeBaron," *Journal of Investment Consulting* 14, no. 2 (November 2013).

19 Towle, "Being First Is Best."

20 LeBaron family history, courtesy of Donna Carpenter-LeBaron.

21 LeBaron family history.

金融工程公司，希望它能結合人與電腦的長處，由電腦計算哪些小型股被低估，再由人的判斷設計出更好的投資組合。里巴倫在基石時就已雇用的英籍財務經理傑利米・葛蘭森（Jeremy Grantham）也跟著跳槽。

百駿財管的名字來自它即將進駐的街名和大樓名。[22]他們之所以厚著臉皮「借用」原址的名字，無非是想讓潛在客戶以為街名和大樓名是照他們的公司名取的，而不是反過來。百駿財管剛起步時門可羅雀，1970年代早期的熊市也讓他們業務慘澹。但里巴倫不曉得從哪裡買來一台二戰時期的飛行模擬器[23]，給辦公室多少帶來一點輕鬆氣氛。他曾說他渴望創新更勝於成功，不久之後，他將兩者兼得。

1971年，葛蘭森參加了一場哈佛商學院的晚宴，和其他與會者聊到怎麼掂量基金經理人的本事，找出真正有實力的。葛蘭森開玩笑說：對許多投資人而言，最好的辦法或許是把錢交給「標普那些紳士」。因為他們的指數委員會真有兩把刷子，不但知道哪些公司應該列入標普500基準，而且長期來看似乎打敗了大多數財富管理人。不意外，沒人把他的話當一回事。「場面一下子冷掉。」葛蘭森回憶時似笑非笑。

不過，里巴倫對這個主意很感興趣，特地找了一位來訪的哥倫比亞大學商學教授討論。里巴倫熟悉相關金融理論，也很希望能設計出前所未有的新商品，好好給金融業一點顏色瞧瞧。最重要的是，他知道許多潛在客戶想要的是以指數為基礎的產品——由美國知名公司發行的績優

---

22 譯註：此時的百駿財管位於波士頓砲兵行軍街上的砲兵行軍大樓（Batterymarch building）。之所以叫「砲兵行軍街」，是因為殖民地時期的希爾堡（Fort Hill）駐軍總是走這條路；砲兵行軍大樓則建於1928年。由於里巴倫的公司官方譯名為「百駿」，難以看出與原址的淵源，特此說明原委。

23 LeBaron family history.

股所組成的投資組合，範圍廣、種類多、周轉率低。里巴倫其實不是效率市場理論的信徒，他還是認為事在人為，即使在比較少人關注、也比較缺乏效率的股市角落（例如小公司、開發中國家等等），優秀的經理人還是可以表現得很好。但依他觀察：從金融市場的主流狀況來看，百駿財管應該推出追蹤指數的產品。

1973年，百駿認為他們已經想出最好的辦法：透過「獨立管理帳戶」（separately managed accounts）——個別投資帳戶，而非傳統的共同基金（commingled investment fund）——為退休基金提供百駿市場投資組合（Batterymarch Market Portfolio）。這套方案由百駿的投資組合選擇計畫組（Program Selected Portfolio division）執行，預計購買標普500中最大的兩百五十檔股票，里巴倫認為這能用最划算的方式模仿全體指標的績效。在收費方面，他打算每年向投資機構收十萬元。

不過，他們一開始連一個投資機構都攬不到，就算把費用降到兩萬五千元也一樣。「投資組合選擇計畫組收到不少詢問，但我從來沒看過運鈔車載著錢上門投資。」里巴倫在1973年11月這樣說。[24] 見到他們兜售自家指數型基金整整一年，卻還是沒招徠半個客戶，投資雜誌《年金與投資》（*Pensions & Investments*）的專欄作家頒給他們「成績難料獎」（Dubious Achievement Award）。[25] 里巴倫充分發揮運動家精神，不但親自前往《年金與投資》雜誌社領獎，還把獎狀裱框，掛在自己的辦公室。[26]

同一段時間，舊金山的美國運通（American Express）在史丹佛大學

---

24 *Pensions & Investments*, November 26, 1973.

25 *Pensions & Investments*, January 1975.

26 *Pensions & Investments*, February 17, 1975.

教授威廉‧夏普的建議下，也開始設計指數型基金，但進度緩慢，能否成功仍是未知數。一時之間，這少數幾家有心深入金融前線的公司似乎出師不利，離「夢想一定能實現」的美好劇本很遠很遠。「我們是叛徒。」辛格費德回憶道。然而，這群叛徒終究贏得了勝利，而許許多多不斷取笑他們的金融巨人，終將因為他們的發明而顏面盡失。

CHAPTER

5

異端的堡壘
Bastions of Unorthodoxy

　　舊金山烽煙四起。麥克考的管理科學組與沃丁的財務分析室惡戰數年，處處交鋒，跌宕起伏有如史詩。麥可固然執拗強勢，沃丁也絕對不是省油的燈。

　　沃丁二戰時在海軍服役，官拜上尉，熱愛戶外活動，眼力如鷹，是獵鴨高手。他開的車是亮紅色，自己也偶爾會穿紅色運動夾克上班，在衣著保守穩重的銀行業者中十分惹眼。金融史家彼得‧伯恩斯坦說他充滿自信，「昂首闊步有如不敗的戰士」。有個訪問過他的雜誌記者注意到他「眉毛茂密而灰白」[1]，似乎掩蓋了他的青春活力。他是個求知若渴的聰明人，而且和麥克考一樣，對自己的行業多少有點懷疑。

　　沃丁將許多專業財富管理人比做巫醫──他們以為動作誇張就能治療病人，最後病人自己好了，他們還以為是自己法力高強，讓病人奇蹟康復。[2]他在辦公室裡掛了一張海報，上面寫的是：「個人之智永遠不及眾人之智」。[3]

1　*Institutional Investor*, July 1972.
2　Peter Bernstein, *Capital Ideas: The Improbable Origins of Modern Wall Street* (New York: Wiley, 1992), 242.

　　儘管如此，沃丁還是不服麥克考，對於他動輒要脅信託部也相當不滿。雖然沃丁已經在2018年去世，但他死前不久親口承認，他常常覺得麥克考是他的「眼中釘，肉中刺」。[4] 他不是唯一一個這樣想的人。富國銀行有許多員工認為麥克考「囂張跋扈，自視甚高」。[5] 不過，既然他直接聽命於銀行董事長，他們對他也束手無策。「那段時間真的風波不斷，動不動就吵架。」曾在信託部任職的一名員工說。即使是投資理念與麥克考一致的人（例如夏普教授），都說他有時候「任性而瘋狂」。

　　不過，管理科學組的確提出大量數據證明自己的看法，連沃丁最後也心服口服。麥克考一方面想強化這場聖戰的陣容，另一方面有銀行董事長慷慨贊助，請來一群學界巨星擔任富國銀行的顧問。威廉・夏普、吉姆・羅里、羅倫斯・費雪、麥可・簡森、哈利・馬可維茲、默頓・米勒、傑克・特雷諾，都曾在不同時間點為他們提供建議，當時逐漸嶄露頭角的經濟學新秀費雪・布雷克（Fischer Black）和邁倫・修爾斯（Myron Scholes）也曾被諮詢。麥克考和他們多半是在芝加哥的CRSP半年會上結識的。他始終像參加宗教禮拜一樣地準時赴會，理查・庫利也總是大方打開富國銀行的荷包，贊助他們想做的任何研究。

　　雖然尤金・法馬從未正式受聘於富國銀行，但他的研究讓他們獲益良多，猶如這一群人的知識教父。他不但讓愛徒大衛・布斯為麥克考工作，還把修爾斯和布雷克介紹給管理科學組。對這群人數不多、羽翼未豐但十足熱血的指數基金傳教士來說，法馬日益響亮的名聲是他們亟需

3　*Institutional Investor*, July 1972.

4　Email from James Vertin via Charley Ellis.

5　Bernstein, *Capital Ideas*, 240.

的知識擔保。從學術陣容來看，管理科學組可以說是金融經濟學的曼哈頓計畫。連麥克考這種沒人會誇他謙虛的人，與這群學術搖滾巨星共處時都會恭敬三分。「老天啊，我簡直像小學生見到老師。」麥克考回憶道。

修爾斯和布雷克都是不可多得的人才。修爾斯當時已經開始為富國銀行提供諮詢。1968年夏天，他建議銀行建立被動投資工具，像採樣一般買進並持有整體股市的切片。麥克考對這個主意感興趣，但希望能先進一步研究潛在代價和陷阱。修爾斯那時雖然才27歲，卻已是麻省理工助理教授，每週只能撥出幾天參與。不過，他那陣子剛好透過芝大校友麥可‧簡森介紹認識布雷克，便問布雷克願不願意共襄盛舉。[6]

這是修爾斯和布雷克合作的開始。事後證明他們是黃金搭檔，兩人合力完成的成果無比豐碩。1973年，這兩名經濟學家提出定價衍生性金融商品的數學模型。這個模型不但重塑金融業，直到今天也依然是現代華爾街的基礎。1997年，它讓修爾斯和羅伯‧莫頓（Robert Merton）拿下諾貝爾經濟學獎（莫頓也是麻省理工的教授，曾進一步拓展這個理論）。要不是布雷克已在1995年去世，他一定也會獲獎。

修爾斯和布雷克當時還沒什麼名氣，但他們為富國銀行打好設立「被動型」基金的分析基礎。他們筆下的「被動型」基金是一種股票投資組合，特點是「不以主觀量尺推測特定股票或全體市場的未來績效」。[7]在任務分工上，繁瑣的雜事由麥克考的管理科學組負責（主要是賴瑞‧庫尼奧〔Larry Cuneo〕和韋恩‧華格納〔Wayne Wagner〕兩人），修爾斯和布

6　Myron Scholes, "Derivatives in a Dynamic Environment," Nobel Lecture, December 1997.

7　Perry Mehrling, *Fischer Black and the Revolutionary Idea of Finance* (Hoboken, NJ: Wiley, 2011), 105.

雷克則會定期飛來研究數據，一邊灌下一杯又一杯甜得要命的冰茶。[8]

看見這麼多人為研發新產品貢獻聰明才智，也看見重量級學術論文一篇又一篇地發表，沃丁總算不再排斥這個變革。他最後甚至熱情擁抱新的思考方式，表現出只有較晚改變信仰的人才有的熱誠。

但正如沃丁所說，他們還需要有人當「新理論和老方法的橋梁」。富國銀行找來一位看似不搭調的人：他出身西維吉尼亞州，活潑外向，喜好享樂，曾在爵士樂團當薩克斯風手。最重要的是——他的想法與麥克考和沃丁不謀而合。

• • •

威廉・富斯身材圓胖，戴副方框眼鏡，留一撮小鬍子，總是面帶微笑，親和的外表常讓人忘了他有多麼博學和聰明。在指數型基金的歷史上，他的名字或許不像某些同儕那麼響亮，但每個與他共事過的人都說：他對指數型基金的發明與成長功不可沒。

富斯在1928年9月20日生於西維吉尼亞州帕克斯堡（Parkersburg）[9]，父親是銀行家，母親是老師。他中學時在樂儀隊吹豎笛[10]，後來也靠著音樂本領讀完工商管理學位。在肯塔基大學讀書時，他到好幾個爵士樂團演奏賺生活費。富斯一生熱愛音樂與美食，直到2019年去世。他的一個多年老友和同事說：「他深信人生重要的是品質，不是長短。」[11]

8　Mehrling, *Fischer Black and the Revolutionary Idea of Finance*, 101.

9　James Hagerty, "Bill Fouse Taught Skeptical Investors to Love Index Funds," *Wall Street Journal*, October 31, 2019.

10　"William Lewis Fouse," *San Francisco Chronicle* (obituary), October 17, 2019.

1952年，富斯加入梅隆銀行匹茲堡分行信託部，一開始擔任初級分析師，研究鐵路股，最後成為投資研究襄理。雖然梅隆銀行是「最純正的正統派大本營」[12]，富斯的想法卻離經叛道得很。

他為電腦著迷，狼吞虎嚥地吸收新世代金融學者的最新成果，也定期參加CRSP的研討會，結識了一批志同道合的人。可是，他在梅隆銀行的主管對這些新奇玩意兒興趣缺缺，不但無心了解β值、效率前緣（efficient frontier）、現代投資組合理論等概念，對馬可維茲、夏普、法馬等人的研究也興味索然。即使富斯追蹤梅隆銀行基金經理人的績效（「爛、爛、爛，一個比一個爛。」他說）[13]，證明自己絕非空穴來風，他們對他的建言仍充耳不聞。

接觸到夏普的研究後，富斯深受啟發，在1969年建議梅隆銀行發行被動型基金，在各種大盤指標中擇一複製（例如追蹤美國前五百大公司的標普500）。但梅隆銀行的管理層不予接受。1970年春，富斯再次建議：參考約翰·布爾·威廉斯設計的以股利為本的模型（將近二十年前，威廉斯也啟發了馬可維茲），有系統地進行投資。但管理層還是立刻回絕。老闆教訓他說：「去你的！你把我的生意當什麼？做研究嗎？」[14]即使富斯向來活潑外向，他還是覺得這句話像劍一樣刺進心窩。[15]

11 Robin Wigglesworth, "William Fouse, Quantitative Analyst, 1928–2019," *Financial Times*, October 24, 2019.

12 Bernstein, *Capital Ideas*, 243.

13 Bernstein, *Capital Ideas*, 244.

14 Bill Fouse, "His Early Bosses Thought Fouse's Indexing Idea Was a Melon," *Pensions & Investments*, October 19, 1998.

15 Bernstein, *Capital Ideas*, 245.

　　這是最後一根稻草。富斯決定另謀高就，和重視創新的人一起工作。於是他拿起電話，撥給他在CRSP異端投資思想研討會上認識的麥克考。他還洋洋灑灑寫了一大篇備忘錄，詳細說明為什麼富國銀行應該聘他。他在自介上說自己「熱中分析，喜愛創新，思考獨立，堅信科學方法。直率敢言，難以忍受無知」。麥克考求才若渴，馬上請他來上班。富斯也不負所託，不久就成為富國銀行財務分析室股市研究的第一把交椅，在沃丁手下做事——沃丁總算找到了新與舊的橋梁。

　　雖然沃丁此時改弦易轍已久，但辦公室裡還是有許多明爭暗鬥。富斯覺得自己像是被麥克考派到異教徒國度的傳教士，奉命感化沃丁掌管的信託部。富斯後來回憶道：「他信這一套，但我們當初要是沒有使盡力氣讓他改變想法，我不曉得他還會不會信。」

　　事實上，連麥克考都曾與富斯起過衝突。起因是富斯對威廉斯那套以股利為本的模型情有獨鍾，儘管在梅隆銀行時就已被上司狠狠駁回，他還是想把這套模型引進富國銀行，為此與麥克考激烈爭執。「我那時像乒乓球一樣，被兩邊打來打去。」富斯說：「那段時間很『妙』，但我挺過來了。」舊金山北岸餐廳（North Beach Restaurant）對定紛止爭也有功勞。1970年，這家托斯卡尼餐館在華盛頓廣場旁開張，偶爾酒酣耳熱的聚餐協助維繫了脆弱的和平。

・ ・ ・

　　富斯加入富國銀行時，被動投資基金的準備工作已經開始。不過，他們原本的方向並不是發行「純」指數型基金。修爾斯和布雷克的研究指出市場也有缺乏效率之處，例如在低波動和高利潤之間，投資人更傾

向選擇低波動的股票（用夏普的行話來說，就是低β值的股票），而非能創造更大利潤的股票。這種現象與CAPM和法馬的見解不符。

1969年12月，修爾斯和布雷克向富國銀行提出報告，建議三種基金規劃方向：（一）買遍整個股市的被動型基金，並借款增加收益（金融行話叫「槓桿」）；（二）只購買低β值股票的被動型基金，同樣藉由借款提高整體波動性，使其高於市場平均；（三）買進低β值股票，但實際上是做空（bet against）高β值股票（「做空」也叫「放空」〔short〕）。[16]

第三個選項其實比較接近避險基金，而富國銀行興沖沖地準備採用第二個選項，為新方案取名驛馬車基金（Stagecoach Fund），向自家銀行輝煌的淘金熱時代致敬。他們希望新基金能仰賴最新研究不斷擊敗股市，吸引富國銀行的散戶和退休基金客戶。

但新加入的富斯大表反對。他說：低β值的股票往往只有少數幾個穩定的產業找得到，只買這種股票不利於分散投資。他比較傾向第一個選項，也就是操作槓桿的大範圍證券投資組合。最後，他贏了內部辯論，卻惹惱了向來溫和的布雷克，後者罕見動怒，拂袖而去。[17]

不過，驛馬車基金後來還是胎死腹中。因為在1971年，最高法院以大蕭條時代訂立的〈格拉斯－斯蒂格爾法案〉（Glass-Steagall Act）為據，禁止商業銀行（如富國）向一般投資人銷售共同基金。雖然富國銀行信託部當時已經與灰狗巴士（Greyhound）和伊利諾貝爾公司（Illinois Bell）談妥，準備為他們管理退休基金，但驛馬車基金既然無法同時招攬散戶，從機構投資者身上能取得的利潤也有限，最後只好黯然退場。「那

---

16 Mehrling, *Fischer Black and the Revolutionary Idea of Finance*, 106.
17 Mehrling, *Fischer Black and the Revolutionary Idea of Finance*, 107.

艘船上已經沾了太多藤壺,遲早會把它弄沉。」曾經為基金出力的法馬愛徒布斯回憶道。

誰也沒想到的是:富國銀行反而因禍得福—— 1974年的股市崩盤不但重創槓桿型基金,恐怕也把被動型基金的發展推遲了幾年。反倒是麥克考的管理科學組插手的一項不起眼的任務,最後成為有史以來第一個指數型基金,而無心插柳的又是芝加哥大學。

1970年,凱斯・許威德(Keith Shwayder)自芝加哥大學經濟學系畢業,回家鄉丹佛(Denver)協助家族事業。他們家是行李箱製造商新秀麗(Samsonite)。在母校浸淫尖端金融思想多年後,發現公司的退休基金竟然投資了一批績效不佳的共同基金,許威德大為震驚。對一個衷心接受效率市場理論的人來說,這種投資方式是自尋死路。

許威德想用更現代、更合乎潮流的方式為公司理財,便打電話給以前的老師,問他們是否認識適合的人選。[18]他們請他和麥克考聯絡。麥克考得知後立刻飛往丹佛,與許威德當面討論新秀麗的需求。「我沒有預算限制,想搭飛機去哪裡就去哪裡。」麥克考說。

麥克考將任務指派給他的左右手華格納和庫尼奧,請他們做基本的研究和規劃。[19]由於管理科學組不能直接管理金錢,他們成立新單位富國投資顧問中心(WFIA,Wells Fargo Investment Advisors)來辦理這項業務。[20]沃丁的部門處理庶務,基金本身由富斯管理。雖然富國投顧這時

18 Donald MacKenzie, *An Engine, Not a Camera: How Financial Models Shape Markets* (Cambridge, MA: MIT Press, 2006), 85.

19 Frank Fabozzi, *Perspectives on Equity Indexing* (New York: Wiley, 2000), 44.

20 譯註:富國投顧後來獨立為公司,但名稱未變。為方便讀者區隔,附屬於富國銀行時期的富國投顧將譯為「富國投顧中心」,獨立後的富國投顧則譯為「富國投顧公司」。

仍名不見經傳，但幾十年後，它會成為這個世界上最大投資帝國的核心。

他們的計畫是：以紐約證交所一百五十檔左右的上市股票為標的，每一檔都投資同樣的金額（因為這樣最接近美國整體股市）。拜新秀麗退休基金一開始就投資六百萬元之賜，1971年7月，史上第一個被動投資、追蹤指數的基金誕生。

不幸的是，追蹤紐約證交所股票的「等權重」（equal-weighted）指數嚴重失策──股價隨時都在變化，如果新秀麗基金打算每一檔股票都投資同樣多的錢，就必須隨時跟著股價起伏調整購入的股數。結果就是記帳困難、交易成本高昂。

有數據支持的理論認為：長期來看，等權重基金的績效比傳統股市操作方式高。實際上不是如此。「麥可一心想用新秀麗打敗市場，而等權重似乎是則妙計。」富斯後來說：「可惜的是等權重幾乎無法管理。」

不過，富國投顧還是受到這檔基金啟發，在1973年11月發行了另一檔較為簡單的基金。新基金向富國銀行的所有機構客戶開放，一開始由富國銀行和伊利諾貝爾公司的退休基金各出五百萬元，純粹盡可能模仿標普500的績效。[21] 在當時，標普500的績效約占美國股市總值的三分之二[22]，而新基金的指標是「市值加權」（capitalization-weighted）──換言之，依據每個公司的股市市值來加權。到1976年，新秀麗將它原本投入其他投資工具的錢，轉而投進富國投顧的標普500指數型基金。

新基金的第一位經理人是年輕的湯瑪斯‧洛布（Thomas Loeb）。洛布

21 伯恩斯坦說：一開始的一千萬元還不夠把標普500的每一檔股票都買到一千股，所以在資金提高到兩千五百萬元以前，他們只能設法貼近指數。
22 Bernstein, *Capital Ideas*, 248.

曾在伊斯特曼‧迪隆（Eastman Dillon）投資銀行工作，1973年初才加入富國銀行信託部。新基金比第一版好管理得多。改為市值加權後不再需要不斷再平衡，讓追蹤誤差（tracking error）——基金與其所欲模仿的指數之間的落差——降到大約1%到2%。[23]投入龐大資金辛勤研究多年以後，富國銀行總算有了亮眼的成果。

• • •

　　成功總有許多父母。[24]但隨著切入點不同，很多人都有資格說第一個指數型基金是自己創造的。富國銀行為新秀麗規劃的投資計畫在時間上是第一個，但與其說它是正式基金，它毋寧更像內容龐雜但規模不大的帳戶，而且它追蹤的是紐約證交所的等權重指數，處理過程十分繁複，讓其他對手有理由宣稱是自己拔得頭籌。

　　美國國民銀行是第一個公開銷售標普500指數型基金的公司，但它要到1973年9月4日才正式成為投資工具。[25]為了確保新的基金能成功複製標普500指數，他們事前辛勤測試了好幾個月。完成之後，辛格

---

23 洛布在1975年的一項重大創新也降低了交易費用。這項變革也讓人預見：長期來看，指數型基金的出現將改變金融業生態。
　一開始是洛布發現：由於標普每一季都調整基準，加上獲得的股利要進行再投資，所以富國銀行必須為經營指數型基金頻繁買賣股票，於是付給華爾街券商的費用變得十分龐大。交易員通常會假設買賣股票的人有資訊優勢，所以會在他們的出價和要價之間收取「價差」以保護自己。價差在交易佣金之外另計。
　可是，富國銀行指數型基金買賣股票不是基於資訊優勢，只是追蹤市場圖個方便。既然如此，價差或許還有商量餘地？另一方面，既然指數型基金只是想包下整個市場，證券商能不能少收一點錢，讓「整籃」個股自動交易，而不是一個一個分開交易？
　洛布撥電話給鼎鼎大名的史丹利‧夏普宏（Stanley Shopkorn）——華爾街巨獸所羅門兄弟

費德寫信給原本投資一檔三千萬「成長型」基金的投資者，對他們說基金的目標不會改變，但投資策略會改成追蹤標普500。沒有一個客戶反對。不過，這個基金頭兩年沒有吸引到多少新客戶。辛格費德常對同事說，推銷指數型基金比施洗約翰勸人悔改還難。百駿財管則是在1972到1973年推出標普500指數產品，但乏人問津，直到1974年年終，紐約退休教師會才一舉投資了一千萬元。[26]

　　然而，這三個開路先鋒都不是完美的指數型基金，因為它們並沒有買下標普500中的每一檔股票。這樣做的成本太高（因為華爾街的公司當時仍然收取固定佣金，績優股指數裡較小的股票也還不易交易），它們也都沒有龐大到可以買下所有股票。所以，它們在不同程度上都透過取樣（sampling）來複製基準，亦即大範圍地選出少數足以代表整體指數的股票。

　　無論如何，富國銀行、美國國民銀行和百駿財管推出的這三檔基金，無疑是現代社會最重大、也最有影響的變革之一。假以時日，金融

（Salomon Brothers）的頭號交易員——夏普宏飛來舊金山與他討論。在費爾蒙特飯店（Fairmont Hotel）康利斯餐廳（Canlis restaurant）晚餐時，洛布向夏普宏道出自己的想法，夏普宏聽完後興奮地說：「湯姆，你說的就是程式在做的！」他們談定細節，取得夏普宏在所羅門兄弟的上司（即未來的紐約市長麥克・彭博〔Michael Bloomberg〕）批准，「程式交易」（program trading）的概念就此誕生。洛布說：「我們的終極構想是：拿錢和把錢放進股票市場無縫接軌。」程式交易一開始還是很麻煩，必須手寫填單，把你最好的報價傳真給交易商，交易商再把交易分給他們在紐約證交所的證券商。這些作業現在已經電子化，可以以幾毫微秒的速度完成。目前股市活動已有很大一部分是程式交易。

24 譯註：西方俗諺：「Success has many fathers, but failure is an orphan.」意指人性爭功諉過。
25 Deborah Ziff Soriano, "Index Fund Pioneer Rex Sinquefield," *Chicago Booth Magazine*, May 2019, www.chicagobooth.edu/magazine/rex-sinquefield-dimensional."
26 *Pensions & Investments*, June 23, 1975.

業將慢慢察覺到它們撼天震地的力道。

　　「我們現在見到的，是一道緩慢、深沉、幾乎無法察覺，卻日益增強的湧浪。有一天，它會成為撞擊投資海岸的滔天巨浪。」1975年1月，里巴倫在一場金融分析師的會議上說：「想判斷浪有多大，衝浪的人會望向海面觀察湧浪，而不會盯著海岸注意已經過來的浪。所以，我們也應該保持敏銳，好好留意這道正在形成的機械策略之浪。」〔27〕

　　不過，不是每個人都能看清並衝上這道浪。1974年2月，美國運通資產管理公司（American Express Asset Management）提交報告，將他們的「美國指數型基金」登記上市。他們原本是以機構投資者為目標，後來想到若能成為第一個擴大客群的指數型基金，必定潛力無窮，遂決定向一般投資人開放——可是後來又撤回申請。〔28〕無論如何，各公司爭相發展和傳揚指數福音的效果不錯。辛格費德說：「我們向來彼此競爭，也彼此討厭。但我們後來長大了、也明白了：我們爭著行銷指數型基金，正好增加了這種產品的可信度。所以，我們的存在對彼此都有好處。」

　　到1975年末，富國銀行、百駿財管和芝加哥的美國國民銀行都達成目標，成功推出費用低廉、追蹤指數的投資策略，也受到一些有遠見的退休基金和捐贈基金歡迎。據當時的估計，百駿財管以指數策略管理的投資約一億元，美國國民銀行約一億兩千萬元，富國投顧約一億五千萬元〔29〕，管理費則在0.3％到0.6％之間——遠低於大多數傳統基金管理公司收取的費用。〔30〕雖然指數型基金當時尚未對一般投資人開放，但

27　Dean LeBaron, speech to Atlanta Society of Financial Analysts, January 22, 1975.
28　George Miller, "First to Sell, but Not First to Invent," *Wall Street Journal*, September 18, 2011.
29　*Institutional Investor*, February 1976.

利潤開始以微小但重要的方式流向美國領取退休金的人。

　　事實上，早在1972年夏季，《機構投資者》就已將富國銀行封為「β值的聖殿」。[31] 1974年初，它為它的指數型基金開山之作登了第一則廣告，行銷標語寫得平實穩重：「如果您是企業退休金經理人，有意讓您所管理的基金接近標普500的長期績效，富國銀行有重要消息宣布」：

　　　　長久以來，許多基金都達不到標普500的長期成長紀錄。富國銀行員工福利信託管理指數型基金（Wells Fargo Index Fund for Employee Benefit Trusts）的目的，就是透過複製標普500來趨近該指數的風險與利潤。我們為此量身設計獨一無二的電腦程式，不斷分析和比較指數型基金和市場，將周轉成本壓到最低。雖然這裡的說明十分簡略，但我們有詳盡的資料足以證明所言不虛。您若有興趣進一步了解，詳情一定不會令您失望。[32]

　　我們在接下來的幾章還會談到富國投顧的發展。他們幾經改組，但始終是三個開風氣之先的指數型基金中最成功的。辛格費德後來馬上追加兩檔指數型基金，但這次改變追蹤目標，把焦點放在不夠格選入標普500的中小型企業和國際股票。最後，他當上美國國民銀行信託部主任。可是，他在1981年離開後，美國國民銀行隨即被對手芝加哥第一銀行（First Chicago）和北方信託公司（Northern Trust）超越。

30 *New York Times*, March 26, 1977.

31 *Institutional Investor*, July 1972.

32 *Institutional Investor*, February 1974.v

里巴倫也有新的發展。1980年代中期，他主動結束百駿財管的指數追蹤業務。有競爭對手說他是因為追蹤市場表現不佳才這樣做，但這個一身反骨、無心稱霸、只求創新的金融家說，他的理由絕對沒那麼正常。發現當時已經有七十五家公司提供指數型基金之後，里巴倫認為這種策略已經商品化了，百駿財管繼續做沒什麼意義。於是，他把注意力轉向開發中國家的新興股票市場。

至於麥克考，他一方面對驛馬車基金的挫敗深感失望，另一方面也想換換環境，於是在1974年3月17日離開富國銀行——距他搬來舊金山接下這個職位正好整整十年。到了這個時候，富斯的地位已經穩固，沃丁對指數型基金的信心也已堅定不移。「最後居然變成愛情片，沃丁和麥克考一起騎著馬兒迎向夕陽。」布斯挖苦道。

麥克考說：謝天謝地，在富國銀行最後的那段日子，同事終於不再視他如寇讎，以前鋪天蓋地的敵意也總算勉強變成尊重和友誼。「吉姆·沃丁本來是死心塌地和我作對，後來是死心塌地挺我到底。」他說：「整體來說呢，他這個人是個人物——但也是個好辯的王八蛋。」

不過，很多認識他們的人都說麥克考也沒好到哪裡去。洛布的爸媽都是藝術家，他從小讀遍大藝術家的傳記，本身也是業餘畫家。他說，世紀之交的藝術界和1970年代的富國銀行其實很像。「這些人都有稜有角，對自己的信念毫不讓步，也不惜為信念與人激烈爭辯。」他說：「藝術界和金融界當然很不一樣，但這兩個領域的人個性都很強。」為慶祝新的投資哲學大獲全勝，富國銀行的壘球隊改名效率拓荒客（Efficient Frontiersmen），向哈利·馬可維茲二十年前的先見之明致敬。[33]

· · ·

　　見到指數追蹤策略異軍突起，投資界裡有人冷眼旁觀、有人暗自竊笑、有人冷嘲熱諷，也有人赤裸裸地展露敵意。雖然1974年的熊市讓許多專業財富管理人灰頭土臉（這次熊市是大蕭條以來最嚴重的一次），但他們還是對指數型基金嗤之以鼻，不相信有投資人甘於只賺市場平均獲利。

　　原為投資經理人的金融史家彼得‧伯恩斯坦記得，當年有同事一臉鄙夷地說：標普500這種東西連買來送岳母他都不會考慮。[34]明尼亞波里（Minneapolis）的金融研究公司盧索得（Leuthold Group）還做過一件事——他們到處散發一張印了山姆大叔的廣告，上面寫：「快來弄死指數型基金！指數型基金不是美國貨！」指數型基金經理人也收到了這些廣告，像是提醒他們多麼不受歡迎。

　　正如作家厄普頓‧辛克萊（Upton Sinclair）所說：如果一個人的薪水靠的是不懂某個東西，別人當然很難讓他懂那個東西。「如果人們開始相信隨機漫步這種胡扯，轉而投資指數型基金，很多年薪八萬的投資組合經理人和分析師就等著失業，被年薪只要一萬六的電腦操作員取代——世界上哪有這種事？」1973年的《華爾街日報》上，一名匿名的共同基金經理人這樣抱怨。[35]

　　金融界裡也有人說：那群蛋頭學者的說法是出於嫉妒，而不是客觀分析數據。一名投資經理人發牢騷說：「隨機漫步理論只是一群商學院教授搞出來的。他們其實是嫉妒財富管理人，因為經理人賺得比他

33 *Institutional Investor*, April 1980.

34 Bernstein, *Capital Ideas*, 248.

35 Jonathan Laing, "Bye-Bye, Go-Go?," *Wall Street Journal*, June 7, 1973.

們多。」[36] 保德信保險公司（Prudential Insurance Co.）的愛德華・辛柏格（Edward Zinberg）比較坦誠：「我們也是人。我們傾向認為自己比其他人聰明，選股選得比其他人好。你知道的：不論事實如何，希望永遠存在。」

有一種批評很早就有，後來幾十年也常常出現：如果太多人轉而使用指數策略，市場的效率和活力都會降低。1975年，切斯投資者管理公司（Chase Investors Management Corp.）的艾爾文・宙許納（Erwin Zeuschner）和瑪麗・翁尼・霍藍（Mary Onie Holland）投書《華爾街日報》警告：「證券市場的資本配置功能會被扭曲，只有指數裡的公司能提高股本。」[37]

並不令人意外的是：提出這種說法的是規模較小、較為低端的金融公司，華爾街的傳統大公司沒有一間這樣講過。指數策略早年還得到一些意想不到的大人物支持，例如華倫・巴菲特，還有他那位大名鼎鼎、令人敬畏的師父——投資家班傑明・葛拉漢。

不過，指數策略最重要、也最直接的推手是「貝爾寶寶」（Baby Bells），亦即「貝爾媽媽」（Ma Bell）AT&T電話公司的地區公司。AT&T規模龐大，歷史悠久，淵源於亞歷山大・葛拉翰・貝爾（Alexander Graham Bell）創立的公司。在1980年代被迫分家以前，整個貝爾集團幾乎可以壟斷美國電信業務。拆分的時候，幾家子公司已經各有自己的退休金計畫。

1970年代初，貝爾集團在仔細檢視自家投資計畫之後，變成最早採用指數策略的大企業之一。「他們發現自己的主動型經理人基本上在彼此傳球。在集團的一部分賣出IBM股票的同時，另一部分買進IBM股票。」洛布說：「他們做出簡單的推論：改用指數策略能降低成本。」

36 Laing, "Bye-Bye, Go-Go?"
37 Eric Balchunas, "Passive Funds' Effect on Stocks," Bloomberg, September 18, 2019.

　　另一方面，有些退休金主管漸漸發現：他們雇用的基金經理人其實很多都是「地下指數黨」。換句話說，他們基本上只是模仿整體股市的績效，卻像是有認真選股一樣向他們收費。發現這點之後，很多人決定改弦更張。「我們認為我們應該為指數型管理付指數型費用。」1979年，伊利諾貝爾公司總裁喬治‧威廉（George Williams）對《華爾街日報》這樣說。[38] 他是頭一批指數型基金的重量級支持者。

　　到1977年末，大約已有二十九億的退休基金是以指數策略管理。[39] 1974年的熊市固然是一大推力，但日漸清晰的長期前景也令人憂心。素負盛名的金融顧問公司貝克投資發現：以1974年12月為界的前十年，美國已有77%的退休金經理人選擇追蹤標普500。[40] 從金額來看：到1985年，投資指數型基金或以指數策略管理的退休金飆升到九百一十億元。[41] 在此同時，新興的指數型基金產業也吸引了許多大型生力軍，例如道富銀行（State Street）和信孚銀行（Bankers Trust）。

　　雖然早期這些指數型基金只服務大型機構投資者（例如退休金計畫或保險公司），一般人無法投資，但透過各家公司的退休金計畫，很多人其實已經間接分得指數型基金創造的利潤。不過，大眾一開始對指數型基金其實反應冷淡。在1977年，《機構投資者》甚至宣布「指數投資

---

38 Lawrence Rout, "Firms' Pension Fund Managers Often Are Failing to Manage—Instead, They Are Indexing, Without Admitting It, and Charging High Fees," *Wall Street Journal*, January 31, 1979.

39 Charles D. Ellis, *The Index Revolution: Why Investors Should Join It Now* (Hoboken, NJ: Wiley, 2016), 43.

40 *Institutional Investor*, February 1976.

41 Fabozzi, *Perspectives on Equity Indexing*, 43

的時代似乎過去了」。[42] 總之，當時普遍懷疑一般投資人是否有意投資指數型基金，畢竟他們對學術研究成果一無所知，根本不曉得共同基金經理人的平均績效並不好，何況，哪個投資人只想得到普通報酬呢？《機構投資者》也說：「民眾想賺的是大錢，而不是大盤績效，很多人認為跟著市場賺不了多少。既然民眾不甘於平均報酬，他們似乎不太可能選擇這種投資方式。」[43] 對於大眾為什麼一開始興趣缺缺，富斯後來開玩笑拿納粹宣傳部長戈培爾（Joseph Goebbels）的話解釋：「小的祕密才需要保護，大的祕密民眾根本不信，不信就是最好的保護。」[44]

不過，美國經濟學泰斗保羅・薩繆森希望大眾得知這個祕密。在1976年的《新聞週刊》（Newsweek）專欄中，他說退休基金總算能選擇「審慎、全面的市場指數型投資」，但也感嘆一般投資人沒有這類產品可供選擇。[45]

「目前為止，我們還沒有簡便……能模仿整個市場、不需手續費，並將佣金、周轉率、管理費減到最低的基金。我猜未來會有這種新而簡便的投資工具。」薩繆森這樣寫道。事實上，未來比這位知名經濟學家期盼的更快到來。在賓州福吉谷（Valley Forge），已經有人準備打消大眾的懷疑，告訴他們許多退休金計畫已經發現的「大祕密」。

42 *Institutional Investor*, June 1977.

43 *Institutional Investor*, February 1976.

44 Fabozzi, *Perspectives on Equity Indexing*, 42.

45 Paul Samuelson, "Index-Fund Investing," *Newsweek*, August 1976.

CHAPTER
6

刺蝟
The Hedgehog

1960年8月，《金融分析師期刊》（*Financial Analysts Journal*）刊登了一篇針對商學研究的檄文，嚴詞抨擊學術界竟然認為基金經理人投資績效不佳，妄言基金公司應該設法模仿市場，而非擊敗它。這篇文章署名約翰·B·阿姆斯壯（John B. Armstrong），一位沒人聽過的金融家。

「頂尖普通股票基金的長期表現，明明優於道瓊工業平均指數。」阿姆斯壯寫道。同年稍早，加州大學教授愛德華·仁蕭（Edward Renshaw）才在同一份期刊上發表了另一篇論文，說明為何共同基金不必管理，只要追蹤股市指數即可。對阿姆斯壯來說，這種看法非常可笑。他立刻寫下〈為共同基金管理一辯〉（The Case for Mutual Fund Management），直接反駁仁蕭的說法。

阿姆斯壯承認，根據某些研究，有些共同基金的績效「確實不太好」。但他也指出：有四檔以股票為主的頂尖共同基金表現奇佳。它們不但占當時全體產業的15％，而且從1930到1959年一再擊敗道瓊指數。這篇文章令投資業驚艷，阿姆斯壯也因此入圍葛拉漢與杜德獎（Graham and Dodd Awards）——投資領域寫作與研究的重大獎項——最後獲頒佳作。

文章裡說「阿姆斯壯」是筆名，作者「在證券界耕耘多年，長期研

究和分析共同基金」。除此之外，文章還透露了兩個與作者真實身分有關的重要線索：他是普林斯頓校友，畢業論文寫的是投資公司的經濟角色。後來真相揭曉：這個匿名的作者不是別人，正是約翰・克里夫頓・柏格。諷刺的是，他後來創立先鋒集團，大力推廣被動、價廉、模仿市場的指數型基金——與自己1960年的想法背道而馳。

　　一語道盡一個人的本質很難。如果這個人幾乎走過九十年的人生、重新塑造了自己的產業——甚至有人認為他重塑了資本主義本身——我們更難三言兩語說盡他是個什麼樣的人。熟悉柏格的人說他有「救世主」情懷，不但為指數型基金發動聖戰，還為先鋒集團注入宗教般的熱誠。有人說他有「鋼鐵意志」，與人意見不合時很少讓步。他也曾好奇地問過親友覺得自己是什麼樣的人，他們說他「有決心」——這是他比較喜歡的形容方式。他坦言：「雖然我覺得想達成目標一定要有決心，但太有決心有時候會讓人腦子裡只剩一件事，這可不是什麼吸引人的特質。不過，我想他們應該沒說錯。[1]

　　他之所以取「阿姆斯壯」當筆名，是為了向他的外曾祖父斐蘭德・阿姆斯壯（Philander B. Armstrong）致敬（斐蘭德・阿姆斯壯是一家保險公司的主管，曾批判十九世紀保險業者對消費者不利的措施）。[2]〈為共同基金管理一辯〉讓我們看到：雖然柏格後來熱心推廣指數型基金，但他以前並不是如此。

1　Jack Bogle, *Stay the Course: The Story of Vanguard and the Index Revolution* (Hoboken, NJ: Wiley, 2018), 262.
2　Lewis Braham, *The House That Bogle Built: How John Bogle and Vanguard Reinvented the Mutual Fund Industry* (New York: McGraw-Hill, 2011), chapter 1, ePub.

　　柏格一開始醉心的是專業投資業，也就是他成年時蓬勃興旺的產業。他投稿《金融分析師期刊》時，是美國老字號共同基金經理公司威靈頓的年輕主管，前程似錦，意氣風發。但1970年代中期一場既是危機、也是轉機的挫敗，讓他走上顛覆自己曾經崇敬的產業之路。對於這種驚人的轉變，柏格創立先鋒集團時的親密戰友吉姆・李普（Jim Riepe）的解釋是：「改變過信仰的人信得最虔誠。」

　　古希臘詩人阿爾基羅庫斯說過：狐狸知道的很多，刺蝟只知道一件重要的事——拜哲學家以撒・柏林（Isaiah Berlin）之賜，這句話現在已廣為人知。柏格是典型的刺蝟，他一向只奮不顧身投入一件大事，可是在情況不變的時候，他也有足夠的智慧和身段改變立場。後來被問到他對主動投資的想法為什麼改變時，他引用經濟學家約翰・梅納德・凱恩斯（John Maynard Keynes）的話，說：「事實改變了，所以我的想法也跟著變，你呢？」[3]

· · ·

　　約翰・柏格早年深受1929年股災及其後大蕭條的影響。他的父親小威廉・葉慈・柏格（William Yates Bogle Jr.）原本是個富有又有衝勁的商人，1916年主動前往加拿大從軍，成為戰鬥機飛行員，在一次大戰中為皇家空軍效命。柏格的母親約瑟芬・蘿倫・希普金斯（Josephine Lorraine Hipkins）出身蘇格蘭裔美國名門，風姿綽約，繼承龐大家產。柏格的祖父曾創立美國製磚公司（American Brick Corporation），也與人合創衛生製

3　Gene Colter, "Change of Heart," *Wall Street Journal*, September 24, 2004.

罐公司（Sanitary Can Company），後者於1908年由美國製罐公司（American Can Company）收購。柏格的父親從戰場歸來後，在兩家公司都工作過。

威廉和約瑟芬的第一對雙胞胎因難產而死。他們在1927年迎來威廉‧葉慈‧柏格三世（William Yates Bogle III），1929年5月又生下雙胞胎約翰‧克里夫頓和大衛‧考德威爾（David Caldwell）。巴德、傑克和戴夫三兄弟成為紐澤西州蒙特克萊（Montclair）的「柏格家男孩」（Bogle Boys）。[4]

不幸的是，1929年10月的股災讓柏格家繼承的家產一夕蒸發，他們不再能維持上流階級的生活方式。柏格的父親經不起打擊，開始酗酒，先是把孩子趕到紐澤西鄉下和祖父母同住，後來一家人搬到賓州郊區阿德莫爾（Ardmore），擠進一間位於三樓的兩房公寓。三個孩子很小就得工作貼補家用固然辛苦，但他們最大的創傷是見到父親日益委靡。巴德‧柏格對為先鋒集團創辦人寫傳的路易斯‧布拉罕（Lewis Braham）說過：[5]

> 我爸成天只會花天酒地和唱歌，我總是覺得我得挺身作主，保護自己和弟弟不被他各式各樣的壞事傷害，畢竟我可以比他們更早看出情況不妙。我會把那些該死的酒全搜出來，當著他的面打破，大哭。家裡情況很糟，我媽很受影響，全家每個人都很受影響。我爸本來是個溫暖細心的好人，但看我把酒瓶打破，他嚎得跟什麼一樣。我那時候不知道酗酒也是種病。

4 編註：巴德、傑克和戴夫分別是威廉、約翰與大衛的小名。
5 Braham, *The House That Bogle Built*, chap. 1, ePub.

　　不過，這些打擊讓柏格家的孩子個個認真負責。他們的母親也轉而把精力放在孩子身上，送他們去紐澤西知名寄宿學校布萊爾學院（Blair Academy）讀書，確保他們受到良好教育。布萊爾學院讓年幼的傑克脫胎換骨，他後來談起這段歲月時總語帶自豪，例如他的代數成績本來很糟，畢業考卻得了高分，還有他的英文老師對寫作盯得多嚴。[6]

　　「家裡氣氛緊繃，離開那裡對我們最好。」他後來說：「紐澤西那家寄宿學校很棒，是我漫長人生的重要基礎。我那個時候就有這種感覺，現在還是覺得如此。」[7]柏格三兄弟拚獎學金繳學費，約翰・柏格還去餐廳打工當服務生。他在1947年以特優成績畢業，也被同學公認是往後最有可能成功的人。不過，他以些微之差無法成為畢業生代表。他對此十分在意，甚至拜託幾個老師幫他改分數，但沒有成功——雖然年紀還輕，他就已顯露難以接受失敗的個性。[8]

　　柏格家太需要孩子貼補家用，只能讓一個人繼續讀大學。既然成績最好的是傑克，這個機會屬於他——這尷尬的事實更堅定他出人頭地的決心。最後，他選擇去普林斯頓就讀，一方面是因為那裡的獎學金更優渥，另一方面是因為打工機會多，他可以邊讀書邊賺生活費。

　　他主修經濟學，一年級就得和保羅・薩繆森的《經濟學：入門分析》（*Economics: An Introductory Analysis*）纏鬥。這本教科書當時才剛剛出版，往後將成為好幾個世代的經濟學家和金融學家的啟蒙之作。他喜歡這個學科，但一開始覺得很難，上學期只拿了D+——如果下學期還是這個分

6　Bogle, *Stay the Course*, 258.
7　Bogle, *Stay the Course*, 258.
8　Braham, *The House That Bogle Built*, chap. 1, ePub.

113

數，他會失去獎學金——然而，即使他加倍用功，後來也只得到C−。[9]

在此同時，柏格家的情況越來越糟。約瑟芬・柏格的身體出現異狀，最後診斷是子宮頸癌。巴德・柏格剛從海軍陸戰隊退伍，有一天對酒鬼父親忍無可忍，一把將他扔出門外。備受孩子們敬愛的母親病得越來越重，終於臥床，必須注射配西汀（Demerol）止痛。1952年2月，約瑟芬・柏格撒手人寰。同年稍晚，小威廉・葉慈・柏格也因中風在美景醫院（Bellevue Hospital）病逝。對於父親，柏格淡淡地說：「我覺得他不夠堅強，但他盡力了。」[10]他後來在辦公室放了一架一次大戰駱駝式（Sopwith Camel）雙翼戰鬥機模型，記念他父親最美好的歲月。[11]

幸運的是，普林斯頓的確適合這名用功上進的年輕人，他的成績也越來越進步，只不過他的畢業論文不太順利。他原本想找個有創意的經濟學題目，但一直沒有進展。直到有一天，他在大學圖書館瀏覽雜誌，正好看到1949年12月《財星雜誌》的〈在波士頓賺大錢〉（Big Money in Boston），介紹的是美國第一檔「開放型」共同基金——麻州投資人信託（Massachusetts Investors Trust）。它是1924年以五萬美金成立的，讓一般投資人也有機會參與迅速成長的美國股市。在此之前，大多數投資工具都是「封閉型」基金，亦即發售時只提供固定股數，不能不斷吸收新的資金。波士頓的這項創新大獲成功，到1949年，麻州投資人信託管理的資金已經高達一億一千萬元。

雖然當時整個共同基金產業只有九十檔基金，管理的資金大約十八

---

9 Bogle, *Stay the Course*, 9.
10 Braham, *The House That Bogle Built*, chap. 2, ePub.
11 Braham, *The House That Bogle Built*, chap. 1, ePub.

億元，而且公司絕大多數都在波士頓，但《財星雜誌》那篇文章說，這個產業正「快速擴張。雖然多少仍有爭議，但它對美國商業或將產生重大影響」。[12]柏格看得津津有味，決定拿這個當他的論文題目，寫成〈投資公司的經濟角色〉（The Economic Role of the Investment Company）。[13]

柏格後來總愛引述這篇論文裡的一句話，說它預示了自己對指數型基金的熱情：「基金並不優於市場平均」。可是，這篇論文對共同基金其實主要是肯定的。當時的柏格寫道：「在分散投資組合上，大多數基金的確做出合理的判斷，批判基金只不過是『買平均報酬』並不公正。」[14]

不過，他對基金產業成長潛力的分析十分準確。此外，從他建議這個產業「以最有效率、最正當、最經濟的方式操作」，還有他為促進成長開出的藥方——減少首次銷售費用（行話叫「佣金」）和管理成本——都能隱隱看出先鋒集團後來的作風。這篇一百二十三頁的論文得了A+，不但讓柏格在1951年以特優成績畢業，也讓他受到另一位普林斯頓校友注意——華特・摩根（Walter Morgan），威靈頓資產管理公司的創辦人。

• • •

摩根原本是提供客戶投資建議的會計。1928年，他集資十萬元成立自己的共同基金公司，以威靈頓「鐵公爵」亞瑟・韋爾斯利（Arthur

---

12 "Big Money in Boston," *Fortune*, April 1949.
13 當時「共同基金」這個詞還不通行，在1949年《財星雜誌》那篇文章並沒有使用這個詞。
14 Jack Bogle, "The Economic Role of the Investment Company" (Princeton thesis, 1951).

Wellesley）之名為公司命名，向這位大敗拿破崙於滑鐵盧的名將致敬。[15]
由於家中曾因投資投機型股票而損失慘重，摩根個性保守。威靈頓是最
早成立的「平衡型」共同基金之一，亦即他們既投資股票，也投資債券，
避免以貸款加碼求利。

　　摩根的謹慎讓他安然度過1929年的股災，二次大戰期間一連串精
明的策略將威靈頓推上高峰。到1951年，威靈頓管理的資金大約已達
一億九千萬元，成為美國第四大共同基金。[16]

　　畢業沒多久的柏格和摩根見面時，已經拿到兩個工作（一家是費城
國民銀行，另一家是地方券商波寧公司〔Boening & Company〕），正在思
考該選擇哪一個。摩根本來不太喜歡用普林斯頓畢業生，覺得他們是群
紈褲子弟。但柏格的論文令他讚賞，他不但寫了批注，還叫威靈頓的員
工也讀一讀。除此之外，摩根面試柏格時對他的第一印象相當好。於是，
威靈頓公司的創辦人開始說服這個小伙子，說他應該加入成長快速的新
興產業，別窩在早已過氣的銀行裡。1951年7月8日，柏格開始在威靈
頓公司上班。

　　柏格全力做好所有交付給他的任務。沒過多久，他積極任事的工
作態度、操作計算尺的精熟技巧，以及快速掌握投資公司方方面面的能
力，讓他在公司鶴立雞群。1955年，他成為摩根的個人助理，得到許
多了解威靈頓各部門的機會。工作上大展長才之餘，他的私人生活也有
了喜訊。1956年，他與普林斯頓老友傑伊・薛若德（Jay Sherrerd）的妹妹
伊芙・薛若德（Eve Sherrerd）成婚。隔年，伊芙生下他們的第一個孩子，

15 Braham, *The House That Bogle Built*, chap. 2, ePub.
16 Braham, *The House That Bogle Built*, chap. 3, ePub.

往後又陸續生下五個。[17]

在工作上，柏格這段時間最大的成就是說服摩根發行第二檔基金。新基金只投資股票，1958 年成立。它的名字原本十分呆板，叫威靈頓股票基金（Wellington Equity Fund）；1963 年重新命名為溫沙（Windsor），由頂尖共同基金經理人約翰・尼夫（John Nef）管理。新基金的成功讓柏格成為摩根的準接班人，也讓他成為投資界備受矚目的青年才俊。1960 年，他獲選進入威靈頓公司董事會，1962 年升為行政副總裁，1965 年擔任執行副總裁。[18]

不過，柏格在 1960 年代並非一帆風順。他向來身強體健，卻在一次網球賽中心臟病發。1960 年勞動節週末，柏格和妻舅第一盤才打到一半，他突然感到一陣刺痛。他調整了一下呼吸，對薛若德說：「你一定不相信，但我覺得剛剛像是心臟病發作。」[19]語畢，兩個人都覺得這個想法很可笑。畢竟柏格才 31 歲，平常壯得和牛一樣。於是他們繼續打，柏格甚至還贏了那一盤，沒想到又是一陣刺痛。柏格的太太伊芙趕忙送他去醫院，醫生診斷是心臟病發作，要他住院六週。柏格一生六度心臟病發作，這是第一次。他以後還會因為心律不整而多次出入醫院。日後，他將被診斷為心律失常性右心室發育不全。到 1996 年，他將被迫為這種遺傳性疾病接受心臟移植。[20]

即使住進了醫院，柏格的步調還是毫不放慢。他對網球和壁球的愛

17 Braham, *The House That Bogle Built*, chap 3, ePub.
18 Philadelphia Area Archives Research Portal, Jack C. Bogle Papers, Princeton University Library.
19 Braham, *The House That Bogle Built*, chap. 4, ePub.
20 Bogle, *Stay the Course*, 264.

也絲毫不減。老同事傑瑞米·杜斐德（Jeremy Duffield）說，有一次比賽太激烈，柏格又出了狀況，他們馬上叫救護車。救護員判斷需要使用去顫器，打算先為他麻醉，沒想到柏格立刻拒絕，說：「我想知道那是什麼感覺。」後來，他乾脆在壁球場準備了一台去顫器。雖然他說是為了以防萬一，但他的長期球友不是這樣看——他說，柏格這樣做八成是為了占點便宜，讓對手不敢使出全力，才不是為了醫療目的。

另一方面，雖然柏格的個人職涯一飛沖天，但威靈頓公司在1960年代卻遇上瓶頸。在新興財富管理巨星輩出的蓬勃牛市，威靈頓的保守作風顯得格格不入。雖然他們管理的資產在1965年達到二十億元，但威靈頓在美國共同基金業的市占率不斷下滑。摩根要柏格力挽狂瀾。

不幸的是，柏格的策略不論對他自己、還是對這家信譽卓著的投資公司，都是一場災難。

柏格並不打算從頭開始籌劃新的「成長型」基金，反而認為威靈頓應該與目前火紅的投資集團合併。他徵詢了幾個可能的合作對象——例如洛杉磯的資本集團（Capital Group）和富蘭克林保管基金（Franklin Custodian Funds）——但全遭婉拒。[21]到1965年末，他開始打探松戴克、多蘭、潘恩與路易斯公司（Thorndike, Doran, Paine & Lewis，以下簡稱TDP&L）的意向。TDP&L是幾個波士頓新貴創立的管理公司，雖然開業時間不長，但他們管理的艾維斯特基金（Ivest Fund）表現優異，是業界數一數二的股票基金。[22]

然而，雙方高層的個性南轅北轍。柏格多話、自信而強勢，羅伯·

21　Bogle, *Stay the Course*, 20.
22　Braham, *The House That Bogle Built*, chap. 4, ePub.

多蘭（Robert Doran）沉默而內向，尼可拉斯・松戴克（Nicholas Thorndike）只願意管大方向，對柏格擅長的執行細節避之唯恐不及。多蘭和松戴克都認為決策必須尋求共識，可是柏格不吃這套，他習慣的模式比較像奇幻作家泰瑞・普萊契（Terry Pratchett）筆下的「安肯・莫泊克式」民主（"Ankh-Morpork" democracy）：[23] 一人一票——但只有柏格算人，所以他說了算。

令人意外的是，他們居然一拍即合，摩根也親自背書。摩根打算在合併後先暫時掌管公司幾年。如果一切依計畫進行，五年後，合併後的公司將由「波士頓幫」四人取得40％的股份，柏格掌握28％，其餘的股份歸股東（威靈頓已經在1960年將一部分股票上市）。1966年，雙方簽署協議。[24] 柏格送他的每個新合夥人一個小銀托盤，上面黏著一枚「和平銀元」（peace dollar）。[25] 1967年11月，柏格獲任命為威靈頓公司總裁兼執行長；1970年，他再獲任命為威靈頓公司旗下各檔基金的董事長。

不論就局內人或局外人來看，這次合併理論上十分合理。「威靈頓公司獲得一個當紅研究集團，還有一群精通投資管理和分析的年輕生力軍；艾維斯特基金得到威靈頓公司享譽已久的字號、強大的經銷組織，以及約翰・柏格的行政與行銷才幹。」《機構投資者》將這次合併寫成封面故事，下標「天才隊伍接掌威靈頓公司」，柏格被畫成三頭六臂的四分衛，將金融證券之球傳給四個波士頓合夥人。[26]

23 譯註：安肯・莫泊克是普萊契創造的虛構世界，他曾為此創作一系列小說，台灣以「碟形世界」為名發行過其中幾本。

24 Braham, *The House That Bogle Built*, chap. 4, ePub.

25 Bogle, *Stay the Course*, 21.

26 *Institutional Investor*, January 1968.

合併一開始看似大獲全勝。結合自身的豐厚獲利與威靈頓龐大的
經銷網絡之後,艾維斯特基金的資產扶搖直上,從1966年末的五千萬
元,一路直衝到1968年末的三億四千萬元。看到波士頓這群年輕大亨
的表現,威靈頓公司也想跟上潮流,陸續推出幾檔新基金,但把它們交
給TDP&L的波士頓辦公室管理,而不在威靈頓的費城總部親自管理。
TDP&L也接管了跌跌撞撞的威靈頓基金。多蘭說他們五個人「私交甚
篤」,柏格眉飛色舞地說合併之後「比大家預料的更好」。[27]

　　然而,他們的蜜月期沒有維持多久。兩家公司合併之後,牛市隨即
結束。從1968年11月到1970年5月,標普500碰上豬玀灣事件(1961)
後的第一次熊市,股價崩跌。曾經大幅提升艾維斯特績效的「漂亮五十」
損失慘重,威靈頓高層之間的分歧也浮上檯面。柏格一直希望能成立債
券基金,但他覺得處處受到掣肘,雙方起了幾次口角。柏格很氣波士頓
幫對威靈頓基金管理不善,TDP&L也不滿意威靈頓為艾維斯特基金提
供的行政服務。[28]

　　不過,最主要的問題還是個性南轅北轍,以致柏格和波士頓幫嫌
隙日深。偏偏他們都是天之驕子,事業一向順遂,在此之前從來沒有
受過重大挫折,突如其來的困境讓雙方更難容忍彼此的差異。最後,
摩根不得不親自出面當和事佬。「我以前教傑克的是主管要強硬,和我
一樣。因為股份全是我的,所以我想幹什麼就幹什麼。」這位威靈頓公
司創辦人當時說:「可是,如果有四、五個人的地位和你一樣,你就不

---

27 *Institutional Investor*, January 1968.
28 *Institutional Investor*, July 1972.

能這樣做了。」[29]

到1972年，雙方的糾紛已經鬧得人盡皆知。五名合夥人不得不宣告休兵，設法釐清權責。「當摩擦升高變成危機，我們別無選擇，只能停下來好好看看自己。我覺得反省一下是好的。」柏格當時對記者說：[30]「我覺得自己不像以前那麼自以為是，或許也更包容了一點。」

才怪。1973年1月，美國股市進入新一輪的熊市，災情之慘為大蕭條後所僅見。柏格和波士頓幫的事業未能倖免：合併之前，作風保守的威靈頓基金管理的資金高達二十億元，此時驟降為十億元；艾維斯特基金的績效如雪崩，不得不停止發行許多更新、更潮的基金；威靈頓資產公司的股價也受到重創，從1968年的50元暴跌到1975年的4.25元。[31]

面對嚴峻的考驗，威靈頓公司五巨頭的個性差異開始以更有害的方式發酵。「情況糟透了。」柏格當時的助理楊・特瓦多斯基（Jan Twardowski）回憶道：「幾隻大象打起來，我們這些小老鼠只能抱頭鼠竄，自求多福，想辦法別被踩到。狀況非常險惡。」大事顯然不妙。

• • •

吉姆・李普在聯合俱樂部（Union League Club）的撞球間緊張踱步。紐約這家俱樂部位在公園大道和三十七街交叉口，專供上流社會男士交誼。約翰・皮耶朋・摩根（John Pierpont Morgan）和泰迪・羅斯福（Teddy Roosevelt）都曾是常客。李普暗忖此時喝酒還太早，決定打個幾杆放鬆

29 *Institutional Investor*, July 1972.
30 *Institutional Investor*, July 1972.
31 Bogle, *Stay the Course*, 24.

精神。威靈頓公司的董事正在房裡開會，等候裁決的時間特別難熬。

他的老闆柏格正在裡頭為職業生涯而戰。威靈頓公司董事會此時人事已非，不但波士頓幫的人數已經超過老費城幫，柏格和同僚的關係也已完全破裂。

1973年11月，多蘭來見柏格，這位平時內向的財富管理人難得動了情緒，直接了當地表示這樣下去公司無法運作，必須做個了結。「我和其他人談過了，我們覺得最好的辦法就是你離開公司。」[32]他同時開出條件：只要柏格低調離開，公司接下來十五年每年付他兩萬元年金。柏格以他一貫的冷靜回絕多蘭：「我很少聽到比這更蠢的事。」[33]他馬上撥電話給威靈頓公司的董事，但令他驚愕的是，多蘭居然已經拉到足夠的票數能開除他。儘管如此，他還是不願乖乖走人。四天後，他又一次拒絕辭職。攤牌時刻顯然到了。[34]

下一次董事會是1974年1月23日，地點刻意選在「中立」的紐約，而非波士頓或費城。雖然誰都看得出來情況無比凶險，可是令柏格的幾個知心好友詫異的是：柏格似乎以為，不論波士頓和費城之間鬧得多不愉快，他還是能全身而退。他顯然認為自己百分之百比對手更懂投資，百分之百比他們**更聰明**，這幫跳樑小丑絕不可能奈何得了他。李普後來

---

32 Braham, *The House That Bogle Built*, chap. 5, ePub.

33 Braham, *The House That Bogle Built*, chap. 5, ePub.

34 布拉罕寫的柏格傳說：看到雙方爭鬥日益激烈，威靈頓旗下基金的幾個獨立董事開始憂心。「我擔心威靈頓內訌的消息傳出去會損害股東利益。」1974年1月3日，芭芭拉・豪特富爾（Barbara Hauptfuhrer）在信中對同僚查理・路特（Charles Root）說：「可以想見的是，這種消息可能引發恐慌性贖回，這樣一來很難好好清算，對股東傷害很大。有沒有辦法避免這種情況呢？」

回憶道：「他就是有這種盲目的自信，以為別人最後一定會明白他才是這份工作最好的人選。」

在董事會上，柏格拿出一份二十頁的備忘錄，希望能用激烈的變革讓自己保住工作。他說：威靈頓公司應該共同化（mutualize），讓公司歸旗下基金所有，變成這些基金的子公司，依「成本」運作；TDP&L和威靈頓公司取消合併，TDP&L恢復獨立，柏格繼續擔任威靈頓公司的總裁。[35]

雖然這些方案看似全是為了保全自己，但柏格其實已經思考了一段時日。[36]長久以來，他一直在想：投資公司同時事奉兩個主子——公司的老闆和客戶——兩者之間的利益衝突能如何化解？客戶想要的是最好的績效、最低的收費；公司當然也期盼績效傲人（畢竟，這能為他們吸引新的投資人），但他們同時渴望員工高薪、老闆獲得龐大利潤。在柏格看來，公司和客戶的利益矛盾是難解之結，而唯一的解決辦法是以共同化之刃一刀兩斷——亦即，讓基金擁有經理公司。

柏格講完提案，全場一片譁然。董事會以十比一要求柏格辭職（柏格本人迴避，唯一支持他的一票是約翰‧聶夫〔John Neff〕投的）。柏格再次拒絕之後，十名董事投票將他立即革職（柏格和聶夫棄權），接著選出多蘭擔任威靈頓資產管理公司的新總裁。[37]

柏格一臉鐵青走出聯合俱樂部的會議室，大步邁向李普，兩人匆匆討論該怎麼對媒體說明他被逐出公司。下午，他們搭上火車，一路憂鬱、

---

35 Braham, *The House That Bogle Built*, chap. 5, ePub.

36 Bogle, *Stay the Course*, 23, and *Institutional Investor*, July 1972.

37 Braham, *The House That Bogle Built*, chap. 5, ePub.

沉默、緊繃地回到福吉谷（Valley Forge）的威靈頓總部。「他整個人垮了。」李普回憶道。

不過，柏格立刻振作，拿出一貫的決心想出大膽的反擊之道。依照美國法律，共同基金必須有自己的董事會，而且多數董事必須獨立於實際管理資金的投資經理公司。理論上，他們甚至能為基金選擇新的投資經理公司。但實際上，投資經理公司往往會在董事會安插自己的人馬，把這些名義上獨立、實際上是自己人的董事當橡皮圖章。這樣做一方面是為了節省成本，另一方面是為了保持控制。事實上，即使是真正獨立的董事會，想趕走基金的投資經理公司都很難服人。結果，基金董事會的主要功能變成確保公司有效管理、複審開支和收費，以及監督潛在的利益衝突。

波士頓幫不像柏格這麼熟悉基金董事會的細節，也沒多花心思結識威靈頓各基金的董事。雖然在公司合併後，波士頓幫也在威靈頓旗下的十一個基金安插人馬，將數名艾維斯特基金的董事加進他們的董事會，但波士頓幫並未形成明顯多數，這讓柏格有了下手空間。「我下定決心：擲骰子輸掉的東西，我要在賭輪盤桌上贏回來。」他後來回憶道。[38]

隔天，柏格搭上清晨六點的火車回到紐約，直接對各基金的董事會提出訴求。「你們不是非開除我不可。」他對他們說：「這是你們的公司。你們是為你們的股東監督這些共同基金。威靈頓資產管理公司不是這些共同基金的主子。這是我們的大好機會。基金應該要為自己發聲。」[39]

38　Robin Wigglesworth, "Passive Attack: The Story of a Wall Street Revolution," *Financial Times*, December 20, 2018."

39　Braham, *The House That Bogle Built*, chap. 5, ePub.

接著，他再次提出他基進的共同化計畫。

對威靈頓十一個基金的獨立董事來說，這種作法還是過於激烈。但董事長查理・路特（Charles Root）本來就不把波士頓幫放在眼裡，現在聽到他們居然奪權——而且居然以為董事們會一聲不吭同意他們造反——更是義憤填膺。於是，董事會交給柏格一項任務：進行「未來架構研究」，在維持現狀和柏格的共同化方案之間找出幾個選擇，看看這些基金和威靈頓公司的關係能如何拿捏。柏格頓時獲得扭轉全局的機會。

接下來好幾個月，雙方在悶熱的聯合俱樂部會議室裡開了無數次董事會——在老董們開會的同時，柏格的下屬也和他們的波士頓對手在撞球桌上廝殺——經過一連串劍拔弩張的漫長協商、記錄、修改，以及波士頓幫沒完沒了的反駁之後，在3月20日的董事會上，柏格終於為「威靈頓投資公司集團未來架構」歸納出幾個選項。這份報告書長達兩百五十頁，由柏格和他的副手李普、助理特瓦多斯共同撰寫。[40]儘管篇幅驚人，柏格將選項減到四個：

一、維持現狀。威靈頓公司掌控與基金相關的一切活動。

二、威靈頓公司掌管基金除行政之外的一切運作。行政包括法務、會計、認股、回購及股東紀錄與溝通等庶務。

三、威靈頓公司掌管基金除行政、承銷之外的一切運作——這代表基金也能控制威靈頓公司的銷售組織、廣告和行銷活動。

四、威靈頓各基金自威靈頓公司取得所有與基金相關的活動，包括投資顧問業務在內——實際上就是完全共同化。

---

40 Bogle, *Stay the Course*, 25.

　　柏格自己想達成的當然是最後一個選項，這能讓他完全掌控資產管理公司的三大支柱。不過，基金董事已經聘請證管會前委員理查‧史密斯（Richard Smith）擔任顧問，他建議他們：為避免曠日廢時的法律戰，董事會的任何決定都必須以無異議通過。得知之後，柏格擔心最具顛覆性的選項將無法通過。

　　他是對的。1974年6月20日，董事會終於做出裁決，選定第二個、也就是最不具野心的選項。威靈頓各基金將成立新的子公司，由它們共同所有，負責處理所有行政工作。雖然這只是走向獨立的小小一步，柏格和李普都相信他們還是可以藉此軟土深耕。

　　後來，柏格常說他離開威靈頓公司的態度就和當年加入時一樣：「滿腔熱血進來，滿腔熱血被炒！」事實上，他親近的同事說他很長一段時間羞憤難平，對這次往後被稱為「大分裂」的事件難以釋懷。這是他心中之痛。不過幾個月前，他在職場上仍叱咤風雲，毫無敗績，掌管美國規模最大、字號最老的財富管理公司之一，現在卻被打入冷宮——雖然薪水還是不錯。

　　不過，這份強烈的不平將為柏格已經熊熊燃燒的決心添薪加柴，促使他將此生最大的差辱轉化為無與倫比的成就。

　　「他憤怒極了。」百駿財管的里巴倫也和柏格也是熟人，在那段時間和他一起吃過午飯。他說：「我覺得那幾個傢伙（按：松戴克、多蘭、潘恩、路易斯）才是先鋒集團的創辦人，他們讓他氣到非一雪前恥不可，他要證明他們根本不自量力。」

CHAPTER

7

柏格的蠢事
Bogle's Folly

1974年夏末，一名古畫商人來到約翰·柏格在福吉谷的辦公室。這次會面將帶來意想不到的成果。

雖然董事們逼威靈頓公司讓柏格保留他的辦公室，但牆上的畫是公司財產，在「大分裂」（great bifurcation）中已被運走。柏格想重新挑幾幅畫裝飾他空蕩蕩的辦公室，便向這名商人買了十幾張拿破崙戰爭的畫，其中幾張是陸戰——主帥就是公司以之為名的威靈頓公爵——另外幾張畫的是何瑞修·納爾遜（Horatio Nelson）子爵的海戰。

畫商感謝柏格照顧生意，送了他一本原版《大不列顛海戰：1775－1815》（*Naval Battles of Great Britain 1775–1815*），畫裡的那幾場海戰在書上都有寫到。柏格隨手瀏覽，剛好看到納爾遜將軍在1798年尼羅河之戰結束後寫的話：「本將麾下的艦隊戰無不勝。只要艦長判斷睿智，上下官兵士氣高昂、軍紀嚴明，便能攻無不克。」[1] 柏格深感共鳴之餘，看到納爾遜簽名的下方寫著：「皇家海軍先鋒號，尼羅河河口」。

新成立的行政管理公司還有幾個星期就要正式登記了，但柏格又一

---

1 Lewis Braham, *The House That Bogle Built: How John Bogle and Vanguard Reinvented the Mutual Fund Industry* (New York: McGraw-Hill, 2011), chap. 6, ePub.

次敗給他的波士頓對手，董事會告訴他不能使用「威靈頓」這個名字。柏格原本憤而以辭職要脅[2]，但稍後還是冷靜下來，與李普和特瓦多斯基討論新公司該取什麼名字，選項從張揚的「勝利」到乏味的「共同基金管理公司」都有。不過，柏格一看到納爾遜旗艦的艦名就愛上它了（他還把一幅他認為是先鋒號的畫掛在辦公室）。[3]

威靈頓基金的董事沒那麼喜歡這個名字，他們（正確地）意識到這代表柏格志不在小，恐怕不甘於讓新公司只負責行政庶務。但他們還是勉強睜一隻眼閉一隻眼。[4]於是，新公司的文化最後充滿海軍風格——職員叫「水手」（crew），員工餐廳叫「食堂」（Galley），走廊上全是海戰畫作。

對剛取了名字的先鋒投資集團來說，這是一段奇特而混亂的時期。「大分裂」的實際工作仍在鬧烘烘地進行，威靈頓公司的員工有的被派到波士頓，有的繼續待在福吉谷，留在福吉谷的這群人又和他們的先鋒集團新、舊同事混做一堆。公司的核心業務同樣棘手：威靈頓基金此時已連續四十個月流失投資人——這種慘況會持續到1978年1月。[5]

最重要的是，柏格這時還深陷被掃地出門的痛苦中。他後來對李普坦承他去尋求心理師的幫助。心理師對他說不必完全趕走這份痛苦，因

2　Jack Bogle, *Character Counts: The Creation and Building of the Vanguard Group* (New York: McGraw-Hill, 2002), 7.

3　李普和廣告部門的人談過，他們說有的字母給人的感覺更「強烈」，「V」也是一個。「先鋒」（Vanguard）這個名字也因此更受青睞。

4　Jack Bogle, *Stay the Course: The Story of Vanguard and the Index Revolution* (Hoboken, NJ: Wiley, 2018), 32.

5　Braham, *The House That Bogle Built*, chap. 6, ePub.

為這樣做違反人性。但他也建議柏格想像一個箱子，把這份痛鎖在裡面，然後繼續忙他的事業，把注意力放在別的事情上。他可以偶爾打開箱子瞧一瞧，重新感受那種痛，但之後就該關上它，專注在更重要的事情上。柏格似乎頗能接受這種想像，心理師的建議有幫到他。「但我知道那個箱子一直都在，時不時會以奇怪的方式跑出來。」李普回憶道。

　　儘管兵荒馬亂，先鋒集團總算在1974年9月24日登記成立，一開始的員工只有五十九個人（十九人負責行政，四十人負責會計和營運）。先鋒歸其所管理的基金所有（包括原本的旗艦威靈頓基金、艾維斯特基金和溫莎基金），這些基金管理的資產總共大約十四億元。[6]柏格是先鋒的首任總裁，年薪和他在威靈頓公司時一樣：十萬元。先鋒負責簿記、申請退稅、向政府提交報告，以及管理股東紀錄。由於公司以成本價營運，所有利潤全部退回各個基金，於是它們原本付給威靈頓公司的年費大幅降低，先是減少一百萬，後來更減少六百四十萬。[7]

　　媒體並未手下留情。1975年5月，《富比士》對「大分裂」的風風雨雨發表了一篇尖苛的報導，標題是〈兩家都是自取其禍？〉（A Plague on Both Houses?）。[8]柏格大為光火。但整體來說，大眾對先鋒公司創立的反應只有三分鐘熱度，立刻拋諸腦後──這似乎才更令柏格悶悶不樂。

　　他對先鋒顯然有更偉大的夢想，開始謀劃如何控制承銷業務和投資管理。「拿到三分之一塊麵包總比什麼都沒拿到好，但我認為我們應該盡快搶下另外那三分之二塊麵包。」他後來寫道。[9]他得想出辦法鬆動

6　Braham, *The House That Bogle Built*, chap. 7, ePub.
7　Braham, *The House That Bogle Built*, chap. 6, ePub.
8　Jack Bogle, "Born in Strife," *Philadelphia Inquirer*, September 24, 2014.

威靈頓公司對基金的掌控，唯有如此，先鋒才能真正宣告獨立。第一個機會如閃電般轟然而降。

. . .

1974年秋，保羅・薩繆森受邀在新創刊的《投資組合管理期刊》（*Journal of Portfolio Management*）上開設專欄。這位幾年前才為美國拿下第一座諾貝爾經濟學獎的學者毫不避諱，在創刊號就寫了一篇〈向判斷力下戰帖〉（Challenge to Judgment）──這就像是在梵蒂岡的《羅馬觀察報》上發表無神論宣言。

薩繆森指出：有越來越多學術證據顯示，與市場報酬相比，大多數專業投資經理人的績效不佳。他強調，雖然效率市場假說不否認可能有技藝超群、能不斷打敗市場的基金經理人，但這樣的人顯然極少，而這種希世之才不可能把才能廉價地租借給普羅大眾。同時，人數占絕大多數的平庸基金經理人為了打敗市場，往往過度交易，浪費交易成本。

「我很希望實情不是如此。但基於對證據的尊重，我不得不傾向一種假設：大多數投資組合決策者應該別再做這門生意──去教希臘文也好、去當水電工也罷，或是去公司裡當個小職員，幫忙增加一下國民生產毛額。」他不假辭色寫道。[10]

薩繆森稍稍談到富國銀行和百駿財管發行的指數型基金，也敦促更大的機構設立追蹤標普500的大型被動基金，「就算只弄個陽春版也好，讓他們那些進門搶劫的強盜有個參照，掂量一下自己的本事」。

9　Bogle, Character Counts, 7.

10　Paul Samuelson, "Challenge to Judgment," *Journal of Portfolio Management*, Fall 1974.

柏格就讀普林斯頓時就曾與薩繆森的教科書奮戰。這篇文章猶如醍醐灌頂，讓他悟出未來奉行一生的真言——「依結構訂策略」。這種策略完美符合先鋒的跛腳結構。少數現有的指數型基金幾乎都只供退休基金投資，雖然它們開始引人注意，但先鋒在共同基金業的競爭對手卻毫無興趣——一方面是因為他們幾乎都以一般投資人為目標，另一方面是因為他們不想推出低成本的產品，免得暴露出他們傳統的主動管理型基金多麼昂貴。在此同時，先鋒依成本價營運的結構再適合低成本產品不過。此外，柏格剛好知道波士頓有幾個強盜很欠教訓。

「薩繆森博士的戰帖像閃電一樣擊中我，使我對新生的先鋒燃起信心。如果要操作被動、低成本的指數型基金，我相信先鋒有優勢——甚至只有它有這種機會——而且我們至少可以獨享市場幾年。」柏格在自傳裡這樣說。[11]

柏格後來宣稱，他那時根本不知道馬可維茲的現代投資組合理論，沒聽過法馬的效率市場假說，也不清楚富國銀行、美國國民銀行和百駿財管的創舉。但實際上，他對這些事絕不可能一無所知。畢竟，這些消息都已受到金融媒體廣泛報導，他也一向嗜讀新聞、見聞廣闊，還多次造訪芝加哥。他總說先鋒第一檔指數型基金最早的靈感來自他自己（他指的是他1951年學士論文裡的那一句：「基金並不優於市場平均」），卻絕口不提那篇論文支持的其實是主動管理型投資組合，還有他曾以筆名約翰・B・阿姆斯壯攻擊過「追蹤指數，不加管理」的投資主張。

事實上，從他後來的一些表現來看，他恐怕未必相信「即使是出色

---

11 Bogle, *Stay the Course*, 39.

的經理人也無法長期擊敗市場」。逐漸成為他親密戰友的聶夫剛好就是這種經理人，他管理威靈頓的溫莎基金多年，一再創造出驚人的績效。柏格和聶夫只差兩歲，兩人都剪方便俐落的小平頭。〔12〕柏格始終感謝聶夫在波士頓幫政變時站在他這邊。

不過，柏格的確認為大多數投資經理人收費太高，和客戶的利益背道而馳（他稱這種看法為「成本好重要假說」〔cost matters hypothesis〕）。因此，指數型基金對他確實有吸引力。另外，有朋友和同事說他本人非常吝嗇，難怪會想提供廉價、簡單的產品給大眾。

無論如何，雖然柏格後來是以被動投資代言人之姿縱橫商場，但他當年之所以勇於開風氣之先，推出第一檔為一般投資人開設的指數型基金，投入最終顛覆整個投資業的變革，其實只是因為先鋒的跛腳結構，還有他急於擺脫過去合夥人掌控的強烈決心。儘管柏格不會同意這種說法，但設立指數型基金原本並不是他的宏願，而是他與波士頓幫未完的戰爭中的一步棋。「那是他軟土深耕爭取獨立的第一步。」柏格當時的助理特瓦多斯基說：「後來他總說他什麼都想清楚了、什麼都計畫好了──少來，誰料得到後來會發生指數基金革命？不過，這一招真的奏效。」

成立先鋒公司、取得證管會正式同意改組，以及說服威靈頓基金股東投下贊成票，就花掉了「水手」們的大部分時間。1975年初的某一天，柏格找上特瓦多斯基，問他能否操作一檔指數型基金。這名曾在普林斯頓學過電腦程式的哈佛企管碩士說：「欸……請給我幾天時間。」

---

12 Bogle, *Stay the Course*, 189.

特瓦多斯基研究了一下相關概念，使用分時大型主機，以現在已經失效的程式語言 APL 寫了幾個測試版，再用股價公共資料庫和簡單的市值加權演算法運算。幾天後，他總算有足夠的信心告訴柏格挺容易的，可以開始進行。

1975 年 7 月，《金融分析師期刊》的另一篇論文又給柏格打了強心針。文章作者是鼎鼎大名的前銀行家查爾斯・艾利斯，他曾在帝傑投資銀行工作，離開後創立財務顧問公司格林威治聯營，文章發表時是格林威治聯營的總裁。艾利斯說得毫不客氣：投資管理已經變成「輸家的遊戲」。他指出：考慮到基金投資組合內的股票年平均營業額、其所產生的交易成本，以及基金向投資人收取的費用，財富管理人的績效必須遠遠高於股市，客戶的淨利潤才可能接近市場平均。「如果你無法擊敗市場，你當然應該考慮加入它。」艾利斯寫道：[13]「指數型基金是個辦法。績效評估的數據顯示：指數型基金的績效勝過大多數財富管理人。」

看到這些資料，柏格、李普、特瓦多斯基信心大增，馬上向先鋒集團董事會正式提案。由於薩繆森名氣大、地位高，他們特地把他的文章放在最前面，第二部分基本上是柏格把他用「約翰・阿姆斯壯」做過的事再做一次——只不過這次的結果很不一樣。

柏格說：到 1975 年為止的前三十年，美國股權共同基金的平均報酬率只有 9.7%，相較之下，標普 500 的報酬率是 11.3%。以複利計算更能看出兩者的金額差距多麼龐大：如果有人三十年前投資一百萬元買股權基金，到 1975 年的收益是一千六百三十九萬元——的確很棒；不過，

13 Charles Ellis, "The Loser's Game," *Financial Analysts Journal*, July/August 1975.

這個人當年如果只追蹤標普500，現在就能坐擁兩千五百萬元。[14]

1975年9月18日，柏格向先鋒董事會提案，建議設立被動追蹤指數的共同基金。董事們態度遲疑，提醒柏格：依照規定，先鋒不能涉入投資管理或行銷活動。柏格的回答其實不太老實：既然這種基金不必管理，先鋒不算違反規定。至於公開發售，委託給外面的券商和銀行就可以了。沒想到董事會居然接受了他的詭辯，通過提案。好戲就此登場。

• • •

為了更了解怎麼經營指數型基金，特瓦多斯基特別求教於富國銀行的約翰・麥克考、美國國民銀行的雷克斯・辛格費德，以及百駿財管的迪恩・里巴倫，其中辛格費德對他的幫助尤其大。不過，追蹤指數的開放式共同基金資金經常流動，天天進出，面臨的挑戰和大型機構投資者（如退休金計畫）使用的被動型基金很不一樣。

最早的指數型基金都是供退休基金使用的聯合信託（pooled trusts）或個別帳戶，開立的通常是鉅額投資支票，資金也不太流動。先鋒打算推出的指數型基金無疑複雜得多——它必須處理幾百、幾千、甚至可能上萬個個人股東帳戶，而且這些帳戶裡的錢可能每天都會流動。在電腦還在起步階段的1970年代，這項工作十分艱鉅。除了技術問題之外，向一般大眾開放的基金受到的管制更嚴，成立條件和申報準則的標準更高，相關規範和大型複雜機構基金的規範並不一樣。

1975年12月，先鋒在德拉瓦州為「第一指數投資信託」（First Index

---

14 Bogle, *Stay the Course*, 44.

Investment Trust，以下簡稱FIIT）註冊。隔年4月，柏格、特瓦多斯基、李普為FIIT寫好招股說明書草案，計畫將管理指數型基金的成本訂在每年營運費用占0.3%、交易成本占0.2%——約莫是主動管理基金總成本的十分之一。[15]回覆完先鋒董事會提出的後續問題之後，他們在1976年5月正式向證管會提交招股書。

先鋒取得標準普爾授權使用他們的指數。標普只收取象徵性費用，反映出他們尚未意識到自己的指數其實潛力無窮，足以創造豐沛的收益流。[16]由於基金需要一些資金起步，而先鋒自己不能經銷，柏格的下一步是找一群證券商銷售股票給他們的客戶。他信心十足地對董事會說：首次公開募股之後，證券商一定能募到一億五千萬，遠遠超過買下複製標普500所需的所有股票的金額。[17]

巴赫·禾塞·史都華（Bache Halsey Stuart）、潘恩·韋伯·傑克森＆寇提斯（Paine Webber Jackson & Curtis）和雷諾茲證券（Reynolds Securities）三家券商同意合作，條件是先鋒必須找一家華爾街大公司主持發行。令柏格高興的是，添惠公司（Dean Witter）的羅傑·伍德（Roger Wood）同意接下這個挑戰（添惠公司是美國最大的證券商之一，1997年與摩根士丹利合併）。連命運也幫了先鋒一把，為他們找來一群商譽卓著的承銷商——1975年勞動節，美國廢止股票交易的固定佣金，於是券商們無不緊抓客戶不放。

兩篇適時出現的文章讓柏格讀了更加樂觀。1976年6月，《財星雜誌》

15 Bogle, *Stay the Course*, 41.
16 現在，拜收取授權金之賜，提供指數的三家大公司——標普道瓊指數、富時羅素（FTSE Russell）、摩根士丹利資本國際（MSCI）——都獲得龐大利潤。後面幾章還會談到這段故事。
17 Bogle, *Stay the Course*, 45.

——也就是四分之一世紀前啟發柏格寫共同基金論文的雜誌——刊登了一篇六頁的報導：〈指數型基金——它的時代就要來臨〉（Index Funds—An Idea Whose Time Is Coming）。這篇報導交代了指數型基金的知識基礎，細數大多數基金經理人績效不佳的事實，介紹最早做出的一些努力，最後以預言般的口吻說：「現在，指數型基金準備重塑整個專業財富管理世界。」[18]同年8月，薩繆森在《新聞週刊》上高興地宣布他兩年前下的戰帖有了回應。「我沒想到我的祈禱這麼快得到回應。」他寫道：「我從一份熱騰騰的新招股書上看到：有一檔叫第一指數投資信託的基金即將問世。」

可是，在券商帶柏格和李普巡迴各地向全國客戶推銷之後，一開始的樂觀氣氛頓時消散。對芝加哥的金融行家來說，指數型基金或許很炫，可是在水牛城或明尼亞波里的金融顧問和一般投資人看來，它並沒有什麼吸引力。最後，承銷商一臉陰鬱地告訴他們恐怕只募得到三千萬，與買下整個標普500的金額差得很遠。李普問特瓦多斯基是否能以較少的預算複製指數，特瓦多斯基重新測試他的程式，回覆可以。

柏格是個愛打賭的人，每當他和他的「水手」對某個事實或數字起了爭執，他總愛把錢包往桌上一攤表示來賭一把。此時發現出師不利，他馬上為募股金額開了賭盤。他自己還是很樂觀，押一億五千萬元（但他後來也押了四千五百萬元一注，分散風險）。添惠公司的伍德押一億兩千五百萬元。李普和特瓦多斯基比較悲觀，都押三千萬元。1976年8月31日，結果揭曉：FIIT只募到一千一百三十二萬元。

---

18 Paul Samuelson, "Index-Fund Investing," *Fortune*, June 1976, 66.

　　大慘敗。這筆錢遠遠不夠買下標普500。承銷商問柏格要不要取消整個計畫，他堅持繼續。「不要。」他對他們說：「我們現在有的可是世界第一檔指數型基金。做大事總有個起頭。」[19]但巧婦難為無米之炊，特瓦多斯基用一千一百萬能做的有限，只買下標普500中的兩百八十檔股票——兩百檔是最大的公司，權重後可代表將近80%的指數；另外八十檔是仔細挑選過的較小的公司，盡可能模仿指數的其他部分。

　　贏得賭局的是鮑伯·李普曼（Bob Lippman），在先鋒待的時間相對較短的一名主管。他估了幾個金額，但最低的金額——比賭盤其他數字低很多——是他估的11,111,111元。特瓦多斯基馬上寄給他一份備忘錄，說有一個好消息和一個壞消息要告訴他：

　　首先是好消息：恭喜！你估的11,111,111元驚人接近最終承銷金額，我們今天上午已經收到11,320,000元的支票。附上押注紀錄，我相信你贏的二十七元必能讓你一夜開懷。

　　接下來是壞消息：你估最低金額這件事沒能逃過柏格先生的法眼。有鑑於你對敝公司缺乏信心，他已要我感謝你在相對短暫的任期內認真工作，為先鋒提供可貴的服務。查克·威廉斯（Chuck Williams）有些舊紙箱可供你收拾辦公桌使用（註：柏格先生知道你會提出異議，但他表示，雖然你也估了兩個比較高的金額，但這不會改變他的決定。如他所說：「計入各組競爭估計數字之平均數的標準差」，你估的幾個金額「還是全部低於平均」。我相信他已經把

19 Bogle, *Stay the Course*, 47.

話說得很清楚了）。

　　我向特瓦多斯基確認過，這份備忘錄是惡作劇。先鋒的「水手」們私交甚篤，他們經常這樣開彼此玩笑。然而，儘管他們選擇輕鬆以對，還是掩飾不了這次募股失敗的事實。媒體很快給FIIT起了「柏格的蠢事」的綽號。

　　這場慘敗也斷了其他公司跟進先鋒的念頭。指數型基金對退休基金或許有吸引力，但一般大眾似乎興趣缺缺。在許多共同基金集團眼裡，指數型基金簡直是過街老鼠。「雖然結果難料，可是對傳統共同基金管理公司來說，你必須把成本壓得非常非常低，才能從指數型基金裡得到一點點利潤。」知名共同基金分析師麥可‧理柏（Michael Lipper）當時說：「另外，大多數財富管理人很難吞下『你打不贏市場』的概念。他們還不能接受這種悖論。」[20]

　　對手們當然不會放過落井下石的機會。富達投信董事長愛德華‧「內德」‧強森（Edward "Ned" Johnson）趾高氣昂地對《波士頓環球報》說，他領導的投資集團絕不可能涉入這個領域：「我不相信有多少投資人只滿足於獲得平均報酬，我們這一行要做就做最好的。」[21]柏格後來面有得色地說，有家競爭對手的傳單寫得振振有詞：「誰想給能力平平的醫生開刀？誰想找能力平平的律師諮詢？誰想做能力平平的註冊代理商？世界上有哪一個人不求好、不求壞，只求能力平平？」[22]李普的反擊總

20　Richard Phalon, "Beating the Market or 'Indexing' It?," *New York Times*, March 26, 1977.
21　Boston Globe, August 24, 1976, via Bogle, *Stay the Course*, 47.
22　Bogle, *Stay the Course*, 47.

是：高爾夫球打「平」標準桿你高不高興？

• • •

從整體策略和象徵意義來看，第一指數投資信託是先鋒集團的重要里程碑──它是先鋒第一個不受威靈頓公司管理的基金。可是在財務上，它是一大失敗。就績效論績效，FIIT確實成功複製了標普500，可是它一直不受一般投資人青睞。到1976年末，它也才募到一千四百萬元，成長速度十分緩慢。一般投資人大多還是愛找傳統一點的基金管理公司，聽他們吹噓自家績效多高，任他們收取高額費用。總之，向一般投資人推銷被動型基金難如登天。

但被動型基金有個鼎鼎大名的粉絲──柏頓・墨基爾，普林斯頓經濟學家，以《漫步華爾街》一書推廣學界投資理論而享譽國際。1977年吉米・卡特（Jimmy Carter）就任總統後，墨基爾離開福特（Gerald Ford）總統的經濟顧問委員會（Council of Economic Advisers），隨即進入先鋒董事會。他常和柏格開玩笑說他們兩個一定是FIIT唯二的投資人。FIIT直到1981年末才總算跨過一億元大關──而且主因是它與另一個五千八百萬的基金合併。[23]柏格常說他的指數型基金「在藝術上是傑作，在商業上不夠成功」。[24]

往後幾年，先鋒仰賴的主要是1975年發行的另一檔貨幣市場基金。貨幣基金投資的是短期優質債券，例如美國財政部發行的國債，或是IBM、奇異（General Electric）等公司的商業本票，通常九個月以內到期。

23 Bogle, *Stay the Course*, 58.
24 Braham, *The House That Bogle Built*, chap. 12, ePub.

1970年代，美國聯準會總算出手升息，遏止糾纏美國經濟數十年的通貨膨脹，這些公司的知名度也跟著水漲船高。這讓某些陷入困境的股票共同基金能抵銷流失的資金。1981年末，先鋒的貨幣基金（由威靈頓公司管理）的金額達十四億元，約占先鋒全部資產的40%。在多年紛擾之後，這檔貨幣基金可謂先鋒的救生艇。[25]

　　無論如何，FIIT為柏格再下一城，從威靈頓公司奪回投資管理的另外三分之一塊麵包──經銷業務。雖然經銷基本上是行銷和發售共同基金，並不像投資管理那麼有趣，但它對投資公司的健康非常重要。只要威靈頓公司繼續掌控經銷，先鋒就必須聽命於它，無法奪回投資管理業務──也就是真正賺錢的部分。

　　先鋒新指數基金面臨的另一個挑戰，是許多投資人心疼荷包，不願在管理費之外再付購買被動型基金的首次銷售費用。投資人付給仲介經紀商的先期費用俗稱佣金，當時購買基金普遍需要佣金，通常是預付投資總額的8%。如果你相信基金管理公司的專業能幫你把這筆錢賺回來，你會付得比較甘願。這筆錢大部分歸銷售的券商，其中還有一部分是給管理公司支付經銷的費用。雖然FIIT每年對這個部分僅收取少少的0.3%，但它還是得付大約6%的佣金給證券商。

　　在股市狂飆、利潤豐厚的1960年代，大多數投資人不介意支付佣金。但進入較為艱困的1970年代以後，風氣也開始改變。有些共同基金集團開始不收佣金，柏格認為這是長期趨勢，先鋒應該跟進。這種作法不但適合先鋒的低成本結構，也能逼威靈頓公司保護他們表現不佳的

25 Braham, *The House That Bogle Built*, chap. 7, ePub.

經銷業務。除此之外，柏格也希望能為他的指數型基金吸引一些機構投資者，而機構投資者多半不願多付佣金。

先鋒發行指數型基金後，柏格馬上寫信建議董事：威靈頓各基金應該終止與威靈頓管理公司的經銷協議，改成不收佣金。此舉實際上是廢棄自1929年起支撐威靈頓公司的經銷系統，開始直接向投資人行銷。柏格再次不太老實地詭辯：先鋒集團這樣做不算違反規定，因為嚴格來說它並沒有涉足經銷業務，只是把經銷業務取消而已。[26]

柏格的老對手多蘭和松戴克當時還在董事會，他們極力反對這項提案。但公司當時已經流失投資人四年，不知何時才能熬過難關，所以他們的意見並沒有形成主流。1977年2月8日晚，董事會在紐約經歷另一番緊張、火爆的激辯之後，以七比四通過不收佣金。[27]柏格興奮不已，但這樣的結果也得罪了一大群券商，畢竟他們與威靈頓公司建立關係、承銷基金已將近半個世紀。好在聶夫的溫莎基金實在表現太好，許多券商不願建議客戶拋棄它，先鋒得以全身而退。到1979年，溫莎基金的規模甚至超越威靈頓基金——曾經由公司創辦人摩根親自管理的旗艦基金。[28]

1977年9月，先鋒立下走向獨立的另一座里程碑：發行一檔投資美國地方債券的基金。在這一年，共同基金首次獲准將地方債券提供的免

---

26 Bogle, *Stay the Course*, 55.

27 Braham, *The House That Bogle Built*, chap. 7, ePub.

28 不過，走向不收佣金的過程比柏格預期的更久、也更複雜。先鋒需要證管會批准使用基金資產直接支付經銷業務，而非間接透過支付給威靈頓公司的管理費來支付。令柏格憤怒的是，有一個法官一開始駁回了他的申請，他又經過一番修改才獲得批准。雖然柏格無心插柳，但這項裁決對整個產業影響深遠。最後，證管會讓所有共同基金向投資人收經銷費。在很大程度上，以往主導這個產業的前收型佣金（front-end load），現在實質上已被這些以基金資產為基礎的費用（asset-based fees）降低或取代。

稅所得轉手給投資人。除了免佣金之外，先鋒還將它的華威市政債券基金（Warwick Municipal Bond Fund）委由花旗銀行（Citibank）管理，這是先鋒／威靈頓基金集團首次將旗下基金交給第三方處理。先鋒當時的律師菲爾‧費納（Phil Fina）說：「這個決定很重要，因為它讓先鋒有機會調整結構、做自己的決定。」[29]的確，柏格的下一步就是奪回最後三分之一塊投資管理的麵包。

1980年，由於花旗銀行管理華威基金的績效不佳，先鋒召開董事會討論解除委託。柏格逮住機會建議先鋒成立自己的內部固定收益部門，管理原本由威靈頓公司管理的地方債券基金和貨幣市場基金。他說，先鋒依成本價經營的模式剛好有這方面的優勢，最適合管理這種報酬雖低、但收益較穩定、還能為投資人大幅降低成本的基金。[30]多蘭和松戴克此時都已離開董事會，1980年9月，董事們幾乎無異議通過柏格的提案。[31]

至此，先鋒總算不再只是聊備一格的庶務單位，不再只是董事們可憐執行長被掃地出門的安慰獎，而成為五臟俱全、獨立自主的投資公司。它已準備好聽柏格差遣，與他一道驅除1974年的惡靈。

一段慘痛的個人失敗，就這樣被柏格轉化為他津津樂道的幽默創業故事。先鋒將協助數以百萬的人享有更舒適的退休生活——也將成為投資史上最具威脅的分裂勢力之一。

29 Braham, *The House That Bogle Built*, chap. 7, ePub.
30 Bogle, *Stay the Course*, 63.
31 柏格和李普接下來請了伊恩‧麥金農（Ian MacKinnon）進公司。麥金農在費城吉拉德銀行（Girard Bank）當債券基金經理人時已嶄露頭角，他隨即為先鋒集團建立起令人稱羨的固定收益部門。

CHAPTER

8

先鋒崛起
Vanguard Rising

　　1979年8月，《商業週刊》刊出一篇足以選入新聞名人堂的重磅報導：〈股票末日〉（The Death of Equities）。作者認為，「通貨膨脹正在摧毀股市」。不過，聯準會主席保羅・伏克爾領導的美國央行最後克服了這個問題。度過1980年代初期一段短暫而痛苦的衰退後，債券和股票市場雙雙進入牛市，景氣之蓬勃為金融史上罕見。

　　1978年的稅法意外帶出401（k）退休福利計畫，鼓勵美國人藉由股票基金儲蓄自己的退休金。幾乎每一間投資公司都因401（k）計畫受惠，但與先鋒相比仍是小巫見大巫。1980年9月，先鋒管理的資產達到三十億。柏格為公司全體三百名員工舉辦香檳派對，還親自爬上桌子向水手們講話。[1] 這個儀式延續了下來，每增加十億就舉辦一次，而先鋒管理的資產也很快增加到一百億。先鋒在1983年也開始做401（k）的生意，到1980年代末，它管理的資產已達四百七十億。

　　將先鋒定位為「高成本產業中的低成本企業」的確是高招，401（k）帶進的資金更讓先鋒如虎添翼。另外，成長越快也越能降低成本。先鋒

1　Lewis Braham, *The House That Bogle Built: How John Bogle and Vanguard Reinvented the Mutual Fund Industry* (New York: McGraw-Hill, 2011), chap. 11, ePub.

獨特的結構讓它能把利潤以低收費的形式回饋給股東。1982年，先鋒二十一檔基金的平均費用比率——各基金依規模權重的總成本——只有0.6％。到2000年，先鋒旗下已有將近一百檔基金，平均費用比率更降到0.27％。[2] 事實上，同時期共同基金的平均成本反而是上升的。

柏格喜歡、也善於與媒體打交道，因此先鋒的曝光率毫不因為他厭惡砸錢買廣告而減少。他曾在《費城公報》（*Philadelphia Bulletin*）當晚班記者，很清楚記者最愛寫的莫過於勁爆、搞笑、好懂的金句，而他也深諳箇中之道。媒體如果想從業界人士身上挖出幾句辛辣的評論，他們都知道該找誰。在金融業，「公關」代表的通常是四平八穩的聲明、步步為營的對話，但柏格樂於接近記者，而且說故事的功力比誰都好。

幾年之間，透過無數次長篇專訪和電話訪問，每個記者都熟悉了柏格厚實的男中音，有時候連他的同事都戲稱那是「上帝之聲」。他自詡是資產管理業中言出如山的道德之鳴，也漸漸被冠上「聖傑克」的稱號。這個稱號原本是不滿他道德姿態的人對他的挖苦，後來卻被他日益膨脹的粉絲接收，他們深信先鋒的創辦人當得起這個頭銜。

結果，先鋒的低成本和透明性成為媒體爭相著墨的特色。「柏格與媒體的關係是一項龐大資產，很多議題他們第一個想訪問的就是他。」柏格的徒弟和後來的接班人傑克・布倫南（Jack Brennan）說：[3]「等於每年為我們省下幾百萬的行銷費。」

可是他也有失態的時候。1991年，前記者丹尼爾・維納（Daniel

2 Jack Bogle, *Stay the Course: The Story of Vanguard and the Index Revolution* (Hoboken, NJ: Wiley, 2018), 146.

3 Braham, *The House That Bogle Built*, chap. 10, ePub.

Wiener）發行了一份《先鋒顧問通訊》（*The Vanguard Adviser*），推估他那年的年薪大約兩百六十萬——即使在當時也遠低於業內標準——柏格得知後怒不可遏，先鋒隨即控告維納盜用集團名稱。[4]柏格一向重視媒體形象，在對抗貪得無厭的巨型財富管理公司時，他總是把自己描繪成單挑歌利亞的大衛。然而，先鋒對一家這麼小的通訊報提出訴訟——而且它其實還為先鋒招攬了一些生意——反而讓大衛自己看起來就像個惡霸。

最後，訴訟以和解收場，維納將通訊報的名稱改為《先鋒投資人獨立顧問》（*The Independent Adviser for Vanguard Investors*）。然而，當時連向來對柏格讚譽有加的《費城雜誌》（*Philadelphia*）都說，這場訴訟「在騎士雪亮的盔甲上留下汙點」。作者直言：「表現得像個正氣凜然的完人沒什麼不好，但你一旦做出不太好的事，給人的觀感會特別不好。」[5]柏格後來承認維納的估算是正確的。事實上，他退休後態度大變，敦促他的前公司對資深主管的薪水別那麼諱莫如深。

無論如何，大家很快就忘了這個汙點，先鋒也以驚人的速度迅速膨脹。在1980年末，柏格的艦隊只占不到美國共同基金產業的5%；到千禧年之交，它所管理的資產已經超過五千六百二十億，在快速擴張的美國共同基金市場中，先鋒的占比超過十分之一。[6]雖然先鋒旗下一飛沖天的基金所在多有，但真正讓先鋒在1982到2000年的牛市中突飛猛進的，卻是一檔一開始不被看好的產品。

第一指數投資信託當年雖然出師不利，卻逐漸成為超級吸金器，

---

4 Braham, *The House That Bogle Built*, chap. 9, ePub.
5 Ben Yagoda, "Mutually Exclusive," *Philadelphia magazine*, August 1993.
6 Bogle, *Stay the Course*, 147.

1980年先改名為先鋒指數信託（Vanguard Index Trust），後來又改名先鋒
500指數型基金（Vanguard 500 Index Fund）。1982年末，它的資產只有一
億元，在263個以股票為標的的美國共同基金中排名第104；到1988年，
它的資產到達十億，在1,048檔基金中排名第41。[7]

　　到了這個時候，另外幾家公司也加入競爭，為一般投資人推出了類
似的指數型基金，然而不是銷售慘澹，就是草草結束。[8]至於真正有
能力與先鋒一較高下的投資集團——富國投顧、道富銀行和信孚銀行，
它們的指數策略已吸引大批機構投資者（如退休基金）——則根本無法
加入零售戰場。由於一些奇怪的限制（大蕭條時代的〈格拉斯－斯蒂格
爾法案〉還在，依然禁止銀行所有的財富管理公司向一般投資人銷售產
品），加上零售導向的投資集團還不願意推出指數型基金（以免與自己
的傳統基金自相殘殺），先鋒有很長一段時間暢行無阻，獨吞賣指數型
基金給一般投資人的生意。

　　2000年4月，先鋒500超越富達著名的麥哲倫基金（Magellan Fund），
成為世上最大的共同基金，資產一千零七十二億。[9]由於麥哲倫基金已
停止接受新投資數年，這次名次變化其實象徵意義較大，但不可否認
的是，這的確是先鋒的另一個里程碑。「先鋒投資組合拔得頭籌，反映
的是幾百萬名美國人的投資策略出現巨大變化。」《華爾街日報》當時寫
道：[10]「先鋒500讓許多選股人丟盡顏面，協助孕育出幾十檔指數型基

7　Bogle, *Stay the Course*, 48.

8　Braham, *The House That Bogle Built*, chap. 12, ePub.

9　John Hechinger and Pui-Wing Tam, "Vanguard 500 Surpasses Fidelity Magellan in Size," *Wall Street Journal*, April 6, 2000.

金。它們幾乎什麼都追蹤，而且還有更多正準備上路。」

最後，一般儲蓄者總算跟上退休基金的腳步，直接受益於指數型基金的低廉收費和良好的平均績效。以往注定流入華爾街富商口袋的幾十億元，現在終於可以多留一些在個人銀行帳戶，供他們的孩子讀大學，也供他們自己安享晚年。薩繆森後來甚至說先鋒500是人類最重大的發明之一，足以和輪子、字母、古騰堡印刷機、紅酒、起司並列。[11]不過，即使偉大如先鋒500，最後還是敵不過先鋒艦隊的另一支勁旅。

● ● ●

1992年初，柏格走進先鋒股票基金操盤手喬治‧索特（George Sauter）的辦公室，對他說：「老喬，手邊的事先停下來，咱們來弄個全股市基金。」對某些學究來說，這才是真正的指數型投資誕生的日子。

索特有芝加哥人學MBA學位，熟悉馬可維茲、夏普、法馬的金融理論。嘗試過幾次商業冒險之後（其中一次還買了一座小金礦），他在1987年加入先鋒。等待他的，是一場嚴峻的考驗──短短兩週後，美國股市發生史上最慘重的單日股災，隨即被稱為「黑色星期一」。但事後證明，索特來得正是時候，也適得其所。

索特到任時，先鋒只有兩檔指數型基金，一檔是先鋒500，另一檔是前一年才推出的債券基金，兩檔基金加起來才管理十二億元。[12]雖然

---

10 Pui-Wing Tam and John Hechinger, "Vanguard 500 Is Set to Pass Magellan as Biggest Fund," *Wall Street Journal*, January 12, 2000.

11 Bogle, *Stay the Course*, 51.

12 Bogle, *Stay the Course*, 146.

先鋒的基金比競爭對手便宜很多，但因為先鋒按成本價經營，風評傳播得慢。網路當時還在嬰兒期，先鋒又不願多做行銷，加上證券商沒有銷售費作為誘因，願意幫他們推銷的少之又少。事實上，連柏格當時都還一心想為先鋒打造一批主動管理基金，而他最得意的莫過於布倫南為他拿下 PRIMECAP（PRIMECAP 投資集團成立於 1983 年，創辦者是三名原屬資本集團〔Capital Group〕的基金管理明星）。

儘管如此，索特還是利用公餘時間編寫新的交易程式，設法降低交易成本，改善指數型基金追蹤基準的方式。等到指數型基金終於在 1990 年代早期飛速成長——到 1991 年，它們已經占先鋒資產的十分之一以上[13]——柏格才把心思重新放回先鋒最早的策略。

在索特加入前負責管理先鋒 500 的傑瑞米·杜斐德說：柏格早年「雖然是指數型投資的粉絲，但不是鐵粉」。一直要到 1980 年代末、1990 年代初，他才變成指數型投資的忠貞鬥士。杜斐德表示：「他那時才發現自家這個東西真的不得了，開始以它的創造者自居。」先鋒在 1987 年末已經發行過一檔「延展市場指數基金」（Extended Market Index Fund），投資規模不足以列入標普 500 的中型公司。但柏格 1992 年決定他們應該建立一檔大型基金，投資整個美國股市。

雖然標普 500 已經網羅美國一大部分的股票，但它畢竟經過標準普爾委員會挑選，只有五百家左右的大公司。但依照金融理論，指數型基金應該盡可能把整個市場一網打盡。標普 500 只是方便早期開拓者使用的簡易版，他們現在希望能真正複製整個股市。

13 Bogle, *Stay the Course*, 146.

1992年，先鋒決定下重本改良小型股票的交易條件，打造先鋒全股市指數型基金（Vanguard Total Stock Market Index Fund）。「依我說，這才是第一個指數共同基金。」索特說：「如果你要的是百分之百的指數型投資，那麼，1992年才有真正的共同基金指數。」

全股市基金一開始也不叫座，後來才鯉魚躍龍門。2013年10月，它超越「債券之王」比爾‧葛洛斯（Bill Gross）管理的Pimco總回報債券基金（Pimco Total Return Fund），成為世上規模最大的基金。現在，先鋒全股市指數型基金管理的資產已超過一兆，本身的規模在全球資產經理公司中都屬頂尖，總資產甚至超過沙烏地阿拉伯或瑞士的年經濟輸出。加上另外幾個1990年代發行和爆紅的被動投資基金，到2000年，指數型基金已將近占先鋒全部資產的一半。[14] 今天，這個比例是四分之三。

不過，先鋒在1980和1990年代並非一帆風順，還是有其獨特的挑戰。不斷成長為公司運作帶來不少壓力，儘管柏格一向自豪精通投資業的每一個環節，但他最拿手的畢竟不是掌握細節、組織或流程。由於他一心降低成本，先鋒對科技方面的投資長期不足，常常造成嚴重的挑戰。「成長一路上給我們帶來不少痛苦。」杜斐德說：「1980年代中期有幾次幾乎直接碰壁。」

吉姆‧諾理斯（Jim Norris）是1987年末加入先鋒的，進來的時候是基金會計，後來成為柏格的助理。他說，公司的弱點在黑色星期一時全都暴露出來：「我們有做出回應，但回應得不夠快，運作鬆散的地方暴露無遺。」幸好柏格的左右手（也是實際上的營運長）布倫南十分能幹，

---

14 Bogle, *Stay the Course*, 147.

逐漸為先鋒建立起更好的組織文化和更現代的科技基礎，讓它準備好邁向進一步的成長。

先鋒的成功讓柏格愈加自負。他對此也有自覺，不時拿來開玩笑。1990年代早期，先鋒有一次要進行重大IT檢修，六名高階主管全都投票要找當地承包商，柏格卻獨排眾議把合約給了麥肯錫（McKinsey）。〔15〕他日益膨脹的自信也外顯在園區規模上——由於「水手」越來越多，福吉谷園區漸漸容納不下，先鋒在1993年遷往馬爾文（Malvern）。新園區不建則已，建了以後越擴越大。

馬爾文新總部啟用後不久，柏格與他傾慕已久的藝術家瑪莉札‧摩根（Maritza Morgan）聯絡，請她以尼羅河海戰為題創作一幅二十五呎乘五呎的五聯版畫。中間那幅原本是皇家海軍先鋒號砲擊法艦斯巴達號（La Spartiate），但柏格厚著臉皮要求把它改成富達號（La Fidelité），不算太隱晦地對那家波士頓投資集團示威，因為他們的老董以前非常看不起先鋒第一檔指數型基金。

似乎沒有任何事能動搖先鋒和它專橫的指揮官。每年5月，柏格會帶著資深「水手」一起避靜。1993年去的是蒼穹山莊（Skytop Lodge），一座五千五百英畝的高爾夫球度假村，位於賓州風景如畫的波科諾山（Pocono Mountains）。巧合的是，這座田園風休閒勝地是1928年開張的，正好是威靈頓資產管理公司成立那一年。先鋒管理的資產當時剛剛跨過一千億門檻，柏格在山莊裡信心滿滿地預言：靠著「複利的威力」，先鋒可望在2000年代中期跨越一兆元。他說對了，只不過引領先鋒達成

---

15 Bogle, *Stay the Course*, 91.

那個目標的將是另一位指揮官。

$$\cdots$$

　　柏格有些作風和他師父摩根一樣，例如他總是找25、26歲的年輕男性當助理，商業經驗不足無妨，但必須出身名校，讓他能按自己的模子好好塑造。他看重忠心、勤快、獨立思考和品格——狗腿子敬謝不敏。

　　以前的助理開玩笑說跟他做事確實辛苦，服務年資該用狗的年齡來計算。他們有很多軼事可以分享，例如柏格提過哪些過份的要求，還有兼職打工的人要是七點多還沒出現，他會講出哪些尖酸刻薄的評論。不過，他同樣嚴以律己，連在他魔掌之下待得最久（七年）的諾理斯都說，他每天七點開工，朝朝如此。「他非常嚴，但我學到很多。」負責先鋒國際營運直到2020年退休的諾理斯說：「隨時都忙得不可開交，但我們就是樂在其中。」從先鋒的保全、餐廳員工到董事、退休基金主管，柏格什麼人都喜歡聊上幾句，他的親切讓每一個人對他忠心耿耿。

　　每年聖誕節，柏格都會做東宴請他以前的助理，最早是午餐，後來改成晚餐。這是他自己樹立的傳統，讓曾經在他手下做事的人每年有機會熱鬧一下。他們很多人都已晉升先鋒高階主管，或是在別的投資集團獨當一面。他們的目標永遠是讓酒水費超過餐費。餐會進行到某個階段，柏格總會舉杯祝賀，祝詞裡也一定有一句：「你們都是我識人之明的明證。」而前助理們會幽默地附和：「說得好！說得好！」然後繼續暢飲，為平時自奉簡約的鐵公雞柏格湊一張天價帳單（先鋒董事墨基爾開玩笑說，柏格最愛的酒是八元一瓶的卡本內蘇維濃）。

聚餐當然少不了鬥嘴，李普和鄧肯·麥可法蘭（Duncan McFarland）尤其愛和柏格抬槓。李普在1982年離開先鋒，成為對手普徠仕投資公司（T.Rowe Price）的高階主管。麥可法蘭後來前往波士頓，成為先鋒昔日勁敵威靈頓公司的執行長。每個徒弟都喜歡藉機損損師父，拿他不可一世的自信開玩笑。有一次晚餐，李普和特瓦多斯基送他一個教士領，說他既然這麼喜歡像福音派牧師一樣道貌岸然地說教，不如穿搭也跟著改變一下。助理們點頭如搗蒜，「他哭笑不得地收下。」李普回憶道。

另一次晚餐，諾理斯列了一張「柏格語」，例如他在走廊上點頭揮手就代表打招呼，還有他的口頭禪「聽你鬼扯！」他還貢獻了幾句簡易柏格語翻譯：

當傑克說：	他的意思是：
「我知道這不是你的錯。」	「就是你的錯。」
「你決定吧。」	「照我說的做。」
「我想這該怪我。」	「這當然不能怪我。」
「我三點要。」	「一點給我。」
「好像哪裡怪怪的。」	「你完全搞砸了。」
「不用花太多時間。」	「管你加班到幾點，給我弄好就對了。」
「七點左右來接我。」	「七點來接我，晚一秒都不行。」

大多數玩笑都無傷大雅，只是幾杯黃湯下肚後笑鬧起鬨，夾雜著對柏格的愛與同儕之間的較勁。直到柏格和他欽點的接班人布倫南起了嫌隙，氣氛才變得緊繃。他們決裂的過程相當戲劇化，激烈程度不下於柏

格當年被逐出威靈頓公司。此後，布倫南不再赴宴。

布倫南是柏格的得意門生，曾為先鋒立下汗馬功勞，他絕對有資格說他對公司的貢獻幾乎不下於他的師父。他是波士頓世家子弟，個性內斂。從達特茅斯（Dartmouth）經濟學系畢業後，他曾短暫加入紐約儲蓄銀行（New York Bank for Savings）和莊臣公司（S.C. Johnson & Son），並於哈佛取得MBA學位，1982年成為柏格的助理。布倫南的父親法蘭克（Frank）是波士頓聯合華倫儲蓄銀行（Union Warren Savings Bank）總裁，在當地財經界和愛爾蘭天主教界是響叮噹的人物。儘管布倫南啣著金湯匙出生，他和柏格一樣看重勤勉。法蘭克・布倫南的父母原籍愛爾蘭凱里郡（County Kerry），因生活貧困而移民美國，夫婦倆辛苦擔任門房才讓兒子完成大學學業。[16]法蘭克・布倫南在二次大戰時是坦克指揮官，曾獲頒銅星勳章。他期望孩子和他一樣努力，不讓他們來自己的銀行打錢多事少的工。所以傑克・布倫南每年暑假都在麻州公路的安全島割草。[17]

想成為柏格的徒弟，最重要的特質就是勤快。布倫南和柏格很快變得形影不離，兩個人常常一起打壁球[18]、一起在先鋒員工餐廳吃午餐[19]，關係變得越來越密切。柏格做事大開大闔，喜歡為公司規劃宏偉的願景，布倫南則具備組織長才和管理技巧。隨著布倫南步步高昇，他逐漸彌補了柏格的不足。杜斐德說：「大家沒想到傑克・布倫南的執行

16 J. M. Lawrence, "Frank Brennan, 93; Banker Had an Honest, Caring Way," *Boston Globe*, April 6, 2010.

17 Bill Lane, "Frank Brennan: An Elder Statesman Keeps on Going," *Boston Businesss Journal*, June 22, 1998.

18 Bogle, *Stay the Course*, 148.

19 Braham, *The House That Bogle Built*, chap. 12, ePub.

力這麼棒。」在先鋒開始狂飆的1980年代，這樣的能力至關重要。在幾次近乎混亂的局面中，都多虧布倫南沉穩掌舵、精準下令。1989年，布倫南被任命為先鋒總裁，成為柏格的接班人。

柏格和布倫南的作風南轅北轍。柏格豪爽大方，喜歡成為鎂光燈焦點；布倫南則沉默寡言，個性拘謹。柏格幾乎以邋遢為傲，常常穿陳舊的襯衫和不合身的西裝上班；布倫南總是一絲不苟精心打扮，連星期六加班都把卡其褲和襯衫燙得平平整整。柏格喜歡打壁球和網球，但只當消遣；布倫南則是運動健將，不但打橄欖球、曲棍球，還跑馬拉松。

不過，他們同樣重視毅力，兩個人也完美互補。柏格是求新求變的夢想家，富有領袖魅力，能在開會和野餐時登高一呼激勵士氣；布倫南則是務實嚴謹的好幫手，確保柏格的想法真的能付諸實行。他們都是好勝的人，也因為好勝而幹勁十足。柏格有一次偷偷告訴哥哥巴德：「我本來是七點半上班，後來看布倫南七點就開工，我也改成七點開工。沒想到布倫南後來變成六點半就開工，我也開始變成六點半進辦公室。」[20]

布倫南在很多方面猶如柏格的翻版：柏格在威靈頓資產管理公司少年得志，和老闆摩根情誼深厚；布倫南也是年紀輕輕就平步青雲，和師父柏格關係緊密。「他很快建立起名聲，大家都知道他是個強悍的經理人。」2019年1月去世前不久，柏格出版了他的最後一本書，他在書中寫道：「布倫南就是有本事拿到他想要的東西。在這方面，我共事過的人沒人比得上他。」[21]

事實上，這句評語用來形容柏格自己也很貼切。雖然柏格話說得含

---

20 Braham, *The House That Bogle Built*, chap. 1, ePub.
21 Bogle, *Stay the Course*, 143..

蓄，但他們師徒之間的決裂讓先鋒陷入好幾年的動盪，柏格一直到過世都難以釋懷。也曾擔任柏格助理的杜斐德雖然敬佩他們兩人，卻也說他們的爭執猶如一場希臘悲劇。

· · ·

兩人的裂痕可以上溯到 1995 年。柏格多年孱弱的心臟終於無法發揮功能，他的健康出現難以忽視的警訊，後來不戴呼吸器甚至無法走過房間，同事們相當憂心。布倫南在那年 5 月已經被指定為柏格的接班人，雖然他要到 1996 年 1 月才正式升任執行長，但他實際上已提前接手，擔起更多工作。1995 年 10 月，柏格住進賓州哈尼曼醫院（Hahnemann Hospital），等待心臟移植。第四級心臟衰竭的他一等就等了一百二十八天，1996 年 2 月 21 日才等到一顆 30 歲的心臟。[22]

布倫南對他的師父忠心耿耿，幾乎每天都去醫院探望，帶點工作過去讓他保持活力。移植手術出乎意料地成功，柏格也總算接受自己已不復當年，準備逐漸淡出，以後只擔任先鋒的董事長。儘管世代交替失敗的公司數不勝數——有時是創辦人不願交棒，有時是老掌門挑錯了接班人——但有那麼一小段時間，先鋒看起來似乎能順利過渡，而柏格離去的身影就和上台時一樣漂亮。在記者會上，他盛讚布倫南是「我能找到最好的人選……人格高尚，精明強幹，做事勤奮，判斷力佳」。[23]

然而，柏格終究耐不住寂寞。休養一段時間之後，他迫不及待回先

22 Erin Arvedlund, "Vanguard Founder Bogle and Surgeons Gather for a Heart-Transplant Reunion," *Philadelphia Inquirer*, February 21, 2017.

23 Braham, *The House That Bogle Built*, chap. 12, ePub.

鋒總部上班。雖然他是董事長，而布倫南當時已實際接掌公司幾年，但柏格逕自對「水手」們發號施令，表現得好像自己還是執行長。墨基爾說：「傑克重出江湖。他基本上就是回到先鋒對大家嚷嚷：『我回來了！我還要管事。』不用說，傑克・布倫南和董事會都覺得這不是好主意。」

董事會一方面固然擔心柏格的年紀和健康，但最主要的顧慮是先鋒當時已經是大企業，需要領導作風不同的執行長。「布倫南不是打天下的人，他不會想推動指數基金革命，」墨基爾說：「但傑克也不適合管理這麼龐大的機構。」

柏格看到布倫南不願讓出執行長的權力，董事會又站在自己的徒弟那一邊，心裡十分不是滋味，結果師徒二人漸行漸遠，進而爆發一連串衝突。柏格犯了他剛愎自用的老毛病——幾十年前松戴克和多蘭堅持共識決時，他的反應也是這麼激烈——但這次因為兩人原本關係緊密，決裂對雙方更形痛苦。墨基爾認為最後一根稻草是柏格放下的：他對一名記者說他後悔讓布倫南當執行長。對人前人後說盡柏格好話的布倫南而言，這是不可承受之重。「布倫南打從心裡感到難過。」墨基爾說。

董事會從此充滿硝煙味，從增加科技投資到嘗試網路廣告，柏格對布倫南的構想幾乎無所不反。最後，他們甚至拒絕對彼此講話。沒有一家公司經得起董事長和執行長對立到這種程度，於是董事會在1998年改選布倫南為董事長，任命柏格為「資深董事長」——在柏格眼裡，這根本是另一個差辱。差不多在那段時間，有人問起柏格和這個昔日門生的關係，他只幽幽地說了句「這題目得花不少篇幅」，便不再多說[24]——這或許是他唯一一次管好自己的嘴巴。

最後還是到了攤牌時刻。1999年初，柏格即將年滿董事強制退休

的70歲。他原本以為公司是自己創的，他當然可以留下。但他和布倫南的衝突早已造成公司內耗，董事會決定貫徹規定，請柏格退休。柏格當然非常憤怒，可是連他的摯友墨基爾都說董事會別無選擇。「董事會的決定是對的，公司總不能有兩個主子。」他說。

接下來的權力衝突十分醜陋，媒體見獵心喜，大肆炒作。雖然外界對布倫南不熟，但柏格可是大名鼎鼎的「聖傑克」，財經界的道德之聲。而現在，他一手創立的公司竟然將他掃地出門，不顧他為廣大投資人立下的汗馬功勞。先鋒創辦人的粉絲極為憤慨，在他們的線上論壇「柏格頭」大抱不平。雙方公開交火之後，先鋒和柏格總算達成協議：柏格離開董事會，去新成立的內部智庫「柏格金融市場研究中心」（Bogle Financial Markets Research Center）當所長。

雖然先鋒決定息事寧人，讓柏格繼續扮演財經倡議者的角色、繼續被捧成「投資界的良心」，但這種和稀泥的作法沒有化解雙方的心結。柏格的哥哥巴德有一次問起這些事，想知道柏格怎麼看自己1996年交棒給布倫南的決定，柏格說：「那是我人生最大的錯誤。」[25]

柏格和布倫南的關係再也無法回到從前。柏格有一次想到：約翰·亞當斯（John Adams）和湯瑪斯·傑佛遜（Thomas Jefferson）兩個美國前總統在政壇上鬥了一輩子，晚年卻一笑泯恩仇，甚至結為好友。他相當感慨，決定與他的波士頓宿敵多蘭和松戴克言歸於好。[26]可是，他對布

24 Robert McGough and Pui-Wing Tam, "Vanguard May Ask Bogle to Retire from Its Board," *Wall Street Journal*, August 12, 1999.

25 Braham, *The House That Bogle Built*, chap. 12, ePub.

26 Bogle, *Stay the Course*, 263.

倫南毫無此意，甚至對為他寫傳的人說：要他和布倫南和解，「等地獄結冰再說」。和雙方都有不錯交情的李普一直想當和事佬，多次設法化解兩人的芥蒂（在柏格時日無多時更是積極），但他終究沒有成功。「這件事傷他們太重。」李普說。

柏格晚年花了很多心思打磨他的約翰・柏格神話。他對這件事非常投入，投入到有的朋友覺得他創造了另一個故事。吉姆・諾理斯有一次要柏格放鬆，好好欣賞自己的成就，不要老是想著該給哪裡搽脂抹粉。「一百年後，我們這個時代只有少數幾個人還會被後人提起。他們會提到華倫・巴菲特，他們也會提到你。」他說：「歷史不會少你一筆。沒有人會竄改歷史──但話說回來，也沒有人會寫不符史實的歷史。」墨基爾和他這個老朋友也有過類似的對話。他們常約在普林斯頓納掃飯店（Nassau Inn）吃早餐，有一天柏格有感而發，喃喃對墨基爾說道：「我真的很擔心大家忘了我。」

柏格其實不必擔心，至少金融業裡幾乎沒人比他更有名。柏格去世前不久，先鋒500指數型基金辦了四十週年派對。網媒高客（Gawker）的寫手漢彌爾頓・諾蘭（Hamilton Nolan）為先鋒創辦人獻上一篇風格獨具的頌詞。他寫道：「切・格瓦拉（Che Guevara）戴貝雷帽是很帥，艾爾德里奇・克里佛（Eldridge Cleaver）也風光過，但今天，今天我們要致敬的是真正媽了個巴子的人民英雄──約翰・媽了個巴子・柏格！是他把幾千兆的錢掏出華爾街那群吸血鬼的口袋。」柏格乍聽目瞪口呆，但還是非常開心。2019年1月去世前不久，他接受了人生最後的幾次訪問。其中一次，他說他的人生沒有遺憾──即使他的心血結晶沒賺大錢，他還是覺得此生無憾。「我要私人飛機幹嘛？我比較喜歡讓我太太載出去遛

遛。知道我有的比別人多，對我的心理一點好處也沒有。」[27] 他說：「想到自己為世界做了什麼，我覺得心安。」

有人認為寫作該為賢者諱，彷彿談到他們的缺點就是詆毀他們的貢獻。但我認為，缺點不但無損他們的功勞，反而成就了他們的偉大，因為缺點讓他們成為有血有肉、錯綜複雜的人。讓柏格成為金融史巨匠的那些特質——積極進取、志在必得、雄心勃勃、剛愎自用、不納人言——也正是最終讓他狼狽交出先鋒領導權的特質。對柏格的很多朋友來說，最大的悲劇是他不懂得放手。事實上，交棒給布倫南和其他手下對他沒什麼不好，他可以看著自己心愛的先鋒繼續茁壯，同時華麗轉身，以金融界道德之聲的姿態創造另一個舞台，繼續發揮龐大的影響力——甚至偶爾對自己創立的公司發發牢騷。

2019 年 1 月 21 日，柏格的葬禮在布林莫爾長老教會（Bryn Mawr Presbyterian Church）舉行。杜斐德先前已做好準備，仿約翰‧麥克雷（John McCrae）的〈在法蘭德斯戰場上〉（In Flanders Fields）寫了一首詩，在葬禮上朗讀。這是獻給柏格的墓誌銘，也是先鋒員工莊嚴的承諾，告訴這位中年改變投資信仰、不遺餘力推廣指數型投資的人，水手們會繼承他的壯志：

> 在先鋒的海上，波濤依舊洶湧
> 浪花滔滔，輕撫
> 他的安息之所；在天空

27 Robin Wigglesworth, "Passive Attack: The Story of a Wall Street Revolution," *Financial Times*, December 20, 2018.

TRILLIONS

海鷗依然勇敢歌唱，
儘管砲火隆隆，杳不可聞。
為我繼續戰鬥，
接好我垂手落下的
火炬，高高舉起。
爾等若打破對死者的誓言
我將難以安息，雖然海風仍將
吹在先鋒的海上。

CHAPTER

9

新象限
New Dimensions

　　戴夫・巴特勒（Dave Butler）悶悶不樂。他明明已經完成成為華爾街人的心願，在1991年進入名聲顯赫的美林集團，但他就是和金融界的很多年輕人不一樣。他對自己的職業不感自豪，對「努力即高薪」的職場生活也意興闌珊，他越來越鬱悶，也越來越浮躁。他想回加州，甚至想過直接離開金融業，回中學當籃球教練。

　　巴特勒身材瘦長，身高超過六尺六吋。在進入金融業之前，他曾經是職業籃球員。1980年代早期，他在加州大學金熊隊（Golden Bears）打的是前鋒，球技精湛，小有名氣。1987年，他在NBA選秀會第五輪被波士頓塞爾提克隊（Celtics）簽下。可惜他始終沒有機會與賴瑞・柏德（Larry Bird）一較高下。

　　由於那年夏天NBA罷賽，巴特勒到土耳其和一支球隊練習。沒想到對方馬上想簽下他，而且提供的待遇遠比NBA優渥得多。因為巴特勒也不知道美國什麼時候才會恢復比賽，他想在土耳其聯盟打一年應該能增加實力（也能賺進大把鈔票），便欣然接受。不幸的是，土耳其的球季才打了一半，他的小腿就發生撕裂傷，斷了他回NBA的機會。他又去日本打了一年，後來回柏克萊唸MBA。1991年，他成為紐約美林

集團的營業員。從NBA新秀到華爾街商人的人生看似曲折，但巴特勒的數字能力一向不錯，也一直覺得金融是門有趣的行業。所以對他來說，這樣轉換跑道並不奇怪。

然而，華爾街的實際運作枯燥到令他大失所望。巴特勒的主要工作是打電話給銀行，問它們有沒有不良債權想賣。他漸漸明白一件事——很多同事其實和他一樣，根本不知道、也不在乎自己在做什麼。反正照章辦事就有源源不斷的佣金，誰管這些作法對客戶有沒有幫助。

同樣令他驚愕的是，他發現連金融業的人都常常對市場不甚了了。他開始投入股市，用《投資者商業日報》（Investor's Business Daily）簡稱為CANSLIM的方式選股（CANSLIM是七個選股標準的首字母縮寫）。[1]巴特勒用這套標準挑的前八檔股票績效不錯，但第九檔一敗塗地。在券商建議下，他將之前的獲利押在波士頓雞業（Boston Chicken），結果一下子就血本無歸。他的同事們的運氣似乎一樣糟。

灰心喪志，工作上又得不到成就感，巴特勒決定回加州——能不能繼續待在金融業都無所謂，反正華爾街不適合他。有一天他瀏覽《華爾街日報》的徵才廣告，注意到聖塔莫尼卡（Santa Monica）有一家「財富管理公司」在徵人，但沒有名字。他出於好奇撥了電話，得到的資訊還是不多，只知道它叫德明信基金顧問公司（Dimensional Fund Advisors），目前管理的金額還不到一百億元——雖然不算差，但只是大型資產管理公司

1　譯註：七個選股策略分別為當季每股盈餘（Current quarterly earnings per share）；年度每股盈餘（Annual earning increases）；新產品、新管理、股價新高（New products、New management、New highs）；籌碼供需（Supply and Demand）；強勢股或弱勢股（Leader or Laggard）；機構法人持股（Institutional Sponsorship）；市場動向（Market Direction）。

的九牛一毛而已。巴特勒寄了履歷過去，但沒有放在心上。直到1994年聖誕節假期，他才走進海洋大道（Ocean Avenue）1299號的德明信總部，與資深主管丹‧惠勒（Dan Wheeler）面談。不過，他會來這一趟主要是因為這裡離他老家很近，一個小時就到，而且他反正要拿衣服乾洗。

　　公司在十一樓。他一出電梯就看到大衛‧布斯——德明信創辦人，尤金‧法馬的高徒，富國銀行管理科學組前職員——而站在他身旁的不是別人，正是諾貝爾獎得主、芝大經濟學教授，同時也擔任德明信董事的默頓‧米勒。布斯雖然總是板著一張臉，但待人十分親切。由於布斯正趕著赴約，惠勒問米勒願不願意與他和巴特勒共進午餐。米勒欣然接受，三人便一起前往附近的海洋大道海鮮館（Ocean Avenue Seafood）用餐。

　　巴特勒沒想到能認識經濟學大師，既驚又喜，米勒也談興甚佳，告訴他許多效率市場的故事、分散投資的優點，還有降低成本的重要。聽米勒信手就把自己在華爾街的許多經驗串在一起，而且一下子就提出合理解釋，這名原已心灰意冷的年輕營業員頓時「開悟」。巴特勒當晚回到父母家中，馬上把他在柏克萊用過的經濟學課本找出來，重讀了一整個晚上。他決定：只要德明信願意雇用他，不論什麼工作他都接受。1995年1月，初次面談後的那個星期，他加入德明信，深信它是一家非常特別的公司。

　　的確，德明信當時雖然還在起步，但它終將成為指數投資革命的巨人——連自命不凡的前加州州長暨演員阿諾‧史瓦辛格（Arnold Schwarzenegger）都是它的投資人。雖然德明信的名氣和規模都比不上先鋒，但它的金融顧問陣容堅強無比，個個都是精通效率市場法則的大師。所以，雖然與其他投資企業相比，德明信有如專門訓練菜鳥的「新

兵營」，但它在傳揚指數福音上扮演了重要角色，也將指數型基金帶入下一個階段。

不過，德明信就像先前的富國銀行和先鋒一樣，剛開始時非常不順，外有龐大的商業挑戰，內有激烈的權力競逐，差點四分五裂。

• • •

大衛·吉伯特·布斯（David Gilbert Booth）生於1946年12月2日，小時候住在堪薩斯城外只有三千人口的小鎮蓋尼特（Garnett）。為了讓孩子們上好學校，布斯的爸媽吉伯特和貝蒂決定搬家，遷到附近的羅倫斯（Lawrence）。雖然羅倫斯當時的人口不過三萬多人，可是對從小在蓋尼特長大的布斯來說已經是座大都市。堪薩斯大學在那裡，飯店竟然有五層樓高——是布斯小時候看過最高的建築——那裡甚至有一家披薩店。

布斯功課很好，數學尤其出色。雖然個子瘦小，他還是愛打棒球，也常去體育場賣爆米花賺零用錢。中學畢業後，他進入堪薩斯大學讀經濟學。隨著越戰愈演愈烈，他的生活重心也變成找各種辦法緩徵——例如讀碩士班。

他本來打算繼續在堪薩斯大學讀博士，然後留校任教，但有一位芝大畢業的教授向他介紹尤金·法馬的理論，鼓勵他去芝大深造。布斯心想自己遲早會被徵召，申請看看也無妨，反正服完役後軍隊會把他送回原來的地方。

報到那天，布斯原本想以嚴重過敏為由驗退。豈料軍醫嗤之以鼻，叫他乖乖入營。但那天稍晚，他碰巧又遇到為他體檢的主任醫官。出於好奇，醫官問他要是被驗退的話本來打算做什麼。布斯說他原本要去芝

加哥大學讀博士。「你的檔案再給我看一下。」醫官說。他沉思片刻，劃掉自己之前的評語，讓布斯免役。布斯立刻收拾行李衝回他的車[2]，一路直奔芝加哥。「要不是徵兵，我搞不好會在堪薩斯工作。」布斯回憶道：「一年級站在那裡向法馬或（默頓·）米勒報告時，感覺超棒的。我知道我本來應該在越南的哪個沼澤裡。」

　　布斯喜歡芝加哥，尤其是法馬的課。法馬講課舉重若輕，揮灑自如，一下子解釋風險與獲利的關係，一下子強調市場價格反映的是成千上萬投資人的整體智慧。布斯聽得激動不已，下課時常汗流浹背。為了讓自己冷靜下來，他經常打開窗子直面西北部的寒冬。[3]運動健將法馬有時會和學生一起打棒球，而且球技比任何一個年輕小伙子都好。在芝大，布斯還認識了一個低他一屆的天才學生——雷克斯·辛格費德。他們兩個都和法馬建立起深厚交情，也都繼承了法馬對基金經理人的鄙視。「我覺得選股和占星差不多，但我覺得這樣比對占星師太刻薄。」法馬有一次諷刺道。[4]

　　然而，布斯心裡其實一直懷疑學術是否真的適合他。沒錯，他是法馬班上最出色的學生，還通過嚴格篩選成為這位金融學名師的教學助理，但拿博士和教書似乎激不起他的熱情。聖誕節布斯回堪薩斯過節，看到祖父母還在下田，他心中一震，更清楚地意識到自己對學術職涯多麼不安。[5]

2　Lydialyle Gibson, "Return on Principles," *University of Chicago Magazine*, January–February 2009, http://magazine.uchicago.edu/0902/features/booth.shtml.
3　Lydialyle Gibson, "Return on Principles."
4　Shawn Tully, "How the Really Smart Money Invests," *Fortune*, July 6, 1998.
5　Lydialyle Gibson, "Return on Principles."

升上二年級後，布斯依舊揮不去心裡的不踏實感。在米爾頓·傅利曼的課堂上，布斯的報告被這位芝大經濟系巨頭批得體無完膚。挫折之餘，他再也無法忍受心中的衝突，跑去法馬的辦公室說他不繼續讀了。「我要走了，我撐不下去了。」他說。兩年修的課已經夠他拿一個企管碩士，但他不想讀博士了。

法馬雖然失望，但表示理解。布斯是他最好的學生，但不是人人都能完成芝加哥大學博士學位，況且他的心思顯然不在純學術研究。於是這位教授拿起電話，撥給富國銀行的約翰·「麥可」·麥克考──他們當時已經有幾年交情，「麥可」一直請法馬推薦愛徒去他那裡工作。法馬為布斯在麥克考的管理科學組裡找了份差事。

雖然管理科學組和富國銀行信託部的明爭暗鬥確實惱人，但布斯在那裡度過快樂而充實的兩年，扎扎實實學到有別於學術的實際商務運作。布斯那段時間主要負責的是驛馬車基金，雖然因為法規限制和投資人興趣缺缺的關係，這檔基金最後而胎死腹中，但它給予布斯寶貴的經驗，讓他看到銷售和仔細聆聽客戶需求的重要性。他很快會有運用這些經驗的機會。

• • •

1975 年，布斯離開富國銀行，轉赴紐約為貝克投資公司工作。貝克投資是退休金顧問公司，以發行比較基金管理公司和整體市場績效的「綠皮書」聞名。對布斯這個既是法馬入室弟子、又對新穎的指數議題具有實務經驗的人來說，這份工作很適合他，但是他越來越看不起傳統選股技巧。

芝加哥第一國民銀行（First National Bank of Chicago）也是貝克的客戶。他們有一天提出要求，希望貝克能提供操作指數型基金的軟體。由於布斯是公司唯一一個在這個領域有實務經驗的人，這個任務當然交付給他。他在兩名資訊科技人員協助下花了六個月完成（雖然兩名科技人員只有化學處理廠的背景，對金融一竅不通，但還是達成了使命）。貝克公司十分興奮，要布斯將他們新研發的產品推銷給其他投資機構。第一個簽約的是AT&T，因為他們當時正在整合「貝爾寶寶」的退休金計畫，有意在內部自行建立指數型基金──自己能做的事就別付錢找別人做。

簽約後，布斯經常去AT&T紐約辦公室出差，確認客戶的使用情形。過了一段時間，他發現AT&T雖然同時投資基金和金融證券，可是在操作上有明顯的盲點：退休金計畫裡還是有很多經理人積習難改，只想從標普500中挑選最好的股票，根本不碰小型股；內部指數型基金的策略也是如此。

事實上，當時的大型機構投資者多半採取這種作法。小公司的股票通常波動較大，交易條件也比標普500的績優股嚴格得多。當時甚至沒有小公司的指標，直到1984年，法蘭克・羅素公司（Frank Russell）才推出他們的得意之作[6]──「小型股」指數羅素2000（Russell 2000）。總之，在布斯看出AT&T的問題時，金融辭典裡根本沒有「小型股」（small caps）這個詞。

布斯認為，AT&T的退休金經理人應該多少投資一些小型股。不論是芝加哥大學的學術訓練，或是馬可維茲、夏普、法馬等人的理論，都

---

6 法蘭克・羅素是顧問公司，先鋒的楊・特瓦多斯基後來也加入他們。

讓他相信：如果 AT&T 願意承擔更高的風險，長期而言就能得到更多的報酬。在 IBM、奇異公司、雪佛龍（Chevron）、福特（Ford）、波音（Boeing）等大企業之外，AT&T 若能再投資一些小型股，至不濟也能發揮分散投資的效果。

AT&T 接受這個建議，於是布斯向貝克投資公司的業務人員報告。貝克的王牌營業員賴瑞·克洛茲聽了相當感興趣，因為他的一名客戶是製造輪胎的小型上市公司的執行長。他最近才對克洛茲發過牢騷，抱怨投資人對他的股票興趣缺缺，也談到很多同業和競爭對手也有同樣的困擾。所以克洛茲那陣子也在思考：能不能發行只投資小型股的股票基金呢？「它們是美國經濟最有活力的部分，可是非常缺資金。」

布斯報告完後，克洛茲立刻向前與他討論細節。他們認為這門生意做得起來，但布斯記取富國銀行驛馬車基金的教訓，決定先實際拜訪克洛茲的退休基金的一些客戶，看看有興趣的人夠不夠多。整個夏天，他們在75號州際公路上反覆奔波，從底特律到辛辛那提不斷試水溫。[7] 由於缺少具體數據，布斯和克洛茲向客戶說明投資小型股的優點時，主要立論是分散投資——照馬可維茲的看法，這是金融中唯一的免費午餐。由於「小額資本指數型基金」這個名稱似乎不太討喜，許多基金主管一聽就意興闌珊，布斯重新取了一個聽起來比較新潮的名字——「小型股象限基金」（small-cap dimensional fund）[8]——這招似乎奏效。

不過，貝克的資深主管不想把業務擴大到財富管理，對布斯的建議

---

7 David Booth and Eduardo Repetto, "Dimensional Fund Advisors at Thirty," Dimensional Fund Advisors, 2011, 24.

8 譯註：德明信基金顧問公司（Dimensional Fund Advisors）意譯即「象限基金顧問公司」。

沒有多大興趣，所以克洛茲和布斯決定自己嘗試，可是他們需要資金、也需要建言。幸運的是，布斯知道哪裡可以找到資金和建言——他打給以前的老闆麥克考。麥克考已在1974年離開富國銀行，當時正擔任好幾家金融公司的顧問，住在加州塔瑪佩斯山（Mount Tamalpais）山腳風景如畫的小鎮米爾谷（Mill Valley）。1980年的感恩節週末，他們在麥克考家裡規劃出新生意的細節，準備向退休基金銷售小型股指數型基金。[9]

• • •

巧合的是，差不多就在同一段時間，布斯在芝加哥大學的老同學雷克斯·辛格費德打電話給他。辛格費德當時執掌美國國民銀行信託部，在業界威名赫赫——因為他既是指數型投資的開路先鋒，又與羅傑·易普生教授合著《股票、債券、票據與通膨》（*Stocks, Bonds, Bills, and Inflation*）。這位戴眼鏡的聖路易人之所以打給布斯，是因為正要找人管理他的紐約分部，他認為布斯是最適合的人選。但布斯說他正準備離開貝克公司，開一家專門銷售小型股的新指數型基金公司。辛格費德聽完之後，決定吐露自己心中的想法。

原來，辛格費德正好對工作倦勤，心情浮躁，缺少成就感。他那時剛對美國國民銀行提出和布斯類似的基金計畫，但未獲認可，正考慮離職。布斯和辛格費德相談之後，覺得彼此應該聯手。於是在1981年6月，辛格費德也成為德明信基金顧問公司的合夥人，與克洛茲和布斯攜手合作。

---

9 Booth and Repetto, "Dimensional Fund Advisors at Thirty," 25.

　　辛格費德原已名聞遐邇，有他在董事會，新公司一時聲勢看漲。他將擔任德明信投資總監，布斯是總裁，克洛茲是客戶關係與銷售總監。德明信雖然底薪不高，但業績獎金豐厚，吸引了一些貝克公司的營業員加入，他們將為美國投資業開拓全新的領域。[10]

　　那時正是成立新投資公司的好時機：利率總算開始調降，美國股市即將迎來另一次牛市。不論公家或私人退休基金，都成長得越來越快：1980年末，美國退休金計畫總計約九千九百億；1980年代末期，金額約三兆六千億；到1990年代末期，個人退休帳戶、確定提撥制退休金（如401〔k〕）、年金，以及州、市、聯邦政府的確定給付制退休金，總資產已高達近十二兆；現在更超過三十兆。[11]在一波又一波的榮景中，波士頓、紐約、洛杉磯管理財富的投資公司大有斬獲，雄心勃勃的金融家莫不摩拳擦掌，準備一展抱負。

　　德明信還需要客戶。幸運的是，克洛茲旗開得勝。1981年2月——這家還沒取好名字的公司正式開張兩個月以前——他接連取得兩件重大委託：一件是中西部的州立農業保險公司（State Farm），另一件是玻璃瓶製造龍頭歐文斯－伊利諾（Owens-Illinois）的退休基金。[12]這有助於德明信建立商譽，說動英國財富管理公司施羅德集團（Schroders）投資他們，買下三十五萬元的債券（十五年後，這相當於德明信15％的股份）。麥克考也加入投資，並親自為德明信貸款擔保。辛格費德原本以為麥克考不曉得自己簽了什麼，但麥克考說他很清楚這樣做的潛在責任。

10 Booth and Repetto, "Dimensional Fund Advisors at Thirty," 27.
11 Investment Company Institute retirement factbook.
12 Booth and Repetto, "Dimensional Fund Advisors at Thirty," 25.

電腦飛速進步再次扮演關鍵角色。1981年8月，IBM推出它的第一代個人電腦，一開始的售價只要1,565元。[13] 雖然它的記憶體只有16K，用今天的標準來看非常慢（iPhone是它的250倍），但它立刻征服全球。對德明信這樣的公司來說，這代表他們不必購買或租用昂貴的大型電腦（直到當時，大型電腦仍是計算股市數據不可或缺的工具）。[14] 電腦原本是新奇玩意，可是在接下來的十年，它將如雨後春筍般出現在華爾街的交易櫃臺，將金融業帶入數位時代。

德明信正式發行基金前，還有許多事務需要解決。布斯決定向前輩求教，找上投資界經驗數一數二的執行長——先鋒集團的約翰·柏格。布斯最早是在吉姆·羅里的CRSP研討會上認識柏格，後來在貝克投資公司負責先鋒的業務，才與柏格逐漸熟識。布斯向柏格尋求建議時，先鋒已經投入指數型基金業，但柏格還是大方同意承接德明信沉重的行政業務，而且價格相當低廉——對這個剛起步的小公司來說，這簡直是上天的贈禮。

經營共同基金的日常庶務十分繁瑣（除了確認收取股利、確認每日價格正確、處理除權之外，也免不了許多文書作業），費用也相當龐大，但先鋒在這個領域經驗豐富。先鋒在德明信成立的前三年持續提供這些服務，直到它能自行處理為止。

柏格提供的幫助還不僅如此。在福吉谷那次會面的尾聲，柏格沉吟片刻，建議布斯要給公司請個好律師。他找出先鋒委託的律師的名片，遞給布斯，說他會先打聲招呼，讓對方知道布斯是他介紹的。「這重要

13 Thom Hogan, "IBM Announces New Microcomputer System," *InfoWorld*, September 14, 1981.
14 Booth and Repetto, "Dimensional Fund Advisors at Thirty," 25.

得不得了，因為德明信當時才剛起步，什麼豐功偉業也沒有，而且根本是我在家裡經營，頂尖的法律事務所不會想和我們合作。」布斯說。

・・・

下一步是組董事會。麥克考當然一口答應，但這間新公司最成功的一著，還是以少量股票換得法馬首肯，請到布斯和辛格費德的這位恩師擔任研究主任。共同基金還需要獨立董事會，他們直接上芝大商學院的走廊堵人。董事會名單最後十分華麗，延攬到默頓・米勒、邁倫・修爾斯、理查・羅爾（Richard Roll，也是法馬的學生）、羅傑・易普生（Roger Ibbotson）、傑克・顧爾德（Jack Gould）等經濟學巨星。布斯和辛格費德坦言一開始沒辦法給他們任何報酬，但承諾只要新公司做得起來，一定會付他們董事費。[15]這群學界巨匠念在這家投資公司以研究為後盾、其中兩名創辦人是芝大資優生，又有心將他們的理論付諸實踐，全部點頭同意。他們的背書讓這間沒沒無聞的新公司人人增光。

德明信很快又多了一位生力軍。辛格費德的太太琴恩原本是社會學研究者，但她厭倦了學術工作，決定回丈夫的母校念企管碩士。琴恩精通統計學，在商學院的電腦中心也磨練出寫程式的本領，順利轉職芝加哥期貨交易所之後，她將這些特長發揮得淋漓盡致。芝加哥期貨交易所是世上最古老的喊價交易中心之一，從1930年代起就座落於芝加哥金融區的摩天大樓，並逐漸成為衍生性金融商品業的重鎮。1973年，隨著邁倫・修爾斯和費雪・布雷克發表期權定價的創新模型，衍生性金融

---

15 Booth and Repetto, "Dimensional Fund Advisors at Thirty," 28.

商品變得炙手可熱。在芝加哥期貨交易所，琴恩・辛格費德的工作是設計衍生性金融商品，這是十分複雜又需要極為投入的領域。

克洛茲和布斯很快發現德明信需要有人強化交易系統，由於小型股交易比大型股交易（如可口可樂、通用汽車等）費事得多，改善交易系統尤其重要。這個部分如果沒做好，基金不但難以正確模仿大盤市場，甚至會因為交易成本不斷震盪而漸漸失血。雷克斯・辛格費德對克洛茲和布斯說他「死都不想管這件事」，但覺得這的確需要好好處理，同時也想到自己的太太可能是德明信的無價之寶。琴恩一開始是熬夜幫忙檢修他們的交易系統，沒有支薪，但不得安寧的日子似乎沒完沒了。最後，琴恩・辛格費德乾脆加入德明信，成為交易主管。

克洛茲說，「琴恩是指揮所有行動的大腦」，是德明信成功走出一片天的關鍵人物。由於沒有實際指數可以追蹤，德明信對如何交易、何時交易可以稍微投機，琴恩・辛格費德也盡其所能善用這一點。後來，德明信由她面試前來謀職的交易員和投資組合經理人，詢問他們對德明信、效率市場和共同基金規範的認識多深。這場長達數天的口試被暱稱為「琴恩測驗」，通過者必須請每張交易櫃臺上的人一杯奶昔。[16]「她很嚴。」德明信現任共同執行長戴夫・巴特勒說：「和她共事過的人都知道：她期待人人表現完美。」不過，雷克斯・辛格費德自己倒是躲過了「琴恩測驗」。

德明信的第一檔基金一開始稱為「9–10基金」（9-10 Fund），因為它投資的是市值在紐約證交所排第九和第十級的股票。排在這兩級的公

16 Booth and Repetto, "Dimensional Fund Advisors at Thirty," 43.

司當時大約有三百家，加權平均值約一億元（我們現在稱為「微型股」
〔micro caps〕）。最有名的是果醬製造商盛美家（Smuckers）和蠟筆製造商
繪兒樂（Binney & Smith）。9-10基金將採完全被動投資，設法複製這整個
範圍的績效。

　　1981年12月，德明信終於向世人揭曉它的第一檔基金。它和之前
的幾個指數型基金一樣，草創期跌跌撞撞，某家報紙還刻薄地稱它為
「破銅爛鐵基金」。[17]而德明信的三名創辦人，將有一名在公司真正羽翼
豐滿前被掃地出門。

17 Crain News Service, "Chicago Money Managers Betting on 'Scrap Heap' Fund," *Crain's Chicago Business*, March 1982.

CHAPTER
10

超級 β
Bionic Betas

1981年春，如果你在中午時分走進布魯克林高地（Brooklyn Heights），漫步在它靜謐的三線道上，經過蘭森街（Remsen Street）48號的時候，你也許會聽見那幢褐砂岩樓房傳出奇怪的聲音。

神祕的嗡嗡聲是快創（Quotron）轉動的扇葉。快創是冰箱大小的機器，為全世界的證券商和投資經理人提供即時股票價格。1979年，布斯以七萬五千元買下頂樓的兩房公寓。德明信剛開張的頭幾個月，布斯將弟弟趕出家門，把客房空出來當公司總部。他的客廳是德明信的第一間會議室，廚房就是最早的員工餐廳。

快創是公司的命脈。直到幾年後麥可‧彭博（Michael Bloomberg）建立他著名的數據帝國之前，快創一直是金融業的生財工具。但它實在太吵，布斯後來不得不拆了淋浴間，為它特別蓋了一間隔音室。每到中午，布斯總會離開「辦公室」放鬆一下，出門慢跑，跨過附近連接這一區和下曼哈頓的布魯克林橋。[1]

芝加哥情的情況稍好一點，起碼辛格費德在密西根大道（Grant Park）

---

1 Anise Wallace, "Perils and Profits of Pension Advisers," *New York Times*, September 11, 1983.

八號有一間小辦公室，緊鄰中央公園。不過，創業的第一年他多半在公路上奔波、搭乘廉價航空、下榻廉價旅館。某年冬天，辛格費德帶著一個同事一起前往明尼亞波里，想拜訪郊外的漢威（Honeywell）工業集團總部。結果風雪太大，他和同事必須爬過雪堆才能到紅寶酒店（Red Roof Inn）的辦公室，把信用卡從防彈玻璃縫裡塞進去。「你知道，只要我們能賺到錢，就再也不必來這種鬼地方。」辛格費德那晚對同事說。[2]

幸運的是，美國股市在 1982 年止跌回升，小型股更異軍突起，令人刮目相看。德明信基金一開始的報酬率將近 29％，相較之下，標普 500 只有 14.7％。這成為德明信銷售宣傳的重點，到 1983 年初，它管理的資產已接近十億大關。[3] 同年 9 月，《紐約時報》誇大地說：「大衛・布斯讓這件事看起不難……好像生意無緣無故就從天上掉下來似的。」[4] 克洛茲也說，在德明信聲勢如日中天時，公司隨時嗅得出興奮的氣氛，「嚐得到成功的味道」。

到了這時候，德明信的銷售軍火庫裡還多了一件重型武器：邁倫・修爾斯的瑞士籍門生洛夫・邦茲（Rolf Banz）。他曾以芝加哥編纂的 CRSP 數據計算小型股的平均報酬，結果發現：雖然它們的波動遠大於聞名的

2　那位同事是羅倫斯・史皮斯（Lawrence Spieth）。由於銷售緩慢，單靠佣金過活十分拮据，加上史皮斯又有一大家子要養，所以他有一次差點辭職。1982 年初，史皮斯必須賣掉汽車來付抵押貸款。到了下半年，他還是看不出景氣復甦的跡象。沒想到的是：就在他準備去辛格費德的辦公室遞辭呈的時候，他的電話響起：對方是軸承製作大廠鐵姆肯公司（Timken Company）的退休基金，他們打算投資德明信的基金一千萬元。這筆佣金足夠史皮斯過完年底，於是他打消辭意。(David Booth and Eduardo Repetto, "Dimensional Fund Advisors at Thirty," Dimensional Fund Advisors, 2011, 30.)

3　David Booth and Eduardo Repetto, "Dimensional Fund Advisors at Thirty," Dimensional Fund Advisors, 2011, 31.

4　Wallace, "Perils and Profits of Pension Advisers."

績優股，但長期而言獲得的收益更多。據邦茲研究，從1926到1975年，大型股的年平均報酬率為8.8％，小型股的報酬率則高達11.6％。[5]

　　令人吃驚的是，小型股不但理論上能發揮分散投資的作用，長期而言，它們連實際表現都優於大型股——幾十年前，分散投資是馬可維茲口中唯一的免費午餐；而現在，它是德明信對退休基金的主要行銷策略。「侏儒股票帶來鉅額報酬」，1980年6月號的《財星雜誌》這樣宣傳邦茲的發現。1981年3月，邦茲就這個主題所寫的博士論文在《金融經濟學期刊》（*Journal of Financial Economics*）正式發表，文章顯示：雖然小型股的波動較大，但即使為此稍做調整，它們的績效還是大勝大型股。[6]辛格費德當時已經注意到這項研究，法馬則是直接要布斯去看邦茲的論文。看完以後，布斯對德明信的小型股基金更具信心——現在，他有確切證據可以證明自家產品與眾不同，不但能讓投資者將雞蛋放到更多籃子，還能讓他們獲得更多長期報酬。[7]

　　這是驚天動地的一刻，管理財富的新途徑就此開啟。德明信沒放過這次行銷機會，一開始稱之為「象限」，而現在，支持這套途徑的人多半稱它為「聰明β」（smart β）或「因子投資」（factor investing）。

· · ·

　　投資的歷史基本上是一段破解密碼的歷史。股票市場存在的幾百年

5　A. F. Ehrbar, "Giant Payoffs from Midget Stocks," *Fortune*, June 30, 1980.
6　Rolf Banz, "The Relationship Between Return and Market Value of Common Stocks," *Journal of Financial Economics*, March 1981.
7　Booth and Repetto, "Dimensional Fund Advisors at Thirty," 29.

來，不論是專業人士、業餘愛好者還是理論家，都曾想出各種複雜花俏的選股方法，而且他們全都宣稱解開了獲取金融市場財富的祕密。

雖然很多方法宣稱簡單明瞭、萬無一失，但它們不過是奇怪的公式，除了向愚夫愚婦兜售這些「密技」的江湖騙子之外，沒有人因為它們而變得富有。不過，有些方法的確通過長年累月的考驗，能讓人獲得起碼的收穫。例如《華爾街日報》創辦人查理斯・道的道氏理論（基本上是用技術指標辨識市場階段，以從中獲利）、大衛・巴特勒慣用的CANSLIM系統，以及班傑明・葛拉漢開創的價值投資學派。

1960和1970年代相關研究的驚人發現是：市場的密碼實際上恐怕無法破解，把心思用在這上面不但得付出龐大的時間和金錢，而且終究是竹籃打水一場空。不論是哈利・馬可維茲的現代投資組合理論，還是威廉・夏普的CAPM（資本資產定價模型），都認為市場本身是風險和報酬之間的最佳平衡。為何如此？尤金・法馬對此提出完整又有說服力的論證：效率股市是無數投資人不斷設法贏過彼此的淨效應（net effect），所以它很難打敗。因此，大多數投資人應該只管買下整個市場，別的什麼也不做。

不過，1980年和1990年代出現了一批新研究者（其中幾個也是效率市場的信徒，甚至曾在1960和1970年代震撼投資界），他們開始挑戰前人建構數十餘年的學術大廈，指出其中的裂縫：或許股市並不完全有效率？也許真的有辦法長期打敗股市？

大家其實一直知道這套理論有些小問題，但總是睜一隻眼閉一隻眼。早在1970年代初，布雷克和修爾斯就已經發現其中的幾個矛盾，例如：如果我們用波動大小代表風險高低，那麼，波動小的股票所創造

的長期報酬，怎麼可能會比波動大的股票更高？這顯然違反「報酬與風險相關」的道理。風險高則報酬也高，換個方式說，雲霄飛車翻越多圈，坐的人越感刺激。因此，效率市場假說雖然看似合理，實際上卻經不起嚴格檢驗。

正因如此，修爾斯和布雷克一開始當富國銀行顧問的時候，才建議他們推出購買低波動（即低 β 值）股票的基金，再運用槓桿提高投資組合的整體波動性及於大盤的水準。[8] 這樣一來，天靈靈地靈靈，就算某座雲霄飛車翻的圈數和別座一樣，它還是可以比別座更刺激。然而，效率市場假說還是一炮而紅，很快就被美國各地的商學院奉為圭臬。

1970 年代末出現了第一個改變跡象，突破重圍的是史蒂芬‧羅斯（Stephen Ross）和巴爾‧羅森堡（Barr Rosenberg）。羅斯本來鑽研的是物理，後來成為賓州大學經濟學家。羅森堡則是聰明絕頂、熱愛瑜伽的分析師。他們兩人很快成為金融界的巨星。

為求簡潔，夏普原本的 CAPM 只指出單一「市場因子」（market factor）── β 值。β 值描述的是：與整體股市相較之下，證券漲跌了多少。CAPM 優雅的極簡主義的確很美，但它難以說明市場實際運作情形，而且只與某個時點相關，還必須依賴幾個十分大膽的假設。CAPM 認為，除了市場因子以外，對股票報酬的其他解釋──諸如個別公司問題（如收益低）、新產品發售、能幹的執行長退休等等──都是獨特的。

羅斯的套利定價理論（arbitrage pricing theory）和羅森堡的超級 β（bionic betas）指出：任何金融證券的獲利，都是各種系統因子相互作用的結果。

---

8   Fischer Black and Myron Scholes, "From Theory to a New Financial Product," *Journal of Finance*, May 1974.

雖然這似乎顯而易見，卻是朝更細膩地了解市場邁進了一大步。羅森堡甚至登上1978年5月號《機構投資者》的封面，這名禿頭、留鬍子的分析師被畫成打坐中的大師，頭上插鮮花，受西裝筆挺的投資組合經理人膜拜。標題是「巴爾‧羅森堡是何人也？他到底在說什麼？」[9]

他代表的是：學界為股票分類的方式正在改變，不只依產業或地理位置區分，也開始依金融特質區分。而且，有些特質可能真的能比大盤提供更佳的長期報酬。

1973年，加拿大安大略省麥克馬斯特大學（McMaster University）財經教授桑喬伊‧巴蘇（Sanjoy Basu）為文指出：股價相對於其營收為低的公司，表現得其實比效率市場假說認為的好。他基本上證明了價值投資原則：透過有系統地購入廉價股票，投資人理論上能長期擊敗大盤。價值投資是1930年代由班傑明‧葛拉漢提出的，它的核心觀念是：購買交易價格低於其內在價值的失寵股票。巴蘇的論文證明價值投資是經得起考驗的投資因子。

邦茲證明小型股也是如此，為因子投資革命立下另一座里程碑。對日本和英國小型股的後續研究也得到同樣的結果。於是在1986年，德明信專為這兩個市場發行小型股基金。1990年代初，財經教授納拉辛哈‧傑加迪什（Narasimhan Jegadeesh）與謝里丹‧提特曼（Sheridan Titman）共同撰文指出：只要順應市場動能——實務上即買進正在上漲的股票，賣出正在下跌的股票——也能創造足以擊敗市場的利潤。[10]

為什麼會出現這些明顯異常的現象？學界意見紛歧。效率市場派認

9　Chris Welles, "Who Is Barr Rosenberg? And What the Hell Is He Talking About?," *Institutional Investor*, May 1978.

為這些利潤是投資人冒額外風險的補償。舉例來說，價值股往往是看似經營不善、沒有名氣、也沒有人氣的公司，例如網路泡沫時代中期那些無趣的工業集團。雖然它們可能很長一段時間績效不佳，但它們的內在價值終究會顯露出來，回報始終對它們保持信心的投資人。小型股之所以表現優異，主要是因為小公司比大公司更容易失敗。

行為經濟學家則另有解釋。他們認為：造成影響的因子往往是人類非理性偏見的產物。彩券就是個好例子，雖然中大獎的機會極其微小，我們還是會花錢買樂透。投資人常常以過高的價格買進成長快速、光鮮亮麗的股票，卻不公平地冷落雖不亮眼、但更為穩定的股票。小型股之所以表現好，是因為我們不理性地受響亮的招牌吸引。另一方面，動能因子之所以能產生作用，是因為投資人一開始對新聞反應不足，長期而言又反應過度，不然就是太快賣出好股，又死抱壞股太久。

無論如何，今天幾乎所有（但並非全部）金融經濟學家和投資人都相信：有些投資因子的確能一直有影響力。這些因子常常被稱為「聰明 β」。這樣取名當然不無行銷目的，但夏普本人很不喜歡這個名稱，因為這樣好像其他 β 值都很蠢似的。[11] 大多數金融學者比較偏好「風險溢價」（risk premia）一詞，因為它更能準確反映學界的看法：這些因子之所以能產生投資溢價，主要是因為投資人必須承擔某種風險（至於究竟是什麼風險？學者間的看法還不一致）。

10 Narasimhan Jegadeesh and Sheridan Titman, "Returns to Buying Winners and Selling Losers: Implications for Stock Market Efficiency," *Journal of Finance*, March 1993.
11 Robert Huebscher, "Sharpe Ratio Inventor: 'When I Hear Smart Beta It Makes Me Sick,'" *Business Insider*, May 22, 2014.

　　另一座重要里程碑是法馬和肯恩・法蘭奇（Ken French）立下的。法蘭奇是法馬經常合作的搭檔，他也是芝加哥大學的財經教授，後來同樣加入德明信。他們在1992年發表了一篇題名詰屈聱牙的論文：〈橫斷面股價預期報酬〉（The Cross-Section of Expected Stock Returns）。[12]這是一枚重磅炸彈。在後來聞名學界的三因子模型（three-factor model）中，法馬和法蘭奇運用紐約證交所、美國證交所、那斯達克證交所的上市公司數據，分析它們自1963年至1990年的變化，證明價值（value，廉價股表現優於昂貴股的趨勢）和規模（size，小型股表現優於大型股的趨勢）影響重大，足以與更大的市場因子——β值——並列。

　　雖然法馬和法蘭奇將這些因子視為冒額外風險的回報，不違效率市場假說，但這篇論文仍是金融經濟學史上的重大事件。[13]從此以後，學界陸續找出各種因子，彼此之間各有不同的耐久性、影響力和接受度。

　　當然，這些因子不一定會持續發揮作用，它們也可能有好一段時間績效低於市場。舉例來說，價值股在網路泡沫時代績效奇差，因為投資人當時只想買流行的科技股。在德明信開張的第一年，小型股大放異彩，但在那之後，它們有漫長的七年表現遠遠落後標普500。[14]

　　然而，德明信依然保持成長，流失的客戶非常少，成功的部分原因是他們不斷強調小型股也有逆風的時候。無論如何，這是一段令人不安的時期，與客戶之間出現許多尷尬的對話。

12 Eugene Fama and Kenneth French, "The Cross-Section of Expected Stock Returns," *Journal of Finance*, June 1992.

13 Robin Wigglesworth, "Can Factor Investing Kill Off the Hedge Fund?," *Financial Times*, July 22, 2018.

14 Booth and Repetto, "Dimensional Fund Advisors at Thirty," 31.

有一次，某位大客戶的副財務主任找上布斯，氣沖沖地抓著他手臂大罵：「我告訴你，你是我們碰過表現最爛的經理人。你還相信小型股預期報酬更高嗎？」布斯堅守德明信的信念，說：「我們相信小型股的風險比大型股高，也相信風險和報酬相關。[15]請問哪個部分是您不再能接受的？」德明信最後撐過艱困期，但並非毫無折損。

• • •

看見布斯和辛格費德雙雙伸手要幫自己提行李，克洛茲心中頓時起疑。雖然他們處得不錯，但他心想：這個自由派聖路易人（譯按：辛格費德）可不是會幫人提行李的人。

一到芝加哥的旅館，布斯單刀直入便說：「我們要接管公司，你退出。」克洛茲震驚萬分，勃然大怒。德明信直到去年（1983年4月）才熬過低潮，開始小有斬獲。公司最早的客戶很多是他帶來的，他有公司三分之一的股份，他以為他與公司的關係牢不可破。

另外，除了為公司應否付營業員高額佣金一事與布斯起過爭執，克洛茲認為他們平時關係不錯。事實上，他本來還擔心布斯想踢掉辛格費德（克洛茲說布斯幾個月前才謹慎提過這件事，他還勸說布斯打消此意）。克洛茲堅稱，他實在不知道另外兩名創辦人為何突然聯手對付他。

驚魂甫定，克洛茲打給律師。但布斯、辛格費德、法馬三人的股份加起來是多數，克洛茲恐怕無力回天。這幫芝加哥暴民居然真的能趕他走。雖然亮劍的是布斯，但克洛茲後來認為辛格費德才是主謀，是他在

---

15 Booth and Repetto, "Dimensional Fund Advisors at Thirty," 32.

幕後精心操控。「他們就這麼把我往垃圾車一扔。」克洛茲:「我後來再也無法信任芝加哥大學的人。」

克洛茲默默離開——他不想把事情鬧大,傷害自己持股的價值——但後續的法律戰漫長又難看。克洛茲控告布斯,說自己曾借布斯兩萬五千元當德明信的創業資本(布斯對此提出質疑),還說布斯和辛格費德在公司裡阻撓他出售自己的股份。直到1989年,克洛茲才為自己的股份談到合適的價格和買家。由於德明信規定公司對創辦人出售的股票有優先購買權,布斯和辛格費德最後不甘願地接受布斯的獅子大開口,以八百五十萬元買回。

二十年後,克洛茲說他不再計較這場決裂,甚至放下了整件事。「我沒那麼笨,我知道一直怨恨別人對自己一點好處也沒有,只會傷害自己和身邊的人。」他說。但突然被拉下來的痛苦顯然沒有消失,三人後來的發展也不可同日而語:布斯和辛格費德現在身價數十億;芝大商學院得到布斯破天荒的三億元捐款,現在改稱布斯商學院;辛格費德成為故鄉聖路易的有力人士,在政治上呼風喚雨。克洛茲目前在俄亥俄州當財經顧問。

辛格費德不願多談克洛茲離開的細節。布斯的態度仍舊充滿防衛,說克洛茲離開是因為無法在公司裡找到合適的角色。照布斯的說法,他們兩個找克洛茲坐下來談:「賴瑞,你是我們最棒的營業員,可是你似乎不想做這件事。但我們認為你應該做的就是這個。」布斯說,克洛茲氣沖沖地拂袖而去。他說克洛茲是「非常出色的營業員,也是個好人」,也承認德明信最初的客戶都是他帶來的,對公司的成立和經營貢獻良多。

然而,他們的嫌隙從來沒有化解。2011年,德明信編寫公司歷史

送給客戶。可是對其中一位創辦人離去一事，它只寫了寥寥三句：「公司能順利成立，克洛茲功不可沒。他是傑出的營業員，在德明信早年為公司帶來重要客戶。1984年，克洛茲因另有規劃而他去，由布斯和辛格費德繼續經營公司。」

布斯和辛格費德釐清德明信的管理策略，分頭進行。布斯把重心放在生意拓展，辛格費德專注於投資管理。差不多在這段時間，他們有天傍晚在芝加哥總部的咖啡廳閒聊，談到公司最後可能變得多大。「我認為我們會變得很大！」布斯信心滿滿。辛格費德不太相信，認為公司還是會維持小規模。兩人你一句我一句談了一陣之後，決定各自寫下自己認為三、四年後德明信會有多少員工。沒想到兩個人寫的一樣，都是四十。發現彼此對「大」公司的詮釋這麼不同，他們忍不住大笑。

德明信當時還分隔兩地。布斯在紐約辦公，不願搬到芝加哥；辛格費德在芝加哥辦公，也不願搬到紐約。那時的德明信仍是小公司，業務範圍不大，幾乎只專注於向退休基金出售小型股指數型基金。不過，在下一個十年，德明信將劇烈轉變，急速成長。

・・・

1985年6月，德明信在風景優美的聖塔莫尼卡海邊建立新總部。待過寒風凜冽的芝加哥和四季多變的紐約之後，氣候溫和、穩定的聖塔莫尼卡是人人歡迎的改變。德明信的生意也開始綻放光明。

德明信在同一年發行了另一個美國股票基金，一開始叫「6-10策略」（6-10 strategy），因為它買的是紐約證交所市值排名第六到第十級的上市股票（這更符合正在成形的「小型股」標準定義）。這檔基金後來

更名為「美國小型股投資組合」（US Small Cap Portfolio），它的前身則改稱「美國微型股投資組合」（US Micro Cap Portfolio），以便區分兩者的差別。

1986年，以英國和日本為焦點的小型股基金開始發售。另一檔歐洲基金也在1988年跟進。1980年代末，小型股的績效終於幸運反彈，但德明信仍堅持只做一門生意（只有法馬基於個人興趣，設計了一檔投資短期債券的抗通膨小型基金）。

不過，隨著因子投資到來，德明信的策略也發生巨變。由於法馬本身即是德明信的一員，布斯和辛格費德很清楚他正進行的研究。而法馬和法蘭奇從1980年代末就開始鑽研的題目，正是：價值和規模同樣是具有長期影響的風險溢價。所以，到了1992年，他們總算在《金融期刊》發表成果的幾個月內，德明信就推出兩檔同時投資小型股與大型股的價值基金。[16]

用辛格費德的話來說，發表三因子模型是德明信「超級大突破」的開始。雖然這家公司和它的創辦人還是服膺效率市場假說，但他們現在能超越這個基礎，成為羽翼豐滿的投資公司，對美國和全世界推出不同策略，並以法馬、法蘭奇和其他後繼者的研究為後盾。

嚴格來說，德明信並不稱自家產品為「指數型基金」，因為它們很多都還沒有正式的股市指標可以追蹤。所以，德明信仍有從它試圖複製的市場擠出額外利潤的空間（雖然這些空間和額外利潤並不大）。只不過，它的作法不是審慎選股，反而比較像以交易策略投機：它往往把基金定價在三分之一個百分點——差不多介於指數型基金和傳統主動管理

---

16 Booth and Repetto, "Dimensional Fund Advisors at Thirty," 41.

型共同基金中間。因此，先鋒集團的柏格有時會酸布斯說他們索價過高。但以結果來看，願意付這個價錢的客戶還不少。

　　其中一個客戶甚至想投資德明信本身。1996年，德明信成立十五年後，施羅德集團當年買的債券已相當於15%的股份，德明信有意收購。出於稅務考量，找幾個個別投資人當股東比較有利，於是布斯找老友保羅・瓦契特（Paul Wachter）幫忙。瓦契特是多位明星的理財顧問，客戶包括U2樂團的波諾（Bono）、怪奇比莉（Billie Eilish）、勒布朗・詹姆士（LeBron James）。瓦契特將布斯介紹給阿諾・史瓦辛格，這位電影明星趁機搶購了一批未上市股票。他有一次對《華爾街日報》說：「我喜歡他們（按：布斯與德明信）忠於自身經濟原則的態度，也欣賞他們既讓公司巨幅成長，又堅持投資信念與理論不變。」[17] 不過，這位演員雖然是德明信最令人著迷的客戶，卻不是它最重要的貴人。

• • •

　　丹・惠勒的人生曲折多變，像小鋼珠一樣被命運的桿從一端擊向另一端。最後，他成為效率市場的聖戰士，讓德明信不再是一家相對沒沒無聞、只為機構管理財務的公司，也將德明信信奉的福音傳遍美國——以及全世界。

　　惠勒在伊諾利州東聖路易（East St. Louis）的工人住宅區長大，大學在一家小型文學院讀歷史，畢業後加入海軍陸戰隊，自願赴越南作戰。但嚴格的軍旅生活很快磨蝕了他的熱情，他轉往民間，希望能獲得更高的

17 Jason Zweig, "Making Billions with One Belief: The Markets Can't Be Beat," *Wall Street Journal*, October 20, 2016.

報酬。他多次轉換跑道，當過安達信事務所（Arthur Andersen）的會計、當過惡名昭彰的軍火大亨阿德南‧卡舒吉（Adnan Kashoggi）的財務管理，還在柏克萊攻讀過博士學位（但沒多久就放棄），最後在愛達荷州博伊西（Boise）成家，開始在地方大學教書。後來，一名券商鄰居邀他來自己所屬的美林集團上班，沒想到那份工作又是看似光鮮、但很快令他厭倦。

　　美林集團的券商不了解自己賣給客戶的東西，只顧著慫恿他們投資，以賺取自己的交易佣金。另外，這間華爾街公司雖然擁有大批分析師，股票操作技巧卻不甚高明。惠勒說：「我覺得大家成天只知道敲竹槓，就這樣一天混過一天。」大失所望的他開始研究法馬和他同事的作品，結果大受啟發，猶如得到神啟。他很快相信市場是有效率的，只不過人們探索它的能力極差。

　　40歲生日那天，惠勒以辭呈作為送給自己的禮物。他離開美林，到沙加緬度（Sacramento）開業當財務顧問。他下定決心避開糾纏這個行業的核心問題，加入當時興起的「只收顧問費」（fee-only）運動。加入這個運動的財務顧問不收佣金，只按諮詢時數收取固定費用（或是依客戶託付管理的資產收取固定百分比）。換言之，他不必為了賺取佣金而推銷金融商品或挑選股票。相反地，他多半把客戶的錢放在先鋒500基金——當時唯一一個一般投資人能購買的被動型基金。

　　到了1988年，他在《今日美國》（USA Today）上看見一篇報導，談的是德明信和它新推出的被動型小型股基金。報導說德明信是法馬的兩個學生經營的，而且他們都是第一代指數型基金的關鍵人物——換句話說，拜他們之賜，惠勒才有為客戶投資的好標的。讀完報導，惠勒興奮不已，隨即前往聖塔莫尼卡的德明信總部拜訪，想問問能不能讓他的客

戶也投資他們的基金。

　　然而，德明信的基金當時只接大型機構投資者的案子，不接惠勒這樣的個人財務顧問。辛格費德和布斯都不太想做「零售」，畢竟退休基金做投資決定慢歸慢，但下了決定以後不太會輕易改變，一般儲戶則容易三心二意，為他們理財簡直是惡夢。[18] 總而言之，布斯和辛格費德不太相信被動型基金能吸引一般投資人。但惠勒不願打退堂鼓，不斷遊說：「不試看看怎麼知道不行？」最後，德明信的兩名創辦人終於軟化，做出他們將來絕不後悔的決定。

　　由於這個實驗極為成功，不到一年，惠勒又向布斯和辛格費德提議由他建立新的德明信分部，專門出售基金給只收顧問費的財務顧問。德明信兩巨頭又一次抱持懷疑，最後表示：如果惠勒能親自審查每個合作的財務顧問，確保他們對公司的效率市場原則有足夠信心，不會因為一時績效不佳就忙著收手，那他們就同意。

　　為了達成這項要求，惠勒開始辦說明會，介紹辛格費德、法馬、法蘭奇、修爾斯、米勒等人的效率市場和因子投資理論（也延請柏頓·墨基爾等外部講者），有意投資德明信基金的財務顧問都必須參加。

　　這些說明會的重點是教育，而非銷售德明信的基金。說明會供應餐點，但參加者必須自行負擔往來聖塔莫尼卡的交通費。雖然第一場只來了七個人，但經過口耳相傳，說明會在1990年代聲名大噪，連公司自己都說它們「半是投資研討會，半是佈道大會」[19]（外面的人則說它們

18　嘉信理財集團（Charles Schwab）「共同基金市場」的興起對惠勒大有裨益。它讓獨立顧問能將許多客戶和基金集中在單一綜合帳戶內，讓惠勒和德明信處理小型零售帳戶的相關物流容易得多。

是宣傳會）。有「皈依」效率市場假說的財務顧問對作家麥可・路易士（Michael Lewis）說：「效果比戒酒無名會還好。簡直是蘭妮・萊芬斯坦（Leni Riefenstahl）等級[20]——當然，是好的方面。」[21]

惠勒對未來合作的對象說，德明信的辦法是「永遠不須向客戶致歉的辦法」。德明信提供大量數據，讓他們看見大多數基金經理人操作多糟，將芝加哥的學術理論轉化為好懂的版本，排隊簽約的財務顧問絡繹不絕。當然，並不是每一個人都欣然接受，惠勒也知道這是不可能的。在德明信說明會的開場白中，他對參加者開玩笑說：「這些你可以從我們這裡學到，也可以讓市場教你，但市場收的學費很貴！」

被說服的人似乎不少。惠勒第一年就為公司帶進七千萬，第二年一億五千萬，第三年三億兩千五百萬。接著，他們雇了更多不抱空想、實事求是的財務顧問和券商加入（美林集團的戴夫・巴特勒也是其中一個），成立德明信財務顧問服務（Financial Advisor Services）。這一著大獲成功，到1990年代末，德明信管理的資產成長到三百四十億。

今天，德明信管理的六千億資產中，財務顧問的帳戶占了約三分之二。拜持續灌輸客戶投資信念之賜，2008年金融危機時，即使資產管理業一片慘澹，德明信的許多基金也績效不佳，還是有客戶繼續加入。

• • •

德明信的「宣傳會」影響龐大，成果不只是增加它所管理的資產而

---

19 Booth and Repetto, "Dimensional Fund Advisors at Thirty," 56.
20 譯註：蘭妮・萊芬斯坦是德國導演，曾為納粹黨拍宣傳片。
21 Michael Lewis, "The Evolution of an Investor," *Condé Nast Portfolio*, December 2007.

已。到1980年代，不論是支持指數型投資的學術理論和數據，還是主動型經理人的績效多差，大多數退休基金、捐贈基金、銀行信託部的負責人都已略知一二——儘管他們未必欣賞或完全接受箇中意義。對於向美國財務顧問社群散播學術理論，德明信的說明會和工作坊多年來貢獻良多。

指數型投資在1990和2000年代急速成長。雖然我們很難明確估計德明信的說明會對這股風潮幫助多大，但一般民眾常常是透過財務顧問才會與華爾街接觸，這些說明會至少把相關概念帶給許多財務顧問。

在以前，富國銀行的比爾·富斯看到大眾對指數型投資興趣不大，曾經拿戈培爾的話開玩笑說：「大的祕密民眾根本不信，不信就是最好的保護。」而現在，德明信的效率市場戰士發揮了消除民眾疑慮的關鍵作用。因子投資策略由德明信率先運用之後，也漸漸建立口碑，今日成為投資世界大多數人看待市場的透鏡——雖然它多少還是有爭議的。

不過，指數型投資的起源故事還未結束。如果說指數型基金是原子彈，而富國銀行管理科學組是催生它的曼哈頓計畫，以上談到的後續發展雖然重要，卻多半只是一步一步推進，只是把這套策略傳播、擴散到投資世界的新角落。雖然先鋒將它帶向大眾，德明信證明它可以再加調整，但這些進步都是指數型投資的自然演化，建立在富國銀行、芝加哥美國國民銀行、百駿財管的最初基礎之上。

相較之下，下個階段就相當於富國銀行的原子彈升級為氫彈，它將全面改寫金融市場和投資的歷史，而我們至今仍在苦苦釐清它的影響範圍。諷刺的是，雖然研發第一檔指數型基金的是富國銀行的經濟菁英，它的重大轉型卻是由一群金融界無名小卒推動的。

11

「蜘蛛」誕生
The Spider's Birth

　　在福吉谷的先鋒總部，約翰・柏格像平常一樣七點整就進辦公室，準備開始另一個漫長的日子。查看今日行程的時候，有個訪客令他楞了一下：內特・莫斯特（Nate Most），美國證券交易所產品研發部主任。

　　莫斯特戴副眼鏡，待人和善，以前是潛艇隊員。柏格和他差不多是同輩，兩人氣味相投，都不喜歡像大多數華爾街人那樣西裝筆挺、皮鞋雪亮。儘管莫斯特溫文儒雅，不像先鋒的創辦人這樣強勢，柏格還是欣賞他的直率、他的人品，還有他明顯出眾的才智。莫斯特上週已在信中大致說明他想談的事，柏格也很感興趣，但先鋒的船長還是一下子就把他打發走了。

　　「內特・莫斯特是謙謙君子，但是我不喜歡他的主意。」柏格後來這樣說。[1] 拒絕莫斯特的提議，讓先鋒和更廣大的財富管理業走上另一條路，直到這位創辦人被迫退休後，先鋒才趕忙改弦易轍，急起直追。

　　莫斯特為聲譽卓著但面臨瓶頸的美國證交所工作，對於如何挽救這裡的期貨交易，他有個大膽的想法。為達成目標，他希望先鋒的指數型

1　Robin Wigglesworth, "Passive Attack: The Story of a Wall Street Revolution," *Financial Times*, December 20, 2018."

基金變成整天可以買賣，像其他股票一樣。在他看來，可交易的基金股票能提供投資人更多彈性，也能為先鋒帶來遠比以前更多的潛在客戶。

柏格專心聽完之後，簡單提出幾個需要解決的實務問題，但他也老實不客氣地對莫斯特說，就算這些問題解決了，他還是不想參加這個計畫。[2] 他擔心這樣的產品會改變先鋒指數型基金的性質，讓它從投資人的長期儲蓄工具，變成避險基金和市場上其他過度交易者的投機工具。他對莫斯特說：「你想讓人們能買賣標普，但我只想讓他們買下標普就別賣。」[3]

莫斯特的構想後來變成交易所交易基金，簡稱ETF。它將是投資史上影響力極大的發明，也將帶領指數投資革命進入下一個階段。

由於ETF像樂高一樣有各種組合，不論是老練的避險基金或一般儲戶，都能以它擬定更好的策略或是複雜的投資組合。拜這項特質之賜，ETF對重塑金融的貢獻甚至超過第一代指數型基金。它們急劇的成長正重構交易模式、重組市場連結、改寫投資產業，甚至開始影響公司治理，步調雖然緩慢，卻沛然莫之能禦。而它們帶來這些變化的方式，我們才剛剛開始研究而已。

不論是柏格或莫斯特，當時恐怕都不知道這場會面的意義。他們和和氣氣地道別，柏格也在下次先鋒董事會時仔細報告經過，說明他為什麼當下就決定拒絕。「怎麼可能有人上午十點半買下市場，下午一點就把它賣掉？」當時擔任先鋒董事的柏頓・墨基爾回憶，柏格是這麼說的。

2　Jack Bogle, *Stay the Course: The Story of Vanguard and the Index Revolution* (Hoboken, NJ: Wiley, 2018), 108.

3　Wigglesworth, "Passive Attack."

「這完全瘋了，」他繼續向董事會嘮叨：「這不過是另一個引人走上歧路的工具，他們會被這種東西整死。」

墨基爾當時剛好也是美國證交所新品委員會的主委，而且很看好莫斯特有意推出的這個產品。雖然他原本就認為柏格恐怕不會接受，但後來還是十分為柏格的決定感到遺憾，認為它是先鋒創辦人在任時所犯的最大錯誤。「傑克很頑固，他很少改變最初的想法。」墨基爾說：「他當時就堅決反對（按：ETF），終其一生也堅決反對。」

事實上，柏格晚年對ETF的態度勉強軟化了一點。他漸漸認為ETF有效帶領更多人加入指數基金革命的行列，但他還是擔心ETF易於買賣會造成過度交易，而他與過度交易依舊勢不兩立。不過，他在去世前不久出版的自傳裡透露，後來看到ETF的成功之速、影響之廣，他對當初的決定始終難以釋懷。

「我完全沒想到，短短十年之內，（莫斯特在會面時提到的）ETF就能引發燎原烈火，不只改變指數的本質，也改變整個投資領域。」他坦誠道：「我會毫不猶豫地說：內特・莫斯特創造ETF極有遠見，它是二十一世紀到目前為止最成功的金融**行銷**概念。至於它是不是這個世紀最成功的**投資**概念，仍有待觀察。」[4]

• • •

莫斯特就和他在指數型基金路上的許多先行者一樣，也是令人跌破眼鏡的革命家。他絕頂聰明，卻極為謙虛，原本鑽研的是物理，換了好

---

4 Bogle, *Stay the Course*, 110.

幾份工作以後才踏入金融業，在這一行起步比別人晚。

莫斯特生於1914年3月22日[5]，父母都是猶太人，為逃離東歐排猶風潮而來到美國。[6]他在加州長大，成績一直很好，在UCLA也表現優異。但經濟大恐慌中斷了他的學業，他不得不放棄攻讀物理學博士，到拉撒路（Lazarus）家族經營的吉時洋行（Getz Bros.）工作。吉時洋行做的是進出口貿易，莫斯特的工作主要是銷售音響設備到東亞，那裡的電影院正如雨後春筍般出現。

二次大戰爆發再次中斷莫斯特的職涯。他是日本奪下上海前最後一批離開那裡的平民，美國因珍珠港事件捲入大戰後，他為太平洋的潛水艇開發和測試聲納。

戰爭結束後，莫斯特回吉時洋行工作，娶梅・蘿絲・拉撒路（May Rose Lazarus）為妻，在家族企業中平步青雲。[7]最後，他受命監督公司在香港和菲律賓的所有生意，再度橫渡太平洋參觀那裡的工廠和倉庫。幾年歷練之後，他熟悉了整條供應鏈，從原料的萃取、精煉到當地商人銀行的金融事務，他都能如數家珍。

不幸的是，他與經營吉時洋行的拉撒路家族發生爭執，不但被踢出公司，也在1950年代末與梅・蘿絲離婚。[8]在這之後，他頻頻更換工作，而且屢屢橫生變故。1965到1970年，他在太平洋植物油公司（Pacific

---

5   Jennifer Bayot, "Nathan Most Is Dead at 90; Investment Fund Innovator," *New York Times*, December 10, 2004.

6   Ralph Lehman, *The Elusive Trade: How Exchange-Traded Funds Conquered Wall Street* (Dallas: Brown Books, 2009), 50.

7   Lehman, *The Elusive Trade*, 51.

8   Lehman, *The Elusive Trade*, 51.

Vegetable Oil）擔任副總經理，但公司最終歇業。接著，他先是擔任美國進口公司（American Import Company）副總經理，又在1974到1976年擔任太平洋商品交易所（Pacific Commodities Exchange）總裁，但交易所後來也無法經營。[9] 因為它的主要生意是椰子油期貨，但隨著全球旱災在1970年代中期結束，期貨價格大跌，許多交易員只能另謀出路。[10]

於是，莫斯特接受了相對較低的職務，到監管美國期貨市場的商品期貨交易委員會（Commodity Futures Trading Commission）擔任技士，做了一年，直到美國證交所向他招手，在1977年請他主持商品選擇權研發工作，負責規劃它正準備成立的新交易所。雖然這個計畫仍以失敗告終，但美國證交所繼續聘請莫斯特擔任衍生性金融商品研發主任[11]。

美國證交所的歷史幾乎和紐約證交所一樣久。從1908年開始，就有券商在下曼哈頓寬街（Broad Street）路邊露天做生意。《曼西雜誌》（Munsey's Magazine）在1920年描寫過那裡的混亂場景：「和精神病院一樣喧鬧——尖叫不絕於耳，有人興奮地吆喝，有人粗聲粗氣地抱怨，還有人低聲咆哮，活像在餵食時間走在動物園的獸籠前。」[12]

雖然這種場面在1920年搬進室內，而且在1953年正式命名為「美國證券交易所」，但大家好一段時間還是繼續叫它「路邊交易所」（Curb Exchange）。[13] 到1970年代，美國證交所成為美國第二大股票交易所，還

9　Bayot, "Nathan Most Is Dead at 90; Investment Fund Innovator."

10　Lehman, *The Elusive Trade*, 52.

11　Lehman, *The Elusive Trade*, 53.

12　Edwin Hill, "The Strangest Stock Market in the World," *Munsey's Magazine*, February 1920.

13　譯註：有人譯為「場外交易所」，但「場外交易」（over the counter）的意義和這裡不一樣，所以譯成「路邊交易所」。

沒準備好（或還不打算）在紐約證交所「大盤」（Big Board）上市的公司，自然都聚集到了這裡。但它內有醜聞，外有勁敵，處境十分艱難，生意逐漸流失到華爾街和迅速崛起的電子交易所那斯達克。

1980年代，美國證交所雖然成功推出衍生性金融商品，讓它的期貨起死回生，但還是沒脫離困境。如果想重振期貨生意，它一定得做點什麼——什麼都好。

不知是鬼使還是神差，華爾街發生有史以來最慘重的股災，莫斯特和美國證交所得到他們亟需的喘息空間。

• • •

1987年10月19日，黑色星期一震撼全球經濟，成千上萬人因此失去工作，甚至宣告破產。這麼嚴重而突然的市場震盪必須調查，隔年2月，證管會公布報告。報告指出：造成這次股價暴跌的罪魁禍首，是一種新的、自動化的演算法交易策略——「投資組合保險」（portfolio insurance）。

投資組合保險策略是：在市場衰退到一定程度時，賣出股票指數期貨。退休基金及保險公司等投資者常採用這種策略。在理論上，它能保障他們的市場地位，避免跟著衰退。可是在黑色星期一，大量湧入的期貨賣方遠遠超出市場的吸收能力，波及主要證券交易所之後，又引起更多自動化期貨拋售，一連串的惡性循環導致金融市場癱瘓。

在證管會鉅細靡遺的報告中，有一句話頗為耐人尋味。第三章提到「另一種方式有待檢驗」：如果交易員當時有某種產品可以交易整籃股票，或許能在期貨市場和個股之間發揮避震器的作用，緩和這場騷亂。

莫斯特的年輕同事史蒂芬・布倫靈光一閃，衝進莫斯特的辦公室對他說：「這是我們的大好機會。」[14]

　　沒人想得到莫斯特和布倫會是這麼好的搭檔。布倫出身正統金融名校，不久前才拿到哈佛經濟學博士學位。證管會公布報告時，莫斯特73歲，布倫還不到30歲。[15]但他們合作無間，布倫的嚴謹縝密和莫斯特的靈活創意剛好互補，掀起現象級的金融浪潮。有一家雜誌這樣描寫布倫：「和他談話，你幾乎能聽見神經突觸在眼鏡後頭瘋狂連結、大腦灰質高速運轉。」[16]對莫斯特來說，光是創造新的產品就能令他興奮不已：「親眼看到自己的心血結晶在場內交易，你會覺得真是愛死這份工作，這是財金界大多數的人從來沒有的經驗。」

　　幸運的是，莫斯特和布倫的幾個上司與他們英雄所見略同。他們的直屬上司艾弗斯・萊利（Ivers Riley）曾任海軍飛行員，先前在紐約證交所工作，1987年才被美國證交所挖角，受命監督它的衍生性金融商品業務。為重振美國證交所，萊利本來就在尋找「改變命運的產品」。聽完莫斯特和布倫的報告以後，他很快看出這種工具潛力無窮，而且「看起來、聞起來、感覺起來都像能代表整個市場的股票。這種全新的工具可望成為往後許多分枝和疊代的基礎」。[17]萊利完全支持莫斯特和布倫。

14　Eric Balchunas, "The ETF Files: How the US Government Inadvertently Launched a $3 Trillion Industry," *Bloomberg Markets*, March 7, 2016.

15　Lawrence Carrel, *ETFs for the Long Run: What They Are, How They Work, and Simple Strategies for Successful Long-Term Investing* (New York: Wiley, 2008), 13.

16　Donald Katz, "Wall Street Rocket Scientists," *Worth*, February 1992.

17　Laurence Arnold, "Ivers Riley, Who Helped Introduce Spider ETFs, Dies at 82," Bloomberg, February 19, 2015.

「組織存續靠的是創新。」墨基爾說:「對我們來說,好消息是:紐約證交所不是個懂得創新的組織。」

莫斯特等人開始設計符合證管會報告描述的東西,但它說得並不清楚,最早的幾次嘗試很快觸礁。另一方面,當時面臨困境的交易所不只美國證交所一家,別的交易所也在苦苦思索對策,希望能一舉扭轉頹勢。而且,它們同樣意識到了可交易型指數型基金的龐大潛力。

· · ·

費城證券交易所成立於1790年,是美國字號最老的交易所,對十九世紀的鐵路潮集資厥功甚偉。紐約崛起成為全國金融中心後,費城證交所的光輝逐漸黯淡,1970年賓州中央鐵路公司(Penn Central)倒閉對它更是一記重擊(在當時是美國史上最大的公司倒閉事件,而費城證交所是它最大的股東)。雖然費城證交所放手一搏,大膽轉向剛剛萌芽的衍生性金融商品市場,沒有陷入萬劫不復的境地[18],但它和美國證交所一樣,也需要神蹟等級的創新,才不至於被競爭對手生吞活剝。

證管會對黑色星期一的報告正是它急需的好運。報告發表僅僅幾個月後,費城證交所便向證管會遞交招股書,申請發行它稱之為「現貨指數參與股」(CIPs,cash index participation shares)的新產品。新商品是股票和衍生性金融商品的混和體,以綜合模仿標普500的績效而設計。

計畫細節公諸於世,競爭對手立刻跟風。莫斯特和布倫馬上提出類似商品的招股書(芝加哥選擇權交易所〔Board Options Exchange〕也

---

18 Lehman, *The Elusive Trade*, 67.

同時出手），但他們稍微調整縮寫，稱之為「指數參與股」（IPSs，index participation shares）。到1989年，他們已經開始買賣，而且立即大受歡迎。然而，他們的對手和管理機關雙雙介入阻撓。

　　美國和大多數國家不一樣，金融市場是由證管會和商品期貨交易委員會共同管理。證管會負責股票和大多數交易，1974年成立的商品期貨交易委員會則管理衍生性金融商品，例如大量使用於商品的期貨、交換交易（swaps）、選擇權等等。雖然有些選擇權歸證管會管，但商品期貨交易委員會對地盤總是寸土必爭，堅持所有期貨都歸它管，連與股票相關的期貨也不例外。

　　商品期貨交易委員會說指數參與股實際上是期貨契約（這樣講不無道理，畢竟指數參與股本來就是混和體）[19]，所以只有它所管理的期貨交易所才能買賣。最後，芝加哥的聯邦法官判決商品期貨交易委員會勝訴，最早的一批準ETF就這樣冰消瓦解。

　　美國證交所不打算打退堂鼓，繼續埋頭設計能跨越法規障礙的產品。儘管莫斯特已經年紀不小（商品期貨交易委員會封殺指數參與股時，他已75歲），他仍然每天六點進辦公室，同事們對他的旺盛精力和隨和個性都佩服不已。一位當年的同事回憶說：某個星期一早上，莫斯特吊著一隻手進辦公室，眉飛色舞地說自己週末時不自量力爬樹剪樹枝，結果掉下來──大多數七旬老翁才不會做這種事。

　　他們的成果日後將以「ETF」之名聞名世界。在研發過程中，莫斯特多采多姿的經歷為他帶來不少靈感。以前在太平洋各國做生意的時

---

19 Gary Gastineau, *The Exchange-Traded Funds Manual* (New York: Wiley, 2010), 33.

候，他就對交易員的效率欣賞有加──他們不把一桶桶笨重的椰子油、原油，或一塊塊金條搬來搬去，反而直接買賣現貨倉單。這種作法為有創意的金融工程師開啟了許多可能性。

「你儲存貨物後拿到倉單，就能用倉單來融資，可以賣，也可以拿來做很多事。因為你不想一直把貨物搬來搬去，所以你把它放在同一個地方，只轉移倉單。」他後來回憶說。[20]

莫斯特的想法是盡可能模仿這套基本架構，由美國證交所創造某種符合法規的倉庫，把標普500的股票放在那裡，再增設或列出倉庫中的股票讓人交易。這種新型的倉庫兼基金將能享有三種優勢：成長優勢、投資組合交易的電子化優勢（亦即富國銀行二十年前首開先河的作法，同時買進和賣出一整籃股票），以及共同基金某個鮮為人知的面向的優勢──投資人可以「實物」交易，以基金中的股票（而非現金）交換基金內一定比例的股票；也可以在累積一定比例的標的證券之後，用它們交換基金內的股票。

股票交易的「特許交易商」（specialists）──在場內媒合買方和賣方的交易商──將獲得授權，可以依照需求而增設（create）或贖回（redeem）股票，賺取「倉」價與倉內股票的價差，這個套利機會應該有助於確保交易價格與資產價格相符。

精緻的增設／贖回過程也能避免金錢不斷進出所造成的挑戰（這也是柏格當初擔心的主要問題之一）。用簡單的方式解釋：投資人可以彼此交易倉裡的股票；也可以去倉庫，以自己在倉裡的股票交換倉中的其

20 Jim Wiandt, "Nate Most, Exchange-Traded Fund Inventor, Dies at Age 90," ETF.com, December 8, 2004.

他股票；或是帶一大疊合適的股票去倉庫，用它們交換倉中的股票。另外，因為在倉裡增設或贖回股票時沒有金錢易手，所以資本利得稅可以延到投資人真正賣出股票時——這個邊際效應對 ETF 在美國的成長至為重要。只有在真正賣出 ETF 的時候，投資人才需要付資本利得稅。

不過，美國證交所很難自行管理這個產品。因為它畢竟是交易所，只關心所內產生的交易活動。於是，它開始尋求合作。莫斯特拜訪柏格已鎩羽而歸，雖然他也很希望找富國銀行合作（畢竟，在以機構投資者為客群的指數型基金市場上，富國銀行名列前茅），無奈距離太遠，美國證交所微薄的交通預算無法負擔。[21]

於是，莫斯特開始拜訪美國證交所附近的投資公司。他最先找上的是紐約銀行（Bank of New York）——單純因為它最近。當時美國證交所和紐約銀行總部只隔街對望，兩家華爾街公司都能俯瞰三一教堂墓園。但紐約銀行的僚氣讓它失去了經營史上第一檔 ETF 的機會，這份工作最後落到道富銀行手上。[22]道富雖然是波士頓公司，但它在華爾街的分公司離美國證交所總部不遠，而且它的資產管理團隊道富全球顧問（SSGA，State Street Global Advisors）經營得法，本身已經成為指數型投資的主力。這樣的結果後來讓紐約銀行後悔莫及。

道富銀行當中有三個人非常欣賞這個產品：基金管理部的葛蘭·法蘭西斯（Glenn Francis）、美國投資基金服務主管凱西·郭可羅（Kathy Cuocolo），以及道富全球顧問的指數型基金經理人道格拉斯·霍爾莫斯

21 State Street Global Advisors, "SPY: The Idea That Spawned an Industry," January 25, 2013, www.sec.gov/Archives/edgar/data/1222333/000119312513023294/d473476dfwp.htm.

22 Carrel, *ETFs for the Long Run*, 22.

（Douglas Holmes）。然而，銀行裡並不是每一個人都能接受高昂的開發成本，所以參與其事的人不免擔心：要是計畫失敗，自己的職涯恐怕也會受到影響。當時仍是道富銀行小主管的吉姆·羅斯（Jim Ross）回憶道：「很多人希望它能成功，因為要是失敗，他們得賠上前途。」他後來也被說動，加入計畫。

　　該怎麼為這個新發明取名是道難題。道富銀行和美國證交所團隊希望能取個淺白好懂的名子，好讓交易員朗朗上口。最後，他們想到美國存託憑證（ADR，American Depositary Receipts）就是美國證交所引入的（簡單來說，ADR是海外交易所買賣的股票的美國上市版），便靈機一動，為新產品取名「標普存託憑證」（Standard & Poor's Depositary Receipts），簡稱SPDR。沒過多久，他們就暱稱它為「蜘蛛」（Spiders）。[23]

　　除了名稱以外，他們還需跨越嚴格的法律和營運門檻。雖然證管會的報告等於間接呼籲業界推出這種產品，可是對一般投資人公開發售總是得克服許多問題。「蜘蛛」團隊也必須規劃好增設和贖回機制，以確保運作順暢——並獲得證管會核准。「它真的無法完全適用任何一套既有規範。」原本是生化學家、1990年加入美國證交所新產品小組的克里弗德·韋伯（Clifford Weber）說：「我們花了很多時間和律師討論該怎麼讓證管會釋疑。沒辦法，這種事就是很花時間，躲也沒法躲。」

　　負責將新產品帶出這片法律泥沼的是凱瑟琳·莫里亞提（Kathleen Moriarty），奧睿、赫靈頓、蘇特克利夫事務所（Orrick, Herrington & Sutcliffe）律師。美國證交所已經決定將新產品定義為「單位投資信託」

---

23 他們原本想稱它為「標普指數憑證」（Standard and Poor's Index Receipts），簡稱SPIRs。但因為「SPIRs」讀起來像「矛」（spears），他們擔心這種軍事聯想影響銷路。

（unit investment trust），而非基金，如此一來就不必聘請投資組合經理人或設立董事會（莫斯特認為這些事成本很高，可是對他的心血結晶幫助不大）。〔24〕儘管如此，莫里亞提還是必須請求許多豁免，以免新產品因1940年的《投資公司法》而胎死腹中。這項任務難如登天，而莫里亞提也因此有了「蜘蛛女」的綽號。在此同時，開發成本節節上升。

1990年，SPDR申請案總算送交證管會審核。但因為它太新穎，審核過程既漫長又艱鉅。不過，證管會裡還是有人支持他們——市場部的律師霍華德・克雷默（Howard Kramer）就是一個。克雷默是黑色星期一調查報告的執筆人之一，而莫斯特和布倫的靈感正出自這份報告。他讀完美國證交所的申請書、也領會它代表的意義之後，立刻衝進上司的辦公室，解釋這個產品多麼驚天動地，也請求盡快核准。他後來開玩笑說：「如果說內特和史蒂夫是這個產品的父母，我就是它的助產士。」〔25〕

然而，因為設計太新，好幾個證管會部門都參與審查，其中很多人也不知道該拿這個新產品怎麼辦。舉例來說，爭論之一是：SPDR不斷增設和贖回股票，實質上會不會變成一直進行首次公開募股？畢竟，首次公開募股是公司掛牌上市的必要流程，通常需要許多銀行進行盡職調查（due diligence）。用克雷默的話來說，證管會一路挑三揀四的結果是讓大家「被種種分析麻痺」。

令美國證交所與道富銀行焦急的是：還有其他團隊也在努力推出可交易的指數型基金。證管會的延誤讓別的團隊悄悄趕上他們。

・ ・ ・

24 State Street Global Advisors, "SPY: The Idea That Spawned an Industry."
25 Balchunas, "The ETF Files."

　　黑色星期一之後，投資組合保險被指為導致慘重股災的禍首，這個概念本來可能永無翻身之日，但發明它的海恩‧利蘭（Hayne Leland）、約翰‧歐布萊恩（John O'Brien）、馬克‧魯賓斯坦（Mark Rubinstein）都是創意非凡、積極進取的學者，他們並沒有因為這次奇恥大辱而一蹶不振。他們之前已經一起創立投資顧問公司，以自己的名字取名為LOR。[26]現在，他們決心發明另一個概念一雪前恥，恢復光榮。

　　LOR三人組把他們設計的東西稱為「超級股」（SuperShares）。它的確是天才之作，但也是極其複雜的投資商品。它基本上是把整個標普500切成許多報酬分割（return segments），在交易所買賣，由投資人依自己的風險偏好選購。「超級股」的核心是指數信託超級單位（Index Trust SuperUnit），它在某些面向上類似後來的ETF。[27]

　　通過繁複的規範審查後，這檔「超級信託」（SuperTrust）基金在1992年11月發行，一開始就募到將近二十億元，但它複雜到讓許多投資人和券商望而生畏。有《紐約時報》的記者想寫一篇它的報導，但一名拒絕加入承銷的金融商對他說：「你要解釋那玩意兒啊？祝你好運囉。」[28]雖然「超級信託」比SPDR早發售——所以它走過的法律程序也讓後來者有所借鏡——但它交易慘澹，最後在1995年清算資產。

　　儘管這檔複雜過頭的基金表現得不怎麼「超級」，莫斯特和布倫也沒有鬆一口氣的感覺，因為他們已經眼睜睜看著勇敢的加拿大人超前美國人，推出了史上第一檔ETF。加拿大人之所以能成功，主要是因為他

26 譯註：LOR的完整名稱是Leland O'Brien Rubinstein Associates。

27 Mark Rubinstein, "The SuperTrust," unpublished paper, December 20, 1990.

28 Lehman, *The Elusive Trade*, 103.

們的金融業規模較小，競爭不像美國這麼激烈，因此跨公司合作更多
——而且主管機關更願意配合。

在加拿大力推ETF的是多倫多證券交易所（Toronto Stock Exchange），
他們在很大程度上取法美國證交所的倉單概念。事實上，由於多倫多證
交所和美國證交所彼此沒有直接競爭，美國證交所樂意為多倫多團隊提
供細節建議。[29]雖然多倫多團隊只追蹤加國前35大股票——這比追蹤整
個標普500容易多了——但它們很能反映大盤績效，相當接近更大的多
倫多證交所400綜合指數（該國的旗艦基準）。

1990年3月9日，多倫多證交所發行全球第一檔成功的指數股票型
基金——多倫多35指數參與基金（Toronto 35 Index Participation Fund），簡
稱TIPS。拜主管機關較為寬鬆之賜，加拿大人在發行ETF上首先達陣。
然而，這有史以來第一檔ETF的設計靈感，還是出自美國證交所與道富
銀行的SPDR團隊，是他們開拓了這個領域，可惜過程充滿波折。[30]另
一方面，加拿大的ETF雖然成功，卻只算小有斬獲。雖然它一開始從加
國大小金融機構募得一億五千萬元，但它對一般投資人的吸引力不如預
期。ETF革命的第一炮雖然已經打響，但它還是要在美國引爆才能真正
掀起風潮。畢竟，那裡才是世界最大的金融市場。

29 Divya Balji, "The $6 Trillion ETF Revolution Began 30 Years Ago in Toronto," Bloomberg,
March 9, 2020.
30 現在已是多倫多道明銀行（Toronto-Dominion Bank）指數型基金主管的彼得·海恩斯
（Peter Haynes）當時才剛畢業，是多倫多證交所ETF實驗小組的新人。他坦言他實際上
抄了道富銀行和美國證交所的設計，只是因為加拿大主管機關更樂意其成其事，他們才能
拔得頭籌：「美國證管會花的時間很長，但我們知道這種產品在這裡沒什麼問題。我們去找
多倫多證管會，果然很快就通過了。」

• • •

　　眼看加拿大抄了美國的發明還快速發行，SPDR團隊大受刺激，好在證管會主委理查・布里登（Richard Breeden）是支持他們的。從令人頭暈腦脹的細節到攸關成敗的增設／贖回的設計，SPDR的方方面面被來回審查兩年之後，布里登終於決定召開大會，討論如何排除障礙。

　　美國證交所與道富銀行的SPDR團隊及律師莫里亞提應邀出席。浩浩蕩蕩抵達證管會總部後，一行人沒被帶往普通會議室，反而被請到平時用來辦大型公眾活動的洞穴形大廳。只見一張張桌子上全是證管會相關部門的代表，看台上坐的是負責證管會相關業務的律師團。萊利後來開玩笑說：「走出去以前，我還真以為他們會放獅子進來。」[31] 布里登的辦法的確有效率。1992年12月，證管會終於核准通過。

　　下一步是準備讓SPDR在美國證交所上市和交易。[32] 在SPDR的發行上，券商斯皮爾、利茲、凱洛格公司（Spear, Leeds & Kellogg）扮演重要的催生角色。他們提供SPDR六百五十萬元資金[33]，成為它的第一個特許交易商，確保它能正確買賣和追蹤標普500。在最後一刻，場內交易員蓋瑞・艾森萊希（Gary Eisenreich）發現法律設計上的重大疏失──證管會的「報升」（uptick）規則會在投資人做空證券時加以限制。要是沒有

31　Lehman, *The Elusive Trade*, 121.
32　第一步是想個簡稱。每檔上市證券都必須有股市代號，以便顯示在華爾街的交易螢幕。由於標普500指數的代號是SPX，SPDR的行銷團隊建議取做SXY。這個提議因為太過粗俗而遭到否決──令往後幾年的財經標題寫手惋惜不已──他們最後決定以它的暱稱「蜘蛛」（spider）取代號為SPY。
33　Lehman, *The Elusive Trade*, 127.

發現這個漏洞，特許交易商確保SPDR正確交易的能力將大受影響。艾森萊希和莫里亞提趕忙與證管會溝通，總算及時豁免報升規則。[34]

1993年1月29日，SPDR終於高調開賣。美國證交所亟欲回收昂貴的開發成本，不但買下《華爾街日報》全版廣告推銷，還在交易場裡掛了一隻巨大的充氣黑蜘蛛，並大量發送蜘蛛主題的贈品給交易員和投資人。SPDR的收費是每年0.2％，和柏格的先鋒500基金一樣。它第一天就賣了超過一百萬股，讓支持者大為振奮。

不過，SPDR的幼年期比誕生還辛苦。雖然它開始吸引資金，但速度非常緩慢。在第一天瘋狂熱賣後，成交量持續下滑，6月10日更只有一萬七千九百股轉手，是創立以來的最低點。[35]偏偏它的成交量是美國證交所最在意的，也是他們當初克服萬難推出它的最大原因。SPDR之所以成交量不佳，主要是因為它在金融界的先天支持者不多：SPDR和先鋒一樣不付財務顧問和券商銷售費，所以他們沒有向客戶推銷新產品的動機。另一方面，雖然它的交易方式像股票，卻無法為銀行賺進承銷費。情況一度差到美國證交所考慮報廢它[36]，因為光是維持SPDR的收支平衡，就需要三億元資產和健康的交易量。[37]

好在SPDR仍有一群外部支持者，例如艾森萊希。他用自創的「雞尾酒投資」到處為SPDR宣傳，只要參加社交聚會，就滔滔不絕地說SPDR有多好，慫恿大家主動找證券商問問，可以顯得自己很內行，走

34 Lehman, *The Elusive Trade*, 125.
35 Lehman, *The Elusive Trade*, 128.
36 Carrel, *ETFs for the Long Run*, 28.
37 Lehman, *The Elusive Trade*, 129.

在產業的尖端。艾森萊希後來說：「我是個爛營業員，真的很爛。但如果讓我遇上真正的好東西，我會表現得很好。SPDR就是這種，我覺得這是我能安心賣給我祖母的東西。」[38]

　　雖然速度緩慢，但這些人的努力扎扎實實發揮了作用。到1993年夏天，SPDR的資產終於突破三億，與營運成本達成收支平衡。發行第一年的年末，它的資產達到四億六千一百萬。[39]雖然在1994年稍有萎縮，可是從1995年開始，SPDR一飛沖天，再也沒有回頭。

• • •

　　2013年1月29日，二十年前推出SPDR的蜘蛛女和蜘蛛人再度齊聚一堂，敲響紐約證交所的開市鐘。雖然他們添了歲月，多了白髮和皺紋，也少了幾個關鍵人物——莫斯特已在2004年與世長辭——卻絲毫不減慶祝這件驚人成就的喜氣。

　　此時SPDR不僅是資產一千兩百五十億的巨獸，也是全世界交易最多的股票，成交量遙遙領先其他對手。對這群一路不屈不撓讓它誕生、伴它走過早年艱辛歲月的人來說，這是最大的驕傲。SPDR開啟了一整個產業，這塊市場不但活絡，而且還在持續成長。

　　它甚至和幾名開拓者的人生交織在一起，成為他們的一部分，因為他們當年設立SPDR時借用了信託架構的某個特點。信託有期限，SPDR一開始本來打算設定為二十五年。但信託期限也可以與個人壽命

---

38 Eric Balchunas, *The Institutional ETF Toolbox: How Institutions Can Understand and Utilize the Fast-Growing World of ETFs* (Hoboken, NJ: Wiley, 2016), 72.

39 Lehman, *The Elusive Trade*, 129.

綁定，所以他們後來重新調整，將期限綁定於十一個1990到1993年出生的孩子。韋伯的女兒愛蜜莉（Emily）也是其中一個，她剛好在SPDR設立那天出生。[40]所以，SPDR不是在2118年1月22日到期，就是在這十一個孩子的最後一個去世後二十年到期，視哪一天先到而定。

經過許多內部辯論後，美國證交所團隊決定不為他們的發明申請專利──整個財經界為之震撼。由於SPDR申請書已經公開，競爭對手輕輕鬆鬆就能照抄他們的設計。既然什麼東西都能擺進ETF的「倉」裡交易，華爾街金融工程師這些年來也充分利用這種可塑性，為客戶創造各種投資工具，讓他們從美國債券市場、高風險銀行匯票，到非洲股票、機器人產業，甚至金融波動本身，無所不能投資。今天，ETF已是總值九兆的產業，占美國各大交易所交易額的三分之一。

然而，這還是沒能挽救美國證交所。2008年，紐約證交所花了兩億六千萬元收購了這個小弟。道富銀行雖是ETF的開路先鋒，卻不是最大贏家。由於一開始無意也無能抓住自己開啟的契機，這家波士頓銀行最後只能眼看SPDR的成績被它的西岸老對手超越。

「回過頭看，我們希望當時的作法有所不同嗎？當然。」後來成為道富銀行ETF主席的羅斯說：「但問題不是出在我們沒有投資，而是我們一開始沒有投入夠多資金。如此而已。」

---

40 Rachel Evans, Vildana Hajric, and Tracy Alloway, "The Fate of the World's Largest ETF Is Tied to 11 Random Millennials," Bloomberg, August 9, 2019.

CHAPTER

12

富國投顧 2.0
WFIA 2.0

　　1983年夏，富國投顧中心兵荒馬亂。當年爭強好勝的元老都已離開，雖然他們相處不睦，卻還是克服歧見，在1971年推出有史以來第一檔指數型基金。可是在增長十年之後，資金正以令人焦心的速度流失。儘管富國投顧不斷推陳出新，可是在佣金低廉、研究預算龐大的情況下，它絕不可能真正獲利。潰敗似乎近在眼前——甚至迫在眉睫。

　　麥克考早已離開，1974年便辭職他去。咄咄逼人的沃丁後來也退休了，留富斯管理整套框架。可是，富斯最後也受不了與富國銀行沒完沒了的預算戰，在1983年辭職。他回到老東家梅隆銀行，與湯瑪斯・洛布一起創立梅隆銀行資本管理部（Capital Management）；洛布曾為富國銀行管理他們的第一檔標普500基金。富國投顧的另一名高階主管威廉・楊克（William Jahnke）也在4月離開，而且帶走了將近一打同事，自行創業開金融軟體公司。[1]

　　雪上加霜的是，當時大環境不利，市場一片混亂。聯準會主席保羅・伏克爾鐵了心打擊通膨，調升利率的幅度前所未見，股市跌跌不休。到

1　Anthony Bianco, *The Big Lie: Spying, Scandal, and Ethical Collapse at Hewlett Packard* (New York: PublicAffairs, 2010), 105.

1982年8月，標普500幾乎回到1960年代晚期的水準。

雖然股市從1983年開始反彈，但投資人普遍失去信心。他們趁通膨下降、利率還高的時候，把錢從股票轉移到債券，結果是資金以令人擔憂的速度從富國投顧流出。那個紛擾的夏天，比爾‧夏普的史丹佛學生布雷克‧格羅斯曼（Blake Grossman）正好在富國投顧實習，他回憶說：「大家都在想生意還做不做得下去。」

跳槽的人太多，富國投顧人手不足，派翠希雅‧鄧恩（Patricia Dunn）臨危受命接下爛攤子，挽救這檔兩百五十億元的指數型基金。鄧恩年紀很輕，大學讀的是新聞，一開始是以臨時祕書的身分加入富國銀行。雖然富國投顧以學理扎實聞名，但那些理論往往枯燥乏味，充滿學術用語，鄧恩聰明又有魅力，懂得用淺白的方式說明富國投顧的投資理念，深受退休基金的客戶喜愛，是逐漸嶄露頭角的明日之星。

鄧恩接下重擔的時候才30歲，而且她的丈夫是剛從富國投顧跳槽的楊克。鄧恩擔心危機一過就會被降職，甚至開除，所以她趁富國銀行為投顧中心焦頭爛額時提出條件：除了原本一萬八千元的年薪以外，她還要每月兩萬五千元的加給，直到找到新主管為止。這一著下得又猛又狠，連她的丈夫都開玩笑說富國銀行史料室應該掛她的相片——掛在1800年代末搶劫銀行驛馬車的布雷克‧巴德（Black Bart）旁邊。[2]

富國投顧中心與富國銀行關係惡劣已久。銀行的人不滿這群管理資產的人明明沒有獲利，薪水卻比自己還高；中心的人則認為銀行的人頭腦簡單，居然不懂得欣賞他們的曠世傑作。一片混亂中，鄧恩提出

2 Bianco, *The Big Lie*, 107.

讓長官們跌破眼鏡的建議：投顧中心之前不是有個叫菲德里克‧葛勞爾（Frederick Grauer）的小主管嗎？1980 年做了八個月就被掃地出門的那個？不如請他回來吧。

雖然這個主意聽來奇怪，她的長官還是勉強同意，畢竟富國銀行已經沒有時間到處求才，此時願意來淌投顧中心這灘渾水的恐怕更少。1983 年是富國投顧中心的多事之秋，它甚至被信孚銀行超越，不再是為退休計畫投資指數型基金的第一把交椅。對這間曾經領先群倫使用指數策略的機構來說，這是一大羞辱。

「富國投顧當時岌岌可危。員工跳槽，客戶流失，大家認為很快就會垮掉。」葛勞爾回憶道：「還留著的人，基本上和那個用手指堵住水壩的荷蘭男孩一樣。要是他們也走了，所有的錢會立刻流出。但他們信得過我。」

葛勞爾的學術背景有助於他融入這裡的辦公室文化。另一方面，打從 1975 年讀了查爾斯‧艾利斯的「輸家的遊戲」之後，他便由衷相信指數策略。

後續發展證明，葛勞爾不只是過渡主管而已。他不但穩住局面，還為富國投顧奠下轉型基礎，讓它從一家地區銀行裡的問題投資部門，搖身一變為全球資產管理帝國。「弗瑞德‧葛勞爾真的扭轉乾坤。」曾任富國投顧高階主管的布魯斯‧高達德（Bruce Goddard）說：「是他的人格力量和不服輸的精神創造了富國投顧 2.0。」

• • •

葛勞爾似乎注定要做學問，可以在學界一帆風順，如魚得水。從

卑詩大學（University of British Columbia）經濟學系畢業後，他先在芝加哥大學讀研究所，後在史丹佛大學取得博士學位。學成後先在麻省理工任教，後來成為紐約哥倫比亞商學院副教授。

可是葛勞爾的妻子在舊金山工作，夫妻分居東西兩岸不是長久之計，所以他決定搬到西岸。雖然柏克萊大學已向他招手，但這時的他很想嘗試實務工作，於是他向史丹佛時代的指導老師比爾・夏普尋求建議。夏普對他說：「要是你想來這兒，只有一個地方適合你。」於是，在夏普大力推薦下，葛勞爾開始在富國投顧中心上班，為退休基金提供投資組合建議，並為他們解釋現代學術研究。

不過，這份工作他做得不長。在富國投顧和富國銀行的層峰會議上，葛勞爾顯然忘了兩方之間一觸即發的緊張關係，開始批評投顧中心的某項投資策略。從大方向來看，這其實只是個小小的歧見，可是在富國銀行的代表前批判自家策略，等於做球給對方殺，無端為富國銀行送上攻擊投顧中心的彈藥。「我當時沒發現自己踩上一坨屎。」葛勞爾回憶時依然面露懊悔。隔天，他被叫進沃丁的辦公室，富斯嚴肅地告訴他他被開除了。這是晴天霹靂，何況葛勞爾和太太才剛生下一子。

還好，他沒有失業太久。在夏普介紹下，葛勞爾去美林集團工作。他在那裡有兩個任務：一面擔任這間華爾街公司的西岸股權營業員，另一方面為美林集團的研究部門提供諮詢。這份工作能養家活口，可是對一名放棄哥倫比亞教職的學界新秀來說，買賣股票實在不符他的志趣。

然而，職涯退步的背後藏著祝福。營業員的工作讓葛勞爾不得不減少學術用語，也讓他學會如何說故事。另外，許多傳統投資公司在1980年代勉強改變態度，開始更想了解史丹佛、芝加哥、麻省理工的

學術研究，葛勞爾順理成章是解釋這些理論的最佳人選。在此同時，他的忍耐得到回報，客戶為他帶進豐厚的交易佣金。到1983年，葛勞爾已是美林集團西岸最佳營業員，年薪超過五十萬。由於富國銀行也是他的大客戶，他和富國投顧的老同事重新建立關係，也受到他們尊敬。這層因素最後讓他東山再起，在1983年9月回鍋接掌富國投顧。

迅速行動才能穩住局面。葛勞爾說服富國銀行重新定位富國投顧，將它分拆為獨立公司，不再從屬於銀行信託部。雖然所有權仍歸富國銀行，但富國投顧將有自己的董事會和更多自治權。為了不讓員工繼續流失，葛勞爾和他們談定：富國投顧員工可以獲得公司獲利的1％，如果公司出售，他們也能分到一部分收益。葛勞爾也成功安撫了客戶（指數型基金主要是自動管理的事實，多少能讓客戶較為安心）。終於，富國投顧至少看似逐漸穩定。葛勞爾坦言：「這得靠大家一起努力才做得到。我們運氣不錯。」

當時沒人知道股市最低點在1982年8月已經過了，退休基金對1983年能否復甦仍然抱持懷疑。不過，到1984、85年時，很多退休基金開始感到他們的股市投資組合可能有點低。雖然他們大多還是把大部分的錢投入傳統主動型基金，但往往得花好幾個月面談和盡職調查才能決定。在此同時，股市持續上漲。富國投顧的推銷方式相當高明：我們的指數型基金能讓退休基金用便宜、簡便的方式進入股市，諸位決定好要把錢放在哪裡以前，不如先放在我們這裡——很多退休基金後來就一直放在那裡了。

到1985年，富國投顧終於首次獲利。公司在1980年代後半快速成長，改變了自己的命運。曾經的癩皮狗開始變成雄赳赳、氣昂昂的獵犬。

由於指數型基金收費低廉，他們需要有一定規模才能負擔成本。但跨過門檻之後，成本並不會跟著增加太多，額外收益便成為純利潤。

雖然富國投顧也愛用LOR發明的「投資組合保險」策略，可是連1987年的黑色星期一股災都沒有減緩它的成長。[3] 1988年，富國投顧創造出一千三百五十萬的利潤[4]，徹底拋下它長期虧損、獲利似乎遙遙無期的過去。葛勞爾成功改造了富國投顧，把一群好辯、頑固、經常沉迷不切實際的想法的書呆子，調整成起碼稍有商業頭腦的團體。

羅倫斯·亭特（Lawrence Tint）曾任富國投顧資深主管，和葛勞爾很熟。他在1980年離開富國投顧，1990年又回到公司。對於公司文化在這十年間的細微變化，他深有所感。走廊上的學院氛圍雖然尚未完全散去，但大家更兢兢業業，也更重視利潤。「總算像走進高盛（Goldman Sachs），而非走進大學。」亭特回憶道。

不過，這裡的氣氛還是比一般金融公司親和。葛勞爾面試時總會強調，他想找的是「和善、聰明、有志氣」的人。他也會帶同事去湯米·多伊小館（Tommy Toy's）吃飯。這家中國餐館頗有名氣，克林·伊斯威特（Clint Eastwood）和法蘭西斯·柯波拉（Francis Ford Coppola）都是常客，招牌菜龍蝦常淋上義式白蘭地（葛勞爾很喜歡這種酒）。「弗瑞德有一套。」1987年加入富國投顧的唐納·拉斯金（Donald Luskin）說：「連我這

3　事實上，是「戰術性資產配置」（Tactical Asset Allocation）基金的成功為富國投顧擦亮招牌。這種策略是富斯開始採用的，以預設規則在股票、債券、現金之間切換。黑色星期一時，它只有10％的錢放在股票。

4　Andrew Pollack, "Wells Fargo and Nikko Set Advisory Venture," *New York Times*, June 28, 1989.

種我行我素的老粗都服他，他招呼一聲我就跟著幹。」[5]

• • •

葛勞爾志不在小，不願畫地自限在美國。投資業一向目光短淺，拓展到海外的也很少成功。美國財管公司對海外市場興趣缺缺，因為國內市場已經夠大。但葛勞爾洞燭機先，深信投資業遲早必須進軍全球，指數型基金尤其如此。

畢竟，指數型基金只要懂得衡量大盤和科技基礎建設，即可開始追蹤，不像基金經理人需要充分了解每間公司、每個環境。於是，葛勞爾開始在全球各地尋找大型退休基金，希望能趕在對手（如道富銀行和信孚銀行）發現這些國際機會之前捷足先登。

日本是明顯的目標，但它是島國，外國公司往往很難打進去。光是在當地設立分部，成功的機會也不大。因此，1989年，葛勞爾說服富國銀行賣出富國投顧一半的股份，以一億兩千五百萬的價格賣給日本券商日興證券（Nikko Securities）。合併之後的新公司名稱拗口，叫富國日興投資顧問（Wells Fargo Nikko Investment Advisors），簡稱 WFNIA，當時管理的資產為七百億元。「指數投資打的是規模戰。我們希望能領先對手，攻下全世界更多資產。」葛勞爾說。

指數投資順利在日本落腳，但時機不對——日本的經濟泡沫在1990年崩解——傲慢的美國金融家和日本券商也格格不入，文化衝突頻頻。不過，這場合作有助於吸引日本退休基金，也漸漸削弱老主子富國銀行

5 Bianco, *The Big Lie*, 108

的控制。六年後，1994年，富國日興投顧管理的資產達一千七百一十億，稅前利潤為四千五百萬元。[6]

雖然他們將大部分資產投入指數型基金，但也有一檔主動型基金的生意越做越好。雖然它叫「主動型」，但憑的並不是基金經理人的第六感，而是數據、電腦和模型——業界黑話叫「量子投資」（quantitative investing）。這種方法類似德明信採用的因子投資，但往往更加複雜（德明信的聖塔莫尼卡總部也在加州，離富國投顧的舊金山總部不算遠）。

指數型投資也開始拓展版圖。被動策略的目標是複製更複雜的市場（例如開發中國家的債市或股市），它在1980年代幾乎已經發展完成，但真正引起注意是1990年代。「1990年代絕對是重要的成形期。」布雷克‧格羅斯曼說。他是夏普的學生，1985年加入富國投顧，1992年負責領導該公司的量子投資團隊：「到1990年代末，以指數投資為核心策略的人多出很多。」

然而，葛勞爾的抱負遠遠不止於此。雖然與日興磨合的過程並不輕鬆，他還是希望能繼續擴大國際市場，完全脫離富國銀行獨立，不再受這間規模依舊普通、業務不出加州的銀行掌控。「我們當時就像搜尋規模的熱追蹤飛彈，畢竟指數投資就需要規模。」葛勞爾說。

有三家公司向富國日興投顧示愛：美林集團（葛勞爾感興趣，因為他曾是那裡的一份子）、道富銀行（葛勞爾不感興趣，因為它是競爭對手），還有英國的巴克萊銀行（Barclays Bank）。經過漫長的協商，最後是口袋更深的巴克萊雀屏中選。1995年，它以四億四千萬元買下富國日

6　Peter Truell, "Barclays to Acquire a Unit of Wells Fargo and Nikko," *New York Times*, June 22, 1995.

興投顧。事後證明這筆交易極其值得，它讓富國日興投顧成功打進龐大的英國市場。不過，一開始的磨合還是困難重重。「很多人狠狠踩了我們幾腳。」葛勞爾回憶道。

富國日興投顧與資產管理雄師巴克萊・德勝・威特（Barclays de Zoete Wedd，以下簡稱BZW）合併。BZW是巴克萊銀行的證券部門，與富國日興投顧合併後，兩者管理的資產合計達兩千五百六十億元。[7] 雖然合併後的新公司重新命名為巴克萊全球投資（Barclays Global Investors，以下簡稱BGI），但它實際上是被富國日興投顧反向併購。葛勞爾很快掌握大權，總部還是在舊金山，富國投顧的學術氣息最後滲透了整個集團。曾在BGI擔任主管的肯恩・克隆納（Ken Kroner）回憶說：「BZW是很傳統的資產管理公司，『憑感覺買一把，上館子吃一頓』那種，而我們全是量化分析師。」無法適應新數據文化的BZW員工，很快主動求去。

• • •

不過葛勞爾不久之後也離開了。為了談成合併，他已大幅減薪，但他的三年契約即將續約，而他領軍的公司已經成為龐大、成功的國際投資帝國。1998年夏天的某個週末，他到格萊德伯恩（Glyndebourne）參加巴克萊為資深主管辦的旅遊。[8] 格萊德伯恩是南英格蘭一座有六百年歷史的美麗莊園，每年夏天都會舉辦著名的露天歌劇節。旅行結束後，葛勞爾去巴克萊執行長馬丁・泰勒（Martin Taylor）的辦公室找他喝茶，希望能討論續約內容。當他明白對方不會接受自己的要求，他立刻辭職。

7　Truell, "Barclays to Acquire a Unit of Wells Fargo and Nikko."
8　Joel Chernoff, "It's Dunn Deal Now at BGI," *Pensions & Investments*, July 13, 1998.

令葛勞爾生氣的是：他大力提拔的鄧恩不但沒隨他離開，反而伸手接下這公司——他最近才升她為BGI的共同執行長和共同主席，與自己平起平坐。在葛勞爾看來，這根本是恩將仇報。他深信是因為鄧恩已經向泰勒保證她會留下，巴克萊才敢在薪資協調上這麼強硬。雖然葛勞爾當時並沒有公開說什麼（因為他知道自己動見觀瞻，一舉一動都會影響BGI的穩定），但他從此與鄧恩形同陌路。他說：「我認為她完全知道自己想做什麼。」鄧恩後來談到這場決裂時對她的傳記作者說：「信不信由你，我這輩子很少心碎，但那次就是。」[9]

沒人料到葛勞爾會突然辭職，不但舊金山總部的子弟兵深感錯愕，整個投資業也相當震驚。「國王崩逝，女王萬歲」，一家財經雜誌這樣宣告。[10]葛勞爾挽救了一個創新不斷、但問題連連的投資部門，領它成為世上首屈一指的財富管理公司，卻又突然拂袖而去。「我們非常驚訝。」高達德回憶說：「但沒了父親，我們還有母親，而且這個母親十分能幹。」葛勞爾或許不會同意這個評價，可是在鄧恩手裡，BGI將迎向它最偉大、也最重要的冒險，。

· · ·

鄧恩從臨時祕書成為執行長的經歷本身即是傳奇，何況這發生在女性升遷困難的時代，還是在男性獨霸的金融界。要不是她後來擔任惠普（Hewlett-Packard）董事長時爆發醜聞，她一定會被公認為美國最偉大的企業領袖之一。不過，和她在BGI共事過的人無一例外，都對她的精明

9　Bianco, *The Big Lie*, 113.
10　Chernoff, "It's Dunn Deal Now at BGI."

幹練佩服不已。「她是不世出的天才領袖。」克隆納回憶道。

　　鄧恩出身拉斯維加斯，父親在鄧斯（Dunes）和特洛皮卡納（Tropicana）兩間飯店當娛樂經紀人，母親是歌舞女郎。11歲那年父親過世後，她的母親露絲・鄧恩（Ruth Dunn）帶著三個孩子搬到舊金山。[11] 派蒂・鄧恩成績優秀，中學畢業後得到獎學金去俄勒岡（Oregon）讀新聞。可是在她母親染上酒癮、流落街頭後，她中斷學業回去幫忙，最後在柏克萊完成新聞系學業。為了貼補家用，她到富國投顧當兼職祕書。[12] 一開始的工作多半是為標普500基金填成交單，但她的天分和學習熱誠很快獲得賞識，執掌的任務越來越多。這個階段的顛峰是1983年，由於富斯、洛布和她當時的丈夫楊克突然離開富國投顧，她受命接手兩百五十億元的指數型基金。[13]

　　她原本擔心這是她在富國投顧職涯終結的開端，但葛勞爾很快讓她青雲直上。她開始成為空中飛人，去世界各地的BGI據點拜訪客戶。儘管如此，她始終懼怕飛行，飛機一有晃動她就緊抓鄰座同事。「直到現在，我手臂上還有某次遇到亂流留下的疤痕。」拉斯金說。

　　鄧恩最出名的是她的神級人際能力，不論員工和客戶都很喜歡她。公司裡流傳她的一則軼事：她有一次居然在空中說服美國航空班機轉向，讓她趕去奧蘭多（Orlando）參加一場臨時會議。她後來對克隆納說確有其事，只不過那班飛機當時只有她一個乘客。[14]

　　葛勞爾強勢出擊沒能得到的東西，鄧恩卻以說服力拿到了：她總算

11 Bianco, *The Big Lie*, 99.
12 James Stewart, "The Kona Files," *New Yorker*, February 2007.
13 Bianco, *The Big Lie*, 106.

鬆動巴克萊的態度，讓BGI主管的員工持股計畫更加優渥，許多人因此家產倍增。「拜派蒂之賜，很多人買了第二或第三幢房子或名車。」高達德說。

不過，到了1990年代末，BGI的商業壓力日益沉重。指數型基金已經商品化，公司之間競相削價競爭，普通產品（例如追蹤標普500的基金）的費用幾乎是零——這對社會大眾的退休帳戶是一大福音，對BGI這樣的公司卻是頭痛問題。雖然他們可以透過「證券借貸」（securities lending）賺取額外收益（亦即，將自己的股票借給其他想賭它們會跌的基金經理公司），但這筆錢必須分給客戶。由於利率下跌，這種收益也面臨壓力。

量子策略幾年前才由富國投顧率先推出，現在許多競爭對手也加緊研發；「量化分析師」原本集中在極少數類似富國投顧的公司，現在變得炙手可熱——薪資也水漲船高。

盈虧所受的衝擊變得清楚可見。1998年，葛勞爾離開的那年，公司管理的資產成長20％，超過六千億；但它的營業利潤只成長2％，八千六百萬左右。[15]鄧恩亟需找到能再次帶動成長的新工具。她的確有先見之明，意識到答案可能在公司裡一門不算大的生意——那原本是她幾年前為摩根士丹利設立的。

• • •

14 她的臨場反應同樣一流。BGI的年輕基金經理人大衛・布卡特（David Burkart）說：2000年時，他們為了慶祝獲得大筆投資授權，在撞球間開派對，鄧恩也來了。布卡特出其不意把手上的球杆遞給鄧恩，鄧恩爽快接下，清台之後酷酷地還給他。其他BGI主管也說，她似乎記得每個人的配偶和子女的名字。

15 Barclays annual report, 1998.

　　1990年代初，摩根士丹利主管羅伯・涂爾（Robert Tull）埋首勤讀各家招股書。仔細研究過LOR的「超級股票」、加拿大的TIPS、美國證交所與道富銀行的SPDR之後，他迷上了將指數型基金上市的概念。他參考它們設計出新的產品，摩根士丹利投資銀行稱之為「最佳化投資組合上市證券」（Optimized Portfolios as Listed Securities），簡稱OPALS。

　　OPALS在概念上類似ETF，可是實際上是債務證券（debt securities），摩根士丹利以它模仿國際股市（如德國、法國、日本）的收益。拜抓準時機與資本集團聯營之賜，摩根士丹利掌控了很多國際市場的領導指標（資本集團是一家巨型投資集團，總部在洛杉磯，是投資國際市場的先鋒）。聯營後的公司稱為MS-CI，後來分拆為獨立公司。今天，MSCI是全球最大的指數供應商。

　　由於種種法規限制，OPALS只能賣給摩根士丹利的國際客戶。OPALS其實是今日「指數投資證券」（exchange-traded notes）的前身[16]，它是為了複製基準而設計的合成型證券（synthetic securities），不是真正儲存證券的基金。

　　在向來一板一眼的投資銀行界，涂爾的經歷非常特殊。他沒有大學學位，一開始進金融業是當商品交易員，更早以前開過卡車，經常惹事生非。他開玩笑說：挨槍、挨刀、不配合工會罷工，是進入華爾街最好的準備。看到OPALS很快成為摩根士丹利的搖錢樹，他下定決心要為

16 譯註：「exchange-traded notes」（ETN）、「exchange-traded funds」（ETF）及下面即將提到的「exchange-traded products」（ETP），其實是性質類似的產品（都可在交易所買賣），香港分別譯成「交易所買賣票據」、「交易所買賣基金」和「交易所買賣產品」。台灣習慣譯為「指數投資證券」、「指數股票型基金」和「交易所買賣產品」，比較無法直接從字面上看出三者的關連

美國投資人做出類似的東西。但這個工程相當浩大，他需要找投資集團幫忙管理——就和美國證交所需要道富銀行協助推出SPDR一樣。

於是，涂爾邀鄧恩、格羅斯曼、拉斯金到摩根士丹利富麗堂皇的餐廳共進午餐，向他們說明為什麼要發行一系列追蹤國際股市的ETF。雖然SPDR不算大獲成功，但拉斯金似乎對這個主意十分感興趣。

拉斯金是BGI的選擇權交易員，看到公司裡的人個個都是格羅斯曼那種學者作風——整齊體面，溫文爾雅，但一辯論和分析起東西來就沒完沒了——他難以忍受。雖然他大學中輟，但連瞧不起他的人都承認他十分聰明，為公司增添許多活力和交易經驗，而且，在這個熱中漫無止境地進行蘇格拉底式辯論的地方，他的直率有時挺有用的。

拉斯金將實際打造ETF的工作交給艾咪‧賽爾達格（Amy Schioldager），BGI國際指數型基金的基金經理人。他只簡短交代「把這做出來」，但對於如何進行指示得很少。SPDR的申請書是公開的，賽爾達格看得到。但除了申請書上寫的東西以外，還有許多實際細節需要補足。賽爾達格總不能打電話問道富銀行——畢竟，道富銀行當時是BGI最大的對手。無計可施之下，賽爾達格和她的團隊只好逆向設計整個過程。

由於賽爾達格還有原本的業務需要進行，她每天工作十五個小時，拚了六個月才完成這項任務，但回報似乎不大。雖然她認為ETF是有趣的產品，可是她的公司當時不甚重視，只覺得是在幫摩根士丹利的忙。

這個產品叫世界股票基準股（World Equity Benchmark Shares），簡稱WEBS（譯按：網），向SPDR的蜘蛛意象致敬。WEBS的招股書首次使用現在無人不知的「exchange-traded funds」一詞。在法律設計上，WEBS採用的不是SPDR的基金架構，而是一系列追蹤十七個MSCI指

標的可交易式共同基金，由BGI管理，並聘請內特‧莫斯特擔任WEBS主席（莫斯特在打頭陣發行ETF後已從美國證交所退休）。

1996年，WEBS正式上路。不過，因為大家對SPDR起步時的挫折記憶猶新，對WEBS並未寄予厚望。WEBS一開始也真的表現不佳：發行三年後，BGI的ETF系列還是不到二十億元。[17]

直到二十世紀末，世界上還是只有三十六檔ETF。到1999年末，除了QQQ大獲成功之外，它們管理的金額總共才三十九億元（QQQ是紐約銀行在網路泡沫顛峰時期發行的ETF，追蹤那斯達克指數）。[18]看到ETF的表現不如預期，摩根士丹利很快決定收手，以象徵性的價格把這門生意賣給BGI。涂爾說摩根士丹利的考量主要是資源配置：他們希望省下為ETF消耗的內部資源，集中心力發展它原已蓬勃的股票生意。

可是，BGI的許多主管對是否應該接下這門生意亦感遲疑。雖然BGI本來就像製造指數型基金的金融工廠，但它的目標是大型機構投資者（例如退休計畫、捐贈基金、外國中央銀行等），而ETF的客群主要是個別投資人（例如儲蓄自家退休金的一般家庭）。BGI有不少人擔心兼營ETF會偏離核心目標，甚至破壞品牌形象。對他們來說，走向零售就像古馳（Gucci）突然跑去沃爾瑪（Walmart）超市賣衣服。事實上，對於是否應該發行或收購針對一般投資人的共同基金一事，BGI先前就已討論過幾次，但每次都因為上述原因而不了了之。

然而，鄧恩深信ETF大有可為。1998年葛勞爾離職、而她升職之後，

17 Tom Lauricella, "How Barclays Became a Force in ETFs," *Wall Street Journal*, November 1, 2004.
18 Investment Company Institute data.

她就找來勇於任事的BGI策略主任李·克藍富斯（Lee Kranefuss），請他規劃進軍ETF的大計，不但要做好發行一系列新ETF的準備，還要同時強化行銷力和銷售力。而當然，這個計畫不僅需要龐大的資源，也需要巴克萊集團認可。

計畫完成後，克藍富斯和鄧恩前往倫敦向巴克萊董事會報告，董事們個個面有難色——他們才剛剛決議關閉英國的小型分部，而錯綜複雜的ETF說明在他們聽來可能像拉丁文（也可能像希臘文，畢竟他們很熟以希臘文字母代表的金融概念）。但鄧恩向來擅長說服，而巴克萊資本（Barclays Capital，巴克萊集團的投資銀行）的美籍執行長鮑伯·戴蒙德（Bob Diamond）很快了解ETF的潛力，協助說服董事會支持這個計畫。

巴克萊資本允諾每年為計畫提供四千萬，一共三年。對BGI裡許多原本就不看好的人來說，投入這麼多資金簡直是把錢扔進水溝裡。ETF這時尚未掀起狂潮，而BGI的量子策略正風靡業界，於是，這場辯論變得像微型版的主動投資與被動投資之爭，充分反應BGI的學究特色。

鄧恩在靠近聖塔莫尼卡碼頭的洛伊斯飯店（Loews Hotel）辦了聚會，邀請BGI的常務董事參加。儘管推動這個計畫所費不貲，可能讓董事們的薪酬連帶受到影響，鄧恩還是希望能說服心有疑慮的主管一同努力。然而，抗拒的力道之大令某些支持者驚訝。即將擔任克藍富斯副手加入這場新冒險的詹姆斯·帕森斯（James Parsons）說：「我到那個時候才知道他們是怎麼想的——他們覺得我們會敗光他們的紅利。」

鄧恩終究還是推動了這個計畫。2000年，WEBS改名為「安碩」（iShare）。這個名字的源由已經遺落在時間迷霧裡，有的主管說那是因為蘋果幾年前推出iMac，有的主管說它只是「指數股票」（index shares）的

縮寫。重啟這門生意的同時，BGI也推出大量新ETF，追蹤標的從標普500到小型股、價值股、成長股，無所不包（2002年甚至加入債券市場）。這是金融工程的大規模出擊。為了在個別投資人之間打響名號，BGI不惜鉅資到處下廣告，從電視到網路一網打盡，最後還贊助各種活動，從太陽馬戲團到極限航海，不一而足。

克藍富斯勇往直前的個性在BGI引起不少埋怨。有人說他像「瘋狂教授」，一直出天馬行空的主意，卻把細節和執行丟給別人，最後把功勞全部獨攬。也有人始終不滿公司不惜血本建立ETF事業，因為這會直接影響BGI的利潤，進而影響他們的年終紅利。

不過，安碩之所以能成為BGI裡的獨立品牌，甚至形成自己獨特的文化與凝聚力，克藍富斯的狂熱功不可沒。在他看來，BGI深思熟慮的學院作風無法快速建立新事業，也難以成功打下零售市場，所以形塑新的文化非常重要。「BGI有每個商業領域最傑出的人才，但它像大學校園。」帕森斯說：「李創造了放下自我、迅速行動的文化。」為了塑造另一種團隊精神，克藍富斯甚至把安碩搬到舊金山市場街（Market Street）388號的另一棟大樓，與佛利蒙街（Fremont）45號的BGI總部隔一個街區。

克藍富斯的另一個高明策略，是與指數供應商簽訂許多定期獨家協議（有的甚至長達十年），防止其他ETF對手使用它們。舉例來說，BGI以高價取得羅素公司授權，可以獨家使用他們素有盛名的小型股基準，在2000年推出安碩羅素2000 ETF（iShares Russell 2000 ETF）。

由於投資人還是更加青睞明星指數，而且投資人流與可交易性是ETF成功與否的關鍵，克藍富斯這招無疑擴大也鞏固了投資版圖，讓BGI立於不敗之地。今日，光是安碩羅素ETF管理的金額就有七百億左

右，比它的三個主要對手加起來還多。這一招其實就是矽谷現在說的「閃電擴張」（blitzscaling）——以雄厚的資金迅速而大膽地出擊，盡快奪下別人無法挑戰的市場占有率。

這些手段是為了防備競爭對手強烈反撲，BGI預料道富銀行會出手，先鋒還擊的可能性更高。BGI裡許多主管認為：既然先鋒最早向大眾發售低成本指數型基金，在業界居於領導地位，它一定也會在新生的ETF產業大有斬獲。令他們驚訝的是，BGI居然沒有受到多少挑戰。「老實說，約翰・柏格繼續抗拒ETF讓我們鬆了一大口氣。」格羅斯曼回憶道：「他在很多方面是先知，結果卻讓先鋒落後了好幾年。」

先鋒直到2001年才姍姍來遲，推出它的第一檔ETF，道富銀行則是以穩定的腳步陸續發行自己的ETF。儘管如此，BGI一舉奪下整片江山的策略還是讓它遙遙領先，它的ETF平台有如選單，投資人可以從中挑選自己看好的金融區塊。金融投資人幾乎立刻愛上安碩，但讓BGI更為驚喜的是：機構投資者和避險基金也很快注意到安碩的優點，發現用它管理投資組合和快速擬定策略十分方便。2007年，BGI報告的稅前利潤為十四億，這很大部分要歸功於安碩在金融危機前夕大幅成長，管理的資金高達四千零八十億。[19]

• • •

BGI的ETF生意之所以能大獲成功，固然必須感謝葛勞爾當初扭轉乾坤，讓搖搖欲墜的富國投顧重獲生機，搖身一變成為全球投資巨人；

---

19 Barclays annual report, 2007.

也應該感謝克藍富斯全心投入，推動安碩高速成長；可是如果沒有鄧恩，BGI 絕不可能寫下如此輝煌的一頁。即使在許多高階主管仍有疑慮的時候，她就堅定支持發展 ETF，並說服巴克萊集團投下鉅資重啟這門生意。「沒有她就沒有安碩，這點毋庸置疑。」帕森斯說：「她始終堅信這是正確的方向。」

然而，鄧恩沒能留在 BGI 看見自己的成果，她為這裡掌舵的最後一段日子風波不斷。2001 年 9 月，她診斷出乳癌，必須接受密集化療。在此同時，她也對巴克萊集團日益失望，開始悄悄佈局由管理層收購 BGI——祕密代號為「紫水晶計畫」。[20]

2002 年初，鄧恩與大型私募股權公司赫爾曼與弗里特曼（Hellman & Friedman）聯手，打算以十四億元向巴克萊集團買下 BGI，讓它成為獨立的資產管理公司，由公司主管持有部分所有權。然而，收購的一些實際問題始終難以解決。最後，巴克萊集團決定不出售這支投資勁旅，說不賣就不賣。[21]鄧恩和倫敦的關係在協商過程中嚴重惡化，銀行裡有些人認為這場陰謀形同謀反。

更糟的是，2002 年 5 月，鄧恩診斷出黑色素瘤——一種需要進行更全面化療的癌症。她別無選擇，在 6 月黯然辭職，離開 BGI。巴克萊集團找上作風強勢的戴蒙德（集團旗下投資銀行巴克萊資本的美籍執行長），任命他為 BGI 董事長，就近監看公司動向。戴蒙德事必躬親，早年被部分 BGI 主管稱為「放牛吃草」的公司文化驟然大變。不過，在戴蒙德的掌控下，BGI 總算開始創造它一直允諾的高額利潤。

20 Bianco, *The Big Lie*, 119.
21 Bianco, *The Big Lie*, 119.

　　鄧恩最後康復了，2005年成為惠普董事長。可惜她監督這個科技巨人的生涯以醜聞告終——惠普在她任內雇用私家偵探監聽部分董事。雖然鄧恩本人並沒有授權這項行動，但她還是在2006年事件爆發後辭職。接著，她被診斷為卵巢癌末期，2011年去世，年僅58歲。

　　不論這些是是非非，她無疑是指數型基金歷史上的重要角色。不僅因為她是極為罕見的大型金融企業女當家——光是這點就值得一記。畢竟，即使是二十年後的今日，女性企業家仍屬鳳毛麟角——也是因為她獨具慧眼，看出ETF的潛力，從而讓BGI超越原本走在前面的道富銀行，恢復它「β值的聖殿」之名，建立改變金融世界的產業。

　　這場令人讚嘆的成功讓華爾街垂涎三尺——而其中最為欽羨的，莫過於一家野心勃勃、充滿拚勁、名叫「貝萊德」（BlackRock）的紐約投資集團。

CHAPTER
13

賴瑞・芬克的豪賭
Larry's Gambit

2009年4月16日，羅伯・卡皮托（Rob Kapito）來到新建的洋基球場，紐約的驕傲正在大戰克里夫蘭印地安人隊。美國次貸危機引爆全球金融危機後，經濟一片混亂，許多華爾街人亟需放鬆緊繃的神經，對任何能讓自己稍微分神的事都趨之若鶩。然而，我們這位前債券交易員不是來這裡看棒球的。

卡皮托是貝萊德的密使。他這一趟將不只改變他的公司的命運，也將改變金融業的面貌。巴克萊執行長鮑伯・戴蒙德正在洋基球場的企業包廂看球。卡皮托必須盡快私下和他這位老朋友談一談，所以他買了張黃牛票，直奔布朗克斯區（Bronx）。[1]

2008年，雷曼兄弟投資銀行破產，巴克萊大膽買下它在美國的產業，沒想到很快被這筆交易拖下水。到了2009年初，巴克萊也開始拚命籌款，為了避免英國政府紓困，不惜變賣旗下產業，連廣獲好評的資產管理品牌BGI都打算分割求售。4月初，巴克萊與倫敦大型私募股權公司CVC達成協議，準備以四十二億元出售BGI成長快速的安碩ETF。

1　編註：布朗克斯區是洋基球場所在地。

不過，協議中有四十五天的「尋購」（go-shop）條款，允許巴克萊在期限內與開價高於CVC的買家交涉。這為貝萊德打開了一扇窗——但它得盡快抓住機會。

至少從2007年開始，貝萊德便已默默留意各大ETF團隊，希望能透過收購進入快速成長的ETF產業。貝萊德執行長賴瑞・芬克（Larry Fink）當時詢問策略長蘇珊・瓦格納（Susan Wagner）：如果公司也想加入ETF戰局，用什麼辦法最好？瓦格納的建議是收購——誰也沒想到兩年之後，一支ETF勁旅就倏地成了拍賣品。事實上，在CVC與巴克萊公布協議之前，消息靈通的芬克便已透過管道得知兩者相談甚歡——也已準備橫刀奪愛。[2] 於是，在洋基隊出戰印地安人隊這天，他請貝萊德總裁卡皮托到球場傳達訊息。

洋基隊那晚雖然輸給印地安人隊，最後還是順利進入2009年世界大賽，拿下近十年來的第一座冠軍。但卡皮托從頭到尾都沒看，直到今天也想不起那晚有誰上場。他直接走到巴克萊的企業包廂，敲敲門請戴蒙德出來聊聊。戴蒙德答應陪卡皮托走走。「你想玩小一點的呢？還是玩大一點的？」貝萊德的總裁問完戴蒙德這句話後，開始說明來意。

他說，巴克萊與其單把安碩賣給CVC，不如把整個BGI賣給貝萊德，這樣不但能取得海量資金，還能擁有合併後的新公司的一大批股票。如此一來，巴克萊不但能避免紓困（從而免去政府囉哩叭唆的限制），還能獲得貝萊德的一大塊所有權（從而繼續享有安碩創造的利益），而貝萊德也將成為投資界的巨人。

2　就像還原所有陳年往事一樣，對於這次交易的經過和細節，這些年來的報導有不少出入，主要當事人的陳述也有些微差異。我在這裡設法把各種說法整理成一個版本。

「這個主意很吸引人。」戴蒙德說。他正好已經取得董事會授權，可以洽談出售整間公司，而他也正好認為貝萊德可能有興趣。他們在巴克萊包廂外的走廊邊散步邊談，半個小時就大致談妥，並約好戴蒙德和他的董事長約翰·瓦利（John Varley）隔天拜訪賴瑞·芬克。

這是一場豪賭。如果成功，合併後的貝萊德－BGI公司無疑會成為龐然巨獸──它們將控制2.7兆的資金，徹底改變資產管理業的生態。芬克也將從華爾街裡備受重視的金融鉅子，一躍而成無人不曉的企業領袖──以後只說「賴瑞」大家就知道是他，不會問是哪個「賴瑞」──並將被動投資從投資界的腹地帶到舞台中心。

然而，這筆交易也危機四伏。首先，貝萊德尚未擺脫本世紀最大的金融危機，再花幾十億元買下BGI的確令人夜不能寐。另一方面，貝萊德是傳統華爾街投資集團，出手凌厲大膽；而BGI是群溫吞的書呆子，重視指數導向的策略。在全球經濟仍未從2008年風暴恢復元氣的此刻，隨兩者合併而來的文化和實務衝擊不容小覷。對芬克這個前債券交易員來說，這是一場需要無比膽識的賭博──何況他在華爾街的第一份工作，就是因為豪氣地損失一億元才丟的。

• • •

芬克從沒想過自己有朝一日會成為「金融界的巨人」。他生在1952年11月2日，在洛杉磯聖費爾南多谷（San Fernando Valley）附近的凡奈斯（Van Nuys）長大。凡奈斯名不見經傳，大多數人知道它是因為《魔鬼終結者》在那裡大量取景。不過，芬克的童年和電影八竿子打不著，他的爸爸在凡奈斯開鞋店，媽媽是加州大學北嶺（Northridge）分校英文教授。

這兩位離鄉背井的中西部人要求孩子規矩，但也鼓勵他們獨立。賴瑞滿15歲以後，他們就讓他自己一個人外出度假。賴瑞的成績不像哥哥那麼好，所以他從10歲開始就得在父親的鞋店幫忙（他的資優生哥哥就不必做這些拉拉雜雜的家事）。

芬克讀中學時認識了未來的妻子：個頭嬌小的黑髮蘿里（Lori）。他們倆畢業後一起就讀UCLA，芬克主修政治理論。冷戰引起他對資本主義與共產主義之戰的興趣，但他發現這個主題雖然有趣，卻不是他想一生追求的夢想。他對未來還沒有清楚的規劃。

除了一點基礎經濟學之外，芬克在高年級以前從沒修過商業類的課。但他突發奇想修了一門研究所的房地產課之後，和授課教授變得越來越熟，甚至獲邀擔任他的研究助理，於是這位新生的房地產研究家轉到了商學院。不過，芬克漸漸失去進入房地產業的興趣，因為他的岳父就是做房地產生意，他想做點不一樣的東西，最好是國際化一點的。但是想法歸想法，這個念頭還沒有明確的輪廓。於是，他和許多聰明伶俐、可是除了賺錢之外還不清楚自己到底想作什麼的年輕人一樣，決定去華爾街闖一闖。他戴上蘿里送他的松綠石手環，頂著一頭長髮來到紐約。[3]

他被幾家頂尖投資銀行錄取，但令他懊惱的是，他搞砸了高盛最後一關的面試。「我當時失望透頂，沒想到塞翁失馬，焉知非福。」芬克回憶道。他後來選擇了另一家名門企業——波士頓第一銀行——從1976年起在那裡上班。他被派到債券交易部門，由於他有房地產的背景，所以主要負責交易不動產抵押債券（mortgage-backed bond）。他的確

3　Suzanna Andrews, "Larry Fink's $12 Trillion Shadow," *Vanity Fair*, April 2010.

有這方面的天分，1978年就受命執掌整個部門。他也建立起一支關係緊密、孜孜矻矻、忠心耿耿的團隊。

由於芬克的團隊有許多猶太人，有人給他的部門取了「小以色列」的渾名。在1970和1980年代，以白人盎格魯薩克遜新教徒為主的華爾街企業仍然排外，對義大利裔和猶太裔敬而遠之——波士頓第一銀行也是如此。芬克的主管要他雇個「義大利佬」，免得猶太節日一到就人力不足，並推薦了一位華頓商學院畢業、出身蒙蒂塞洛（Monticello）一般家庭的人，叫羅伯・卡皮托。沒想到猶太新年一到，才發現卡皮托和其他人一樣也是猶太人。儘管當年瀰漫這種似有若無的排外氣氛，芬克還是很喜歡波士頓第一銀行，因為那裡最重視的還是競爭實力與傑出表現。只要你能為公司賺錢，就沒人在乎你是什麼人。芬克為公司賺了不少，也得到應得的報酬。

聰明、積極、有創意的芬克逐漸嶄露頭角，和他的所羅門兄弟對手劉易斯・拉涅里（Lewis Ranieri）一樣，在創造和開發龐大的美國不動產抵押債券市場上舉足輕重。抵押債券包含許多個別債券的償付，可以切成小塊，讓投資人依自己的風險偏好購買。雖然它們在2008年造成嚴重災難，但若能保守操作，它們可以為抵押降低借款成本，給予退休基金和保險公司更好的投資機會。

雖然芬克已經比許多債券交易員冷靜自持，但成功連連還是讓他越來越自負，他的驕傲也刺傷了一些同事。他一度坦言：「我那時是個渾球。」[4]不過，華爾街看重的是成功而非謙虛。他先是成為波士頓第一

---

4 "Larry Fink," Crain's New York Business Hall of Fame, www.crainsnewyork.com/awards/larry-fink.

銀行有史以來最年輕的常務董事；為公司賺進十億之後，又以31歲之齡成為管理層最年輕的成員。他的前途似乎一片光明。

誰也想不到黑夜驟然而降。「我和我的團隊覺得自己簡直像搖滾巨星。管理層愛死我們了。我覺得自己遲早會當上執行長。」[5]芬克後來在演講中回憶道：「然後……然後我搞砸了。情況很糟。」

在與所羅門兄弟激烈爭奪不動產抵押證券市場龍頭的過程中[6]，芬克的團隊在1986年建立龐大倉位。[7]但他們為保護公司而採取的避險措施失敗，後果十分慘重，損失估計達一億元。不論芬克之前為波士頓第一銀行立下多少汗馬功勞，這次大敗讓他再也無緣執行長寶座，甚至成了過街老鼠。他還是繼續在波士頓第一銀行上班，直到1988年初，風波過去將近兩年以後，他才終於辭職。

在這段尷尬的離職過程中，他一度沸騰的自信逐漸降溫。「我在公司裡成了大家避之唯恐不及的人。」芬克回憶說：「穿過走廊的時候，大家看我的眼神都變了。我覺得公司裡的人很氣我……我覺得自己被放棄了，不再是團隊的一員。」不過，這場屈辱是難得可貴的教訓，芬克也不打算就此放棄。

幾年以前，他和瑞夫・許洛斯坦（Ralph Schlosstein）已成為無話不談的好友。許洛斯坦在雷曼兄弟任職，也是主攻抵押產業的投資銀行家。

5　Larry Fink, "Built on the 'Ashes of Failure,'" UCLA commencement speech, June 10, 2016.
6　譯註：作者表示，雖然嚴格來說，芬克與所羅門兄弟的競爭商品是「不動產抵押債券」（mortgage-backed bonds），但這塊市場常常統稱為「不動產抵押證券」（MBS，mortgage-backed securities），已是半正式名稱。
7　Richard Henderson and Owen Walker, "BlackRock's Black Box," *Financial Times*, February 24, 2020.

芬克和許洛斯坦都是晨型人，常常清早六點半就撥電話給彼此，趁熙熙攘攘的一天開始之前聊聊金融市場。「沒什麼人會在那個時間講電話。」許洛斯坦說。1987年3月，他們兩人正好同時去華府出差，晚上搭同一班飛機回紐約。事後來看，他們那天共進晚餐對金融發展意義重大。

雖然他們都是民主黨——來華爾街以前，許洛斯坦還在卡特政府的財政部服務過——但話題多半是工作。他們都對目前的工作不甚滿意，希望能開啟新的事業。[8] 他們談得越多，一開始天馬行空的閒聊也變得越來越具體。在黑色星期一股災的當頭棒喝之後，他們更加認清市場變化多快，還有新的事業可以朝哪個方向發展。他們開始草擬新公司的計畫，準備模仿每一檔證券、將它們組成投資組合，並以更好的方法分析其中風險。「情況越來越清楚：很多投資人對新的金融商品其實一知半解，卻還是買了一大堆。」許洛斯坦說：「貝萊德就是為此而生。」

1988年2月一個冷颼颼的日子，芬克和許洛斯坦在午餐時間相約見面，在公園大道（Park Avenue）上邊走邊聊新事業的細節。結果還沒走到餐廳，他們便已達成協議。「你知道，我們還沒談過我們兩個該怎麼拆帳，你怎麼想？」芬克問許洛斯坦。仍在雷曼兄弟上班的銀行家建議六四拆帳，芬克拿60％的所有權。芬克不贊成：「我覺得應該我拿三分之二，你拿三分之一。」許洛斯坦再建議芬克拿八分之五，自己拿八分之三。這次芬克點頭同意。前後只花了幾分鐘，這是這兩名創辦人最後一次討論這個話題。

正式向波士頓第一銀行遞出辭呈四天後，芬克邀了幾個人到他家討

8　BlackRock Official History, shared with author.

論新事業。他從波士頓第一銀行邀來的有：卡皮托，芬克在抵押交易團隊裡的左右手；芭芭拉・諾維克（Barbara Novick），投資組合產品主管；班・高魯布（Ben Golub），為波士頓第一銀行設計過許多風險管理工具的數學怪傑；凱斯・安德森（Keith Anderson），波士頓第一銀行的頂尖債券分析師。許洛斯坦也從雷曼兄弟邀來幾個人：蘇珊・瓦格納和休伊・佛拉特（Hugh Frater）都是雷曼兄弟數一數二的抵押債券專家，但許洛斯坦看中他們的主因是個人能力，而非專業長才。許洛斯坦說：「我們想找的是高素質運動員。」他們決定一起建立新的債券投資公司，藉助現代科技進行更健全的風險管理。

除了芬克和許洛斯坦以外，其他六名創辦人堅持前三年應該人人股份平等。「找十個聰明人加入不難，但要是無法齊心合力，就什麼事也做不成。」瓦格納在芬克家裡這樣說：「如果要每個人齊心合力，就應該給每個合夥人同樣的股份和同樣的報酬，真的。」芬克和許洛斯坦本來有點猶豫，懷疑大家能不能像猶太人集體聚落（kibbutz）那樣團結。但他們很快讓步，也從來不曾後悔。「他們說得對極了。這是我們最成功的決定之一。」許洛斯坦說：「前三年，他們一心想的都是怎麼把餅做大，而非怎麼讓自己分到更多。」

他們還是需要資金才能開始。芬克**翻翻**他的名片整理架，與史帝夫・許瓦茲曼（Steve Schwarzman）和皮特・彼得森（Pete Peterson）聯絡。他們都曾在雷曼兄弟任職，後來創立的黑石（Blackstone）公司表現亮眼，是私募股權界的明日之星。芬克和他們有淵源：1987年時，芬克曾經協助他們募得五億六千萬元，成立第一筆併購基金。許瓦茲曼致電布魯斯・沃瑟斯坦（Bruce Wasserstein）——波士頓第一銀行炙手可熱的併購主

管，華爾街的傳奇人物——他對許瓦茲曼說，芬克是「波士頓第一銀行到目前為止天分最高的人」。[9]

吃下定心丸後，黑石同意出借辦公空間讓他們開啟新事業，並提供五百萬元的貸款。黑石可取得這家新公司50％的股份[10]，芬克自己也可獲得2.5％的黑石股份。[11]由於黑石的招牌日益響亮，芬克和許洛斯坦決定搭他們順風車，為新公司取名黑石財務管理（Blackstone Financial Management）。

黑石財管正式營運後，雇了第一位員工查理・哈拉克（Charlie Hallac）（高魯布在波士頓第一銀行的老同事），開始招徠客戶。他們不只宣傳新的債券基金，也設法推銷高魯布和哈拉克建立的技術支援服務。他們相信這套尖端系統可以保障債券交易員和投資人，讓他們不致遇上芬克在波士頓第一銀行遇過的那種災難。這套系統叫「資產、負債、借款與衍生性商品投資網路」（Asset, Liability, Debt and Derivative Investment Network），簡稱「阿拉丁」（Aladdin），第一版是用昇陽電腦（Sun workstation）寫的。辦公室空間不大，這台兩萬元的設備只能擠在冰箱和咖啡機中間。[12]從越來越多波士頓第一銀行的人加入黑石財管來看，芬克當初很可能是被炒魷魚的——畢竟，華爾街向來有對前員工執行「焦土政策」的傳統。

幸運的是，黑石財管起步得十分順利。雖然阿拉丁還要十多年後才會獨立為正式部門，但美國儲貸合作社（American Savings and Loan）首先

9　David Carey and John Morris, *King of Capital: The Remarkable Rise, Fall, and Rise Again of Steve Schwarzman and Blackstone* (New York: Crown Business, 2010), 179.
10　貝萊德則宣稱黑石取得40％的股份。
11　Carey and Morris, *King of Capital*, 180.
12　BlackRock Official History.

聘請他們擔任顧問。到1988年末，幾個重心在抵押債券的封閉型基金管理的金額已達八十億。雖然他們實際管理資產的經驗幾乎是零，但鍍金的人脈大大彌補了這個弱點。

黑石的彼得森曾經擔任理查‧尼克森（Richard Nixon）的商務部長，他請到聯準會前副主席安德魯‧林莫（Andrew Rimmer）擔任黑石財管新基金的董事。許洛斯坦則透過自己與卡特政府的關係，請到前副總統華特‧孟岱爾（Walter Mondale）。他們的加持對黑石財管無比珍貴。

「我們一開始像憑著大家對我們的『信任』賺錢。大家知道你沒什麼經驗，卻還是相信你可以把事情做好。」許洛斯坦說。他還記得：克萊斯勒（Chrysler）退休基金的財務有一次撥電話來，說他們的退休基金願意擱置規定，不要求黑石財管提交近五年的交易績效，直接投資三千五百萬元到他們的帳戶。[13] 那名財務說得很清楚：「千萬別搞砸啦！弄不好的話我也跟著倒楣。」

安德森成為這家公司的第一位投資長。原因很單純：只有他有財務管理業的實務經驗（雖然時間很短）。另一方面，儘管分工模糊的情況還會持續一段時間，但每個人的角色漸漸成形：卡皮托主導投資組合管理，支援安德森；瓦格納、諾維克、佛拉特大多數時候忙著招徠客戶、擬定策略；高魯布和哈拉克則埋首修正阿拉丁。

儘管幾位創辦人之間偶有爭執，但黑石財管仍舊關係緊密，不論於公於私都是如此。芬克、卡皮托、許洛斯坦會一起參加品酒會，與來自金融界、工業界、醫學界的十多個有力人士較量品味。每個人都得帶酒

---

13 BlackRock Official History.

赴會，盲測時誰的酒被評得最差，晚餐就由誰埋單——除非有人盲測時把自己的酒評為最差，那麼由誰埋單絕不做第二人想。

黑石財管的生意蒸蒸日上。雖然黑石給了他們五百萬的信用額度，但他們只支領了十五萬元，而且立刻還清。[14]開業六年後，黑石財管管理的資金已有兩百三十億元左右，除了最早的八名創辦人之外，還有大約一百五十名員工。[15]「頭幾年真的是奇蹟。」即使事隔多年，芬克談起那段時光仍興奮不已。

然而，他們也即將與黑石決裂，徹底改造這家一度稱為「黑石財管」的公司。

• • •

不論就權勢或財富而言，黑石的許瓦茲曼都是金融界裡叱吒風雲的大人物，身價超過兩百六十億。要是他不計較金錢，恐怕無法積聚如此可觀的財富。然而，要不是因為他斤斤計較，黑石與它新成立的債券投資部門或許也不至於分道揚鑣。

許洛斯坦和芬克一心建立龐大的事業，不斷以股權吸引新人加入，但這種作法漸漸稀釋了黑石的股權。1992年，許瓦茲曼看到黑石的股權已降低到32％，強硬地表示他絕不容許繼續下降。有同事說他之所以堅不讓步，是因為離婚的鉅額開銷正讓他一個頭兩個大。[16]許瓦茲曼否認這點，但認為雙方原本已有協議——往後股權稀釋應由芬克和許洛

14 Carey and Morris, *King of Capital*, 263.
15 BlackRock Official History.
16 Carey and Morris, *King of Capital*, 358.

斯坦承擔——他只是堅持約定而已。[17] 不過，他後來承認：與許洛斯坦和芬克驟然決裂，的確是「彌天大錯」[18]

一開始時，芬克和許洛斯坦有意以公開上市擺脫黑石掌控，可是到1994年，他們已打定主意賣斷。「史帝夫的作法會整死我們。」許洛斯坦說。他們也決定公司該有自己的名字和特色。

由於他們的基金代號都以B開頭，又已經和黑石講好新公司名不能用「黑」（black）或「石」（stone），他們的選擇十分有限。「我們一度決定取名『基岩』（Bedrock），」[19] 芬克回憶道：「但太多人一聽就想到卡通《摩登原始人》（Flintstones）。」[20] 另一方面，幾個創辦人都很喜歡「黑岩」（BlackRock）這個名字[21]，芬克尤其欣賞那個大寫的R。於是他們再次拜託許瓦茲曼和彼得森，還舉摩根士丹利和JP摩根當例子，說這兩家公司就是因為在經濟大恐慌之後分家，才雙雙打響名號。想到「黑岩」一名其實不無向「黑石」致敬之意，彼得森和許瓦茲曼都感心動[22]，同意他們取這個名字。

1994年6月，他們終於達成心願，將貝萊德財管以兩億四千萬賣給匹茲堡的PNC銀行。到1998年，PNC已經將它所有的財務管理業務交給貝萊德，貝萊德也擁有了最早的一批共同基金。芬克和許洛斯坦此時

17 Blackstone statement to author.
18 Devin Banerjee, "Schwarzman Says Selling BlackRock Was 'Heroic' Mistake," Bloomberg, September 30, 2013.
19 BlackRock Official History.
20 譯註：「Flintstone」原意為打火石。
21 譯註：BlackRock已有官方譯名「貝萊德」，本書其他地方同樣譯為「貝萊德」。但本段重心是說明Blackstone與BlackRock名稱的淵源，所以特別改為意譯「黑岩」，以便讀者理解。
22 Blackstone statement.

設法說服PNC：對PNC銀行和貝萊德雙方最好的方案，是將20％的股權賣回貝萊德管理層，並將剩下的生意大量上市。「如果不這樣做，貝萊德只能原地踏步。」許洛斯坦說：「我們會變成地區銀行的子公司，到時候我們沒人會想繼續待下去。」

1999年10月1日，他們終於迎來夢想已久的首次公開募股。雖然貝萊德管理的資產當時已經暴增到一千六百五十億，但首次公開募股慘遭滑鐵盧：美林集團原本期待的股價是十六到二十元，招徠投資人時說的是十四到十七元，而實際成交的股價只有十四元，剛好是美林集團設定的下限。

看到股價反映的貝萊德市值不到九億，芬克大失所望。可是這時正是網路泡沫高峰，投資人只青睞熱門科技股，當然看不上一間作風低調、專為退休基金管理債券投資組合的投資集團。芬克試圖取消上市，但美林執行長郭銘基（David Komansky）親自打電話，毫不客氣地開罵：「你他媽的在幹什麼？給我賣下去！你只要接下來四、五年好好幹，沒人會記得這點屁事。你他媽現在就給我賣下去。別他媽的當個龜兒子。」

每支初次登場的股票都希望首日開出紅盤，但貝萊德不但股價不如預期，連開賣第一天都生意慘澹。相較之下，另外兩支同一天上市的股票卻暢銷大賣。令芬克最感屈辱的是：紐約證交所那天甚至沒邀他去敲鐘。不過，紐約證交所倒是給了他一座安慰獎：邀他下週五下午四點去敲休市鐘──那個時間根本沒有人看。「看這巴掌打得多重，你就知道我們那時有多窩囊。」芬克說。

但網路泡沫結束後，貝萊德穩健的作風開始得到更多好評，股票價值超過其他投資業。換言之，它現在可以以自己的股票為貨幣買下競爭

對手，不必沿路敲門向客戶推銷，也不必苦苦湊錢建立新的團隊，就能藉由收購得到成長。投資業裡的確充滿變調的收購，但貝萊德善用自己的上市股票，讓自己從一間專營債券投資的小公司，搖身一變成為世界最大的財富管理集團。

貝萊德從 2002 年就已開始尋找收購機會。他們一度鎖定美林投資管理公司（美林投資銀行旗下龐雜的資產管理部門），但與美林新執行長史丹・歐尼爾（Stan O'Neal）洽談後沒有下文。在派蒂・鄧恩圖謀併購 BGI 失敗、自己又再次罹患癌症之後，貝萊德也曾經看上 BGI。2004 年，巴克萊悄悄開價，願意以二十億將 BGI 賣給貝萊德，然而——或許該謝天謝地——毫無進展。

當時 BGI 正在重金宣傳他們新推出的安碩，可是看在貝萊德的幾個創辦人眼裡，這幾百萬元的廣告成本其實不難省下。「我們當時心中竊喜。」許洛斯坦回憶道：「我們以為收購會很順利。」可是，貝萊德不願接受巴克萊提出的報價，巴克萊最後也改變主意，不想出售自己的資產管理部門。如果貝萊德當時立刻收購，或許能看出新生的安碩的潛力。但無論如何，貝萊德又繼續往別處尋找，任安碩繼續飛漲。

第一筆生意在 2004 年夏季成交，由貝萊德買下大都會人壽（MetLife）旗下的財富管理公司道富研究（State Street Research，與波士頓那間更大的道富銀行〔State Street〕無關）。由於道富研究的資產大多是股權和房地產基金，這筆交易讓貝萊德首次能涉足這幾類市場。成交價為三億七千五百萬元，貝萊德以股票和現金支付。合併後的公司所管理的資產約三千六百六十億。

處事圓融、待人和善的許洛斯坦接下整併兩家公司的重任。有鑑於

投資業收購案常以失敗收場，他決心果斷行事，但也要盡可能讓人心服口服。「我們做了一些困難的決定。但據我所知，金融界裡絕不會有人說瑞夫・許洛斯坦誤導我、或是不尊重我。」許洛斯坦說：「會出問題多半是因為話沒講清楚或態度有問題。所以就算是壞消息，我也會想辦法客客氣氣解釋清楚。」

收購道富研究給予貝萊德寶貴的經驗，他們學到收購時必須迅速而果敢、併購後必須統一辦公室文化，並以阿拉丁為技術統整框架。他們馬上會把這些經驗應用於併購更大、更複雜的公司──雖然他們差點失去這個機會。

2005年6月，摩根士丹利經過長達數月的激烈內鬥後，執行長裴熙亮（Philip Purcell）終於被逐出公司，董事會隨即低調徵詢芬克是否願意接下這份職務。摩根士丹利是華爾街規模最大、字號最老的投資銀行之一，芬克接到邀請時受寵若驚。不過，他希望摩根士丹利同時買下貝萊德，而摩根士丹利董事會不同意。最後，他們請到曾任摩根士丹利主管的麥晉桁（John Mack）當執行長。麥晉桁雖有魅力、但個性強勢，幾年以前才被裴熙亮踢出公司。

麥晉桁冷血無情，有「大刀老麥」之稱，和芬克是很好的朋友。他接掌摩根士丹利後致電給這位貝萊德創辦人，說他們打算依芬克的提議買下貝萊德。如此一來芬克就成了摩根士丹利的總裁，遲早可以接下麥晉桁的位子。但談到細節後，他們才發現彼此的想法有落差。簡單來說，麥晉桁想完全控制貝萊德，芬克認為貝萊德必須保持一定程度的獨立，才能繼續成長茁壯。他們拖拖拉拉地談了好幾個月，最後不了了之。

令芬克意外的是，他得知歐尼爾想法有變，現在願意出售美林投

資管理公司。歐尼爾之所以沒告訴芬克，是因為他知道貝萊德正與摩根士丹利洽談。於是芬克立刻透過幕後管道聯繫，與歐尼爾在紐約上東城（Upper East Side）的三人組餐廳（Three Guys）進行早餐會。結果他們十五分鐘內就談定大方向，還在菜單上簽名慶祝達成臨時協議，其他細項也在短短兩週內完成，2006年情人節正式對外公布。不過，如果把道富研究比做豐盛的開胃菜，規模龐大、組織複雜的美林投資管理公司就像是五道菜全餐。

從理論上看，這次合併是天作之合。美林投管的共同基金深受一般投資人喜愛，它在歐洲和亞洲也都有龐大的機構投資業務，而貝萊德在這些領域沒有多少生意。在此同時，美林投管只有寥寥幾檔市政債券基金，在固定收益投資的版圖不大。兩者合併後管理的資產將近一兆，無疑是業界的巨人。另一方面，這筆交易將以股票支付：美林得到合併後的公司49.8％的股份，PNC的持股則降到34％。由於美林投資銀行對美林投管的事向來不太關心，貝萊德的資深主管有信心能管理合併後的公司。

許洛斯坦再次接下整併重任。為避免拖泥帶水節外生枝，他加緊腳步火速進行。到2006年9月底完成交易時，相關工作都已大功告成（雖然接下來還會有不少問題需要處理）。貝萊德的主管們認為：這次和上次一樣，阿拉丁是交易成功的祕密武器。「大型金融企業合併，系統整合工作大多需要四到五年，有時甚至始終無法整合。阿拉丁的彈性對我們幫助非常、非常大。」許洛斯坦說。

美林投管的主管對這次收購看法分歧。在美林集團長期漠視之後，有人樂見併入一間更獨立自主、也更有活力的資產管理公司；但也有人

對整併過程不滿，認為貝萊德的人趾高氣昂。聲音粗啞的卡皮托得罪的人尤其多——後來收購BGI時再次發生同樣的事。美林投管和BGI的幾個前主管把他比做麥可・「韋格」・瓦格納（Mike "Wags" Wagner），影集《億萬之戰》中主角富商凶狠而忠心的打手。如果卡皮托是黑臉，許洛斯坦和蘇・瓦格納扮演的往往是白臉。「蘇精明幹練。」一名因為美林投管被收購而加入貝萊德的前主管說：「賴瑞出的主意都靠她付諸實現。賴瑞完全少不了她。」

整併美林投管的大小瑣事能順利完成，固然應該感謝許洛斯坦協調得當，但許多主管也強調：這場交易之所以能成功，芬克功不可沒。芬克是工作狂，最特別的地方是他既能掌握公司細節，又能看清整體策略。「賴瑞對細節的掌握程度令人驚訝。雖然我不喜歡他，但我不得不說他是商業奇才。他為貝萊德而生。」一名前高階主管說：「要是他離開貝萊德，那會像亞列克斯・佛格森（Alex Ferguson）離開曼聯一樣……貝萊德的旅程就是他一個人的旅程，這樣講一點也不誇張。」

在公司紛紛擾擾之際，幾位創辦人的鋼鐵聯盟也開始瓦解。最早離開的是佛拉特，2004年初被推去主持PNC的房地產生意；接著是許洛斯坦，2007年末離職另組投資公司；下一個是安德森，他創立一家避險基金公司。

離開貝萊德後，他們的事業依舊風生水起。佛拉特後來成為房利美（Fannie Mae）的執行長；許洛斯坦當上精品投資銀行艾維克（Evercore）的總裁；安德森有一段時間為喬治・索羅斯工作，經營他聞名世界的避險基金。2015年，哈拉克與大腸癌奮戰多年後病逝。他是貝萊德的中流砥柱，要求嚴格，一絲不苟。雖然他為公司立下汗馬功勞，但他的貢獻

常被低估，是貝萊德團隊中備受敬重、但常被遺忘的角色。「哈拉克像牡蠣裡的沙。」貝萊德一名前主管說：「他對團隊要求很高……隨便應付的答案絕對過不了他那關。」哈拉克一直工作到人生最後一刻，據公司流傳的故事，他去世時手上還握著黑莓機。直到現在，其他資深主管提起他仍黯然神傷，芬克尤其如此。

不過，失去許洛斯坦對芬克而言是更大的打擊。他剛開始很不諒解老友的決定，但最後終於釋懷。在歡送晚宴上，許洛斯坦舉杯致意，談起他與芬克的友誼：「我想，在我這個位子的人從來沒有講過這種話：我在同一個人底下當了二十年副手，但這二十年裡，我從來沒有想過：『我希望他別占著這個位子，換我來做。』」

• • •

貝萊德收購美林投管後沒多久，面臨了前所未見的財務考驗。剩下的幾個創辦人毫無退路，只能堅毅奮戰。次貸危機在2007年初浮現時，芬克低估了它的影響，以致貝萊德一開始對全球金融危機措手不及。[23]在此同時，貝萊德對紐約彼得・庫伯村（Peter Cooper Village）的投資也以災難收場。[24]不過，貝萊德度過後續亂局的能力還是優於其他投資集團。

芬克在華爾街敗部復活、東山再起的傳奇，在2008年初再添一筆：他成為美林集團新任執行長的熱門人選。但因為他堅持董事會授權徹查次貸危機對美林銀行的衝擊，而與這個職位失之交臂。[25]事實上，如

23 Chrystia Freeland, "View from the Top: Larry Fink," *Financial Times*, April 24, 2007.
24 Ranjay Gulati, Jan Rivkin, and Aldo Sesia, "BlackRock: Integrating BGI," *Harvard Business School*, November 13, 2017.

果美林董事會當時接受他的要求，或許可以挽救公司，不至於後來落得被美國銀行（Bank of America）收購。「我不想貿然行事。」芬克後來說：「我對他們說：除非你們讓我的團隊進去看資產負債表，否則我連考慮都不考慮。他們就是不准。整個過程讓人火大。」[26]

儘管遇上這些挑戰，貝萊德還是從金融危機中全身而退。它之所以能安全脫身，有一部分得歸功於它擴大「解決方案」（Solutions）團隊，讓這個團隊不只為外部客戶提供阿拉丁服務。[27] 1994年，奇異公司委託貝萊德為基德皮博蒂（Kidder Peabody）估值，分析它的資產負債表，讓貝萊德練就一身分析複雜結構債券的本事（基德皮博蒂是奇異公司旗下的券商，雖然聲譽卓著，但當時面臨困境）。到金融危機爆發時，這個團隊已發展成熟，成為精通探測市場的金融顧問小組。

解決方案團隊成為各界爭相邀請的對象，從貝萊德的華爾街對手到美國政府，沒有一個不請他們協助分析幾乎摧毀金融系統的有害證券。「分析基德皮博蒂時，解決方案還是X光機。」貝萊德前資深主管羅伯・高茲坦（Rob Goldstein）說：「等到受邀分析最近的危機時，解決方案已經成為磁振造影儀。」[28]

後來，連美國財政部和聯準會都向貝萊德求助，請他們幫忙收拾金融危機的殘局。不過，這份榮譽固然讓芬克影響力大增，成為業界又妒又羨的對象，可是要到併購BGI、並經過艱辛的過程將它成功融入貝萊

25 Charlie Gasparino, "Merrill Taps Thain After Fink Demanded Full Tally," CNBC, November 14, 2007.
26 Andrews, "Larry Fink's $12 Trillion Shadow."
27 巧合的是：據許洛斯坦說，BGI是第一家為債券業務與貝萊德簽約的投資集團。
28 Henderson and Walker, "BlackRock's Black Box."

德之後，他才真正成為華爾街的地下之王。

CHAPTER

14

世紀交易
Deal of the Century

2009年初，芬克邀馬可‧魏德曼（Mark Wiedman）到曼哈頓一家時髦的餐廳共進午餐。他們點了滿桌的壽司，魏德曼說起他在貝萊德日益嚴重的挫折感。魏德曼高大、捲髮、性格外向，是貝萊德顧問團隊的主管。他曾是財政部資深官員，密切參與過危機處理任務。但他與頂頭上司不合，亟欲轉換跑道。

「我喜歡這裡的工作。我只是希望每個星期一能高高興興來上班。」魏德曼埋怨道：「讓我做什麼都行，當看門的也可以。」貝萊德這位戴眼鏡的老大似乎頗能體會他的心情。大啖生魚片和天婦羅的時候，芬克透露他可能有新任務可以讓魏德曼試試。「我正好有件事交給你。」他說：「我們馬上就要買下一家叫BGI的公司……你來負責整併如何？」

魏德曼聽過這家公司，但了解不多。事實上，他從來沒有在資產管理業工作過。「太好了！」他太想換新工作，不論什麼工作都行，馬上一口答應。芬克的想法很單純：做事圓融、成功整併道富研究和美林投管的瑞夫‧許洛斯坦已經離開貝萊德了，擁有哈佛、耶魯名校學位的魏德曼對金融理論或許不熟，但他在學識上鎮得住BGI那些學究。而且他待人處事進退得宜，可以應付這種棘手的工作。最後，他似乎有滿腔熱

血想做出一番轟轟烈烈的事業，這個機會正好讓他試試。

可是後來好一段時間都沒有下文。原來，完成併購背後還有太多困難需要解決。事實上，這筆世紀交易差點在最後一刻告吹。

芬克一開始與巴克萊銀行相談甚歡，以為大勢底定，便親自率領貝萊德代表前往舊金山，打算與BGI的資深主管詳談細節。不幸的是消息隨即走漏：幾個眼尖的BGI員工發現總部外停了一輛黑頭車，車窗上的名牌寫的是「賴瑞·芬克」[1]——而CVC的主管正在同一棟大樓查安碩的帳。

雖然這件事沒有傳到媒體耳裡導致破局，但紐約梅隆銀行隨即浮上檯面，成為BGI的另一個潛在買家，先鋒和富達投信也對安碩虎視眈眈。此外，就在貝萊德準備公布協議的時候，它的融資突然發生問題。

雖然收購金有一部分是用貝萊德股票支付，但巴克萊也需要一大筆現金以避免政府紓困。於是芬克到處央求貝萊德的客戶，設法在短時間內湊出幾十億元。卡達（Qatar）原本好不容易答應掏出三十億元，但他們卻在最後一刻——芬克都已取得董事會授權之後——支支吾吾迴避話題。細問之下，才發現原來是當地某位王族也想參一腳。然而，芬克只想找夠大的機構投資者加入，不想讓個人參與，不論他們多麼有錢或出身多麼高貴。他覺得自己被卡達擺了一道，寧可不向他們借錢也不願妥協。於是時間匆匆來到6月10日，芬克驚覺自己必須在二十四小時內募到三十億，才可能完成收購。在許多企業仍為金融危機暈頭轉向的當口，這簡直是不可能的任務。

---

1 David Ricketts and Mark Cobley, "Inside BlackRock's 'Once in a Lifetime' Deal with Barclays, 10 Years Later," *Financial News*, June 11, 2019

　　那個星期三，芬克窩在貝萊德把一輩子的人脈用盡。打給中國投資有限責任公司（China Investment Corporation，該國主權財富基金）的一通電話，讓他一小時內籌到十億。[2] 但接下來就沒那麼順利了，他將一直打電話到凌晨四點，早上七點半再回辦公室繼續打電話，打遍所有可能投資的機構，直到預計公開發布協議的時刻到來。

　　他做到了。2009年6月11日晚間8點20分，貝萊德在紐約宣布與巴克萊達成協議，以一百三十五億買下BGI。除了現金之外，巴克萊還可取得貝萊德20％的股份。CVC則獲得一億七千五百萬元，作為巴克萊違約不賣安碩的補償。

　　魏德曼對這些戲劇化的轉折毫不知情，直到蘇・瓦格納──貝萊德留瀏海的小個子營運長與共同創辦人──突然打斷他的訓練課程，找他一起草擬宣布協議的新聞稿。瓦格納隨後召開電話會議，向貝萊德的高階主管說明協議的基本原則和背後的假設。不是每個人都為此高興，也有人對BGI的明珠安碩的成長假設持疑。可是協議此時已經談定，接下來就算上刀山下油鍋，也只能拚老命讓它成功。而有一段時間，他們的路上盡是刀山油鍋。

　　「這讓我們成了真正的全球企業，但也讓我們跨過這個產業的盧比孔河（Rubicon），再也沒有回頭路。我們突然變成既追求主動績效、又強調被動投資的公司。」魏德曼開玩笑說：「這點燃了深刻而龐大的神學辯論，激烈程度不輸十六世紀的宗教戰爭。」

· · ·

2　BlackRock Official History.

在舊金山，BGI員工一開始的反應既是安心、又是失落，至少許多人為CVC買下安碩的協議告吹鬆了口氣，畢竟所有權給私募股權公司拿去毫不吸引人，將ETF部門與總公司分割更非易事，最好的情況是陣痛，最壞的情況是安碩瓦解。安碩雖然已經建立品牌和銷售力，而且文化漸漸與BGI不同，但它的產品還是由母公司開發的，本身並不是能獨立運作的公司。

事實上，高階主管之前已經祕密展開行動，設法尋找願意買下整家BGI的企業，例如紐約銀行、先鋒、富達投信、高盛。當時擔任BGI執行長的布雷克・格羅斯曼也默默打聽，希望能找到其他私募股權公司買下整個集團，好讓BGI最後可以成為獨立的資產管理公司。無奈全球經濟正處低迷，沒有多少企業有足夠的財力收購整間公司。現在雖然被貝萊德買走，但BGI至少長期是阿拉丁的客戶，雙方關係良好，而且格羅斯曼與芬克有私誼，一直很敬重這位貝萊德創辦人。

「事情解決讓大家大大鬆了口氣，」格羅斯曼回憶道：「畢竟我們的新老闆做事穩健、風評也好。那段時間市場發生太多事，而我們知道貝萊德對收購和整併有一套。」

為了凝聚團結，芬克包下舊金山帕洛馬飯店（Hotel Palomar）米其林餐廳「五樓」（Fifth Floor）的包廂，設宴款待BGI的高層主管。芬克找卡皮托、高魯布和幾名貝萊德高層主管一起出席，與他們的BGI同僚齊聚一桌，共進晚餐，暢談彼此的經營哲學與價值觀，思考雙方的文化能如何融合。晚宴結束時，許多BGI高層主管心中的大石終於落地。

但也有人感到山雨欲來。BGI一般員工普遍對貝萊德沒有好感，認為他們是一幫粗魯無文的前債券交易員，靠收購建立事業，不像他們實

實在在用創新和智慧闖出一片天。雖然BGI的人勉強同意貝萊德的商業成就值得敬佩，但他們很多人看不慣貝萊德的華爾街文化，認為它與BGI知性的學院作風判若雲泥。

所以，在許多人眼裡，這兩間公司基本上不太可能相處融洽。「公司裡有資深員工說，他們絕不會為貝萊德做事。」當時主持BGI量子策略的克隆納回憶道：「而且人數不少。」

BGI主管自命不凡的態度也惹毛了貝萊德員工。他們認為BGI比較像大學校園，沒有全球財富管理公司的樣子，是自己為這家公司帶來活力和商業氣氛。「他們覺得我們沒他們聰明，還認為我們投機取巧。」某位參與整併的前貝萊德主管說：「BGI認為他們最聰明，所以應該他們說了算，但事情不是這樣做的。」

BGI當時其實沒有自高自大的本錢。他們越來越仰賴「證券借貸」的收益，不斷出租他們指數型基金中的股票。可是當金融危機在BGI投資的資產上炸出大洞，巴克萊便不得不出手保護他們的客戶。BGI的主動型量子財富管理部門也彷彿遭到詛咒，結果是投資人大幅流失。

• • •

魏德曼陷入文化與管理的漩渦。貝萊德的規模變成兩倍，複雜度卻暴增四倍。光是要確保這場資產管理史上最大的交易不出紕漏，不至淪為眼高手低的笑話，就已難如登天。

與魏德曼搭檔進行整併作業的，是格羅斯曼的左右手曼尼許・梅塔（Manish Mehta）和BGI的人力資源部主管。他們飛來紐約與貝萊德的對口單位開會。梅塔是細節控，華頓商學院畢業，有顧問背景。一走進貝

萊德燈光昏暗的會議室，他便拿出趕工完成的計畫書，準備鉅細靡遺地說明這項龐大工程的每一道細節。但魏德曼立刻把它擱到一邊，開始詢問梅塔和他的團隊的個人生活，例如他們是哪裡人、喜歡什麼等等。

「對他們來說，那是文化衝擊。但衝擊過後，我們建立起私誼，形成緊密的合作關係。」魏德曼說：「整併的重點基本上是人、是彼此如何合作，而不是計畫書。」得知梅塔的中學就是約翰·休斯（John Hughes）《早餐俱樂部》（The Breakfast Club）裡的那一所，令魏德曼尤其驚喜。

事後證明，他們緊密的關係的確對整併非常重要——畢竟，許多BGI員工馬上與其他貝萊德主管起了摩擦。卡皮托再次成為眾矢之的。一名前BGI主管說，在一場本意是拉近雙方管理團隊的派對上，卡皮托在幾個BGI品酒行家面前大談他有多愛紅酒。可是當其中一人問卡皮托家裡的酒窖多大，這位貝萊德總裁卻勃然變色：「怎樣？你也想知道我老二多大嗎？」那幾個BGI主管驚得一片沉默。

即使是貝萊德的老員工，也受不了卡皮托的粗魯，常常被他激怒。某位前高層主管說：「大家不會介意直來直往，但會介意你不尊重人。」另一位說：「他很賤，個性卑劣。」然而，芬克對卡皮托始終肝膽相照。他說卡皮托或許「難搞」，但熟了以後就知道他也是個溫暖的人，而且「為了貝萊德，他什麼事都願意做」。

為卡皮托說話的人說（有些和他起過衝突的人也這樣講），芬克支持他不是沒道理的——這位貝萊德總裁之所以惹人討厭，是因為不受歡迎的決定總是由他來做，讓芬克保持超然，遠離砲火。但歸根究柢，他們兩個就像貝萊德不可分割的陰和陽。

「在貝萊德，你千不該萬不該，就是別想挑撥離間。他們之間一點

縫也沒有。」一名前貝萊德主管說：「要是沒有賴瑞，羅伯會一敗塗地。但大家不知道的是：沒有羅伯，賴瑞也會一敗塗地。他們兩個就像鹽罐和胡椒罐，非常不同，但一定在一起。」

弗瑞德・葛勞爾，BGI的教父，對此有親身經歷。為了讓BGI管理層安心，芬克聘葛勞爾回公司當「特別顧問」，協助轉型。但葛勞爾觀察卡皮托一段時間之後，覺得他犯了一些錯，對公司恐怕有不好的影響，便轉告芬克。卡皮托得知以後，葛勞爾立刻被打入冷宮。芬克不記得這件事，但一些前BGI員工對此留下深刻印象。

「賴瑞是頭，可是他被卡皮托牽著鼻子走。這傢伙是個危險人物，你惹不起，就這樣。」一名熟知這場衝突的人說：「貝萊德的入門測驗是個人忠誠，這是最重要的，幾乎超過所有價值。」另一名貝萊德員工也說，忠誠是這家公司的重要面向：「如果要用一個詞來形容貝萊德的文化，就是忠誠。」

相對於卡皮托不得人緣，曾在BGI和貝萊德工作的人都對魏德曼讚譽有加。雖然他偶爾會犯蠢或腦子不清，但許多人認為兩家公司之所以能整併成功，必須歸功於他精明、健談、富同理心──以及梅塔和哈拉克大力相助。「馬可很棒，這件事他做得超漂亮。」克隆納說：「真正在舊金山下功夫的貝萊德高層只有他和查理・哈拉克，他們花時間了解我們的文化，也知道我們兩邊的作風不太一樣，有些事不能硬要我們照他們的方式做。要不是馬可和查理，我們恐怕現在還在整合兩間公司。」

• • •

然而，魏德曼還是覺得有美中不足的地方，其中最令他後悔的是：

一開始沒有說得更清楚這是收購，不是合併。雖然「收購」一詞聽來刺耳，但他認為當初如果把話挑明，後來就能處理得更俐落、也更不尷尬——他發現卡皮托比大多數人更快看清這點。

此外，貝萊德整併美林投管時已經見識過文化衝擊，這次是有備而來。他們非常清楚：即使舊公司內部未必和睦，可是當貝萊德的人進去，那些老競爭對手也會握手言和，一致對外。「我想，就算我找來兩群同一種文化、但彼此不認識的人，讓他們共處一室，他們也會看彼此不順眼。」魏德曼說：「這和文化完全無關。之所以會發生這種事，是因為最能讓人團結的莫過於新的敵人。」

不過，有兩件事的確出乎貝萊德意料。第一件是實務運作：貝萊德和BGI都規模不小，客群重疊很大。光是重整銷售團隊和分享客戶關係，就已經是一場硬仗；另一方面，許多投資者已訂有規則，設定與單一資產管理公司業務往來的上限，所以在整併之後的幾個月，貝萊德其實失去不少委託。第二件事很單純：紐約和舊金山距離太遠——不論在文化上或空間上都是。雖然大企業能在倫敦、香港或東京設立海外分社，讓它們各自保有地方特色和擁有自己的報告鍊（reporting line），可是這種模式在舊金山和紐約行不通，因為它們畢竟在同一個國家。而BGI的西岸總部規模太大，沒辦法整個遷到紐約。

這種問題有時會以看似瑣碎的方式表現出來。例如：貝萊德在美國航空開公司帳號，美國航空在紐約有中轉站，在舊金山沒有；BGI在聯合航空（United Airlines）開公司帳號，聯合航空可直飛世界各國。貝萊德收購BGI後，為了省下每年兩百萬元的費用，本想強迫舊金山的前BGI員工加入美國航空帳號，結果大受反彈。後來前BGI管理層承諾自行提

撥兩百萬元，讓員工繼續使用原來的聯合航空帳號。

最後，貝萊德實際上拔除了舊金山辦公室的領導層，將大多數報告鍊挪到紐約。雖然原本奇怪的平行組織系統因此解決，但魏德曼坦言，這樣做讓舊金山「黯然失色」了一段時間。克隆納認為，這次收購之所以尚能成功，是因為貝萊德雖然後知後覺，但總算明白：雖然兩間公司整併後的目標和價值觀必須一致，但表現這些目標和價值觀的方法可以各隨所好。只要舊金山和紐約能保持同一個方向，舊金山可以較為悠閒和知性，紐約也可以更有衝勁和商業氣息。「貝萊德讓舊金山保持他們的文化之後，事情開始進行得比較順暢了。」克隆納說。

儘管如此，魏德曼估計完成整合還是需要磨上漫長的三年。安碩部門併入貝萊德的進度尤其緩慢，直到 2011 年才大功告成。同年，魏德曼的辛勞得到回報，接手貝萊德所有的指數投資和 ETF 生意。今天，這名只要開口就滔滔不絕的前律師依然十分活躍，不僅掌管貝萊德的國際業務和公司策略，也公認是極有實力在芬克交棒後接掌整個公司的人選。

• • •

2009 年 12 月 1 日，交易正式完成當日，雖然 BGI 的門、信紙和筆上還是印著原來的標誌，但佛利蒙街 45 號的總部拆下原本的藍色招牌，換上貝萊德的大型銀色商標。

雖然對貝萊德來說，迅速而強勢地完成整併十分重要，立刻建立「一個貝萊德」精神更屬必要之舉，可是看在一些前 BGI 主管眼裡，這像是打了他們一巴掌。另一方面，芬克也向幾名前 BGI 主管抱怨整併不易，他簡直是花大錢給自己找麻煩。由於這筆交易有一部分是以貝萊德

的股票支付，而它的股價從宣布協議到正式完成之間又有上漲，所以貝萊德最後等於以一百五十二億元買下BGI。[3]

接下來是裁員，同時也有一定數量的員工選擇跳槽。在收購後的幾年內，估計有50％到75％的BGI常務董事被汰換。「他們毫無保留地展現馬基維利手段。」一名前BGI資深主管說：「君王（按：芬克）要所有的貴族完全效忠，不照做的基本上全都宰了。」

芬克並不覺得這樣做有什麼不對。相反地，他認為這次收購之所以能大獲成功，就是因為他們深信貝萊德集團只能有一個企業認同，而且他們有堅定的決心強化這個認同。相較之下，別的資產公司往往擔心這樣做會造成問題，於是瞻前顧後，不敢果斷處理。「執行起來確實很難。你會失去很多人手，因為他們寧可辭職，也要保有自己的領地和穀倉。」他說：「但我們絕不妥協。」

持平而論，經過葛勞爾和鄧恩多年以來與巴克萊不斷協商，許多BGI主管已經享有股東權益，這次收購其實為他們賺進一大筆錢。所以想當然耳，選擇兌現出場另覓他途的人不少。在全球經濟震盪時買下BGI的確是大膽的決定，但後續發展證明芬克是對的，這筆生意非常值得。

貝萊德有些主管說，其實當初連芬克都低估了BGI（尤其是安碩）的價值。其中一位表示：「它就像俄羅斯娃娃，每打開一個，裡面的那個都比外面的更漂亮。」不過，貝萊德很快意識到自己變得多麼龐大，而且以行動證明它比BGI更善於商業化和擴張。

3　Ricketts and Cobley, "Inside BlackRock's 'Once in a Lifetime' Deal with Barclays."

　　儘管卡皮托的作風引起不滿，但許多貝萊德的人把這次成功歸功於他精通營運，他的這種本事也影響了整個公司。與其他財富管理領域相比，指數型投資對營運能力的要求或許是最高的。同樣是追蹤標普500的指數型基金，如果你懂得規劃內部流程，讓價格更低、服務更好也更有效率，你就能勝過競爭對手，成為市場贏家。

　　貝萊德對投資的貢獻就和亨利‧福特（Henry Ford）對汽車的貢獻一樣：建立金融生產線，以幾乎無人能及的效率為投資人製造產品。「貝萊德成功的主因是公司內化了驚人的營運能力，讓他們可以形成無人能及的龐大規模。」一名前高階主管說：「對這方面最用心的是卡皮托，他專做這種裝水管、接電線的工作，所以他對貝萊德的貢獻不下於賴瑞建立這家公司。他成天在想怎麼用營運主管大軍增加效率。」

　　不過，公司的策略願景是芬克定下的。他很清楚——也許比BGI更清楚——人才固然重要，但指數投資業基本上是產品工程。事實上，指數投資業的成功關鍵之一，就是它排除人的因素。所以1998年葛勞爾突然離開BGI的時候，它的客戶並不擔心；現在BGI被貝萊德收購，他們也波瀾不驚。「你在乎豐田的老闆是誰嗎？我只想知道他們的車子好不好。」魏德曼說：「指數投資是加盟生意，與個人因素無關。」

　　在整併過程裡，貝萊德的文化也起了變化。為BGI打造第一批ETF的艾咪‧賽爾達格，在收購後獲得留任，後來升為指數投資主管，直到2017年初退休。雖然兩家公司剛開始有文化衝突，但賽爾達格說她很感謝芬克、卡皮托和貝萊德帶來好的機會，讓她在新環境裡進一步成長。「十年後，我覺得紐約辦公室變得溫和、客氣了一點，舊金山辦公室也變得強悍了一點。」她說：「現在的文化變得有點介於兩者之間。」

　　儘管一開始難免有摩擦，但這筆大膽的交易成果傲人。現在，貝萊德管理的資產已經超過九兆，比日本和德國加起來的年度經濟產出還高，幾乎是富達投信管理的資產的兩倍，成為美國投資叢林中前所未見的巨獸。

　　貝萊德之所以能稱霸，一方面固然要歸功於它的商業敏銳度，另一方面也是因為BGI的指數型基金行銷已領先業界。2014年夏，安碩的ETF生意跨過一兆元大關，魏德曼在倫敦辦慶祝派對，穿了一件美鈔圖樣的「兆元衫」出席（有一段時間，這件衣服在紐約貝萊德總部七樓的一小間非正式收藏室展示）。但這個紀錄也早已打破：到2020年，安碩管理的資產已達2.7兆，貝萊德的機構型指數投資生意則接近三兆，兩者合計占公司總管理資產的一半以上。

　　成功也反映在貝萊德的股價上。貝萊德的市值目前超過一千三百億，高於高盛——事實上，比普徠仕、富蘭克林坦普頓（Franklin Templeton）、景順（Invesco）、駿利亨德森（Janus Henderson）、施羅德集團、道富銀行加起來還高，而其中幾家是它的主要競爭對手。

　　不如市值具體、但十分重要的是：「賴瑞」已然成為華爾街的新君王。二十年前才自立門戶的他，以前所未見的速度將一家小債券投資公司擴張為金融帝國。今天，芬克不僅是全球金融界最有權勢的人，也成為各國總統、首相請益的策士，幾乎在世界各大企業的董事會都能發揮影響力。奇特的是，他甚至有功於讓世人認識魔力紅樂團（Maroon 5）——與他們簽下第一份合約的唱片公司是芬克資助的。[4]

4　Elena Holodny, "The Founder of $5tn Investing Behemoth BlackRock Helped Launch Maroon 5," *Business Insider*, April 18, 2017.

‧ ‧ ‧

芬克始終記取波士頓第一銀行的教訓,貝萊德的成功是他痛定思痛的成果之一。2016年為 UCLA 學生畢業演講時,他坦言那次失敗讓他刻骨銘心:「我當時以為自己已經夠了解市場,但我錯了——只要我一不留神,世界就變了。」[5]

他接著談到 UCLA 的傳奇籃球教練約翰‧伍登(John Wooden)。伍登會隨比賽的變化不斷調整策略,讓該校籃球隊在十二年內拿下十座冠軍。他曾講過:「只要學徹底,不怕不過關。」——這也是貝萊德創辦人的人生信念。抓緊時機收購 BGI 的決定,顯示芬克比大多數人更了解投資比賽的變化,也證明他調整策略的速度比任何人都快。

指數基金革命終於勝利,不但從沒沒無聞的邊緣地帶攻占華爾街核心,現在更逐漸併吞全球金融世界。金融業或許與一般人有些距離,但指數基金革命到目前為止已經為人帶來不少利益,讓每個人直接、間接地以更廉價的儲蓄方式收割成果。短短二十年內,美國共同基金的費用已幾乎減半。[6]

芬克將 ETF 的影響比做亞馬遜對零售業的改變:更便宜、更方便,也更透明。「資產管理業的設計向來艱深複雜,從來不考慮這些事。」他說。

不過,這樣的巨幅成長也開始帶來一些棘手問題:首先,高速創新未必符合投資人的最佳利益,也未必有益於維護金融系統健全;其次,

5　Larry Fink, UCLA commencement speech.
6　Investment Company Institute data.

被動型基金占全球投資業的比重越來越重；最後，指數型基金的生意已被少數巨型企業主宰。

CHAPTER
15

水能載舟，亦能覆舟
Purdey Shotguns

　　信仰一直是羅伯特・內茲利（Robert Netzly）的人生重心，支持他度過艱苦的童年，也伴隨他不斷轉換跑道，從年輕的牧師當到線上汽車業務員。但讓他找到天命的是富國銀行——指數型基金的精神故鄉。

　　2008年金融危機爆發後，內茲利工作的福斯（Volkswagen）代理商宣告破產，他也轉職到富國銀行財富管理部。內茲利身材纖瘦，戴粗框眼鏡，看起來更像科技公司的會計，而非巧舌如簧的股票推銷員。有一天，他為了準備教會講稿而上網搜尋聖經對金融的教導，結果意外發現一篇文章在談聖經與投資組合。那篇文章說：選擇投資組合不應只考慮金融因素，更應符合聖經原則。這名保守的基督徒頓時如醍醐灌頂。

　　內茲利年紀很小就親近宗教。他的爸媽都用藥成癮，在父親戒毒失敗後，父母二人在他三歲時離異。母親後來成功戒毒，自己帶大內茲利和他的自閉症弟弟。雖然教會很快成為內茲利的人生支柱，但他成年以前對討論自己的信仰總是不太自在。

　　身為財務顧問，內茲利對「社會責任投資」（socially responsible investing）並不陌生。社會責任投資勸人不要投資賭博業、軍火製造業和造成汙染的重工業，但內茲利總覺得這種說法太偏向自由派，與他的保守福音派

信仰相去甚遠。倒是「聖經責任投資」（biblically responsible investing）的概念立刻引起他共鳴，猶如聖靈親自擄獲他的心。[1]

出於好奇，內茲利將自己的投資組合徹底檢查了一遍，卻驚愕地發現：自己持有的三種生醫股竟然賣墮胎藥謀利。對這個公餘擔任反墮胎組織會長的人來說，這是晴天霹靂。更糟的是，他的投資組合裡不只這三種令他不安。「我的投資清單像是地獄版的『熱門股排行榜』，千瘡百孔，全是邪惡的東西。」他後來回憶道。[2]

這名年輕的財務顧問對這個發現打從心裡震驚。內茲利知道自己要是繼續待在富國銀行，繼續為客戶推薦他視為邪惡的股票，他於心難安。當天回家他就告訴妻子：上帝對他有新的計畫。「呃⋯⋯好⋯⋯但你知道我們有兩個小孩和房貸吧？新計畫是什麼？」她焦慮地問。[3]內茲利說他也不知道，反正好好禱告就對了。幾個月後，他離開富國銀行，創立基督徒財富管理（Christian Wealth Management），專為虔誠的信徒提供「聖經責任投資」，亦即完全按照他們所認定的基督教原則投資。很幸運地，這門生意一炮而紅，基督徒財管成為矢言為主做工的基督徒財務顧問的網絡。到2015年，他們管理的資產大約四千萬元。

可是他們遇上一個大問題：在當時，許多有意加入的財務顧問都為客戶投資便宜的指數基金，但這樣做一定會投資到他們不以為然的公司。傳統的主動基金或許比較能自行選股，可是在避免邪惡標的上並沒有好到哪裡去，何況它們高昂的價格和差勁的表現實在令人卻步。

1 Robert Netzly, "The Inspire Story," Inspire Investing, www.inspireinvesting.com/story.
2 Netzly, "The Inspire Story."
3 Netzly, "The Inspire Story."

內茲利與幾家指數型基金供應商接洽，希望他們能推出更符合他的客戶需求的產品。這種產品投資的公司必須嚴格篩選，絕不能直接或間接從他認定為邪惡的領域獲利（用他們的角度來看，就是與墮胎或色情業有關、或是積極支持同性戀、雙性戀、跨性別的公司）。不令人意外的是，這種不寬容的立場嚇壞了主流供應商，加上擔心引起公眾反彈，他們全都敬謝不敏。於是，內茲利不得不獨力完成。2015 年，他創立啟示投資（Inspire Investing），2017 年開始推出一系列「聖經責任」ETF。

啟示投資依是否合乎保守基督教價值為各公司評比，再將分數轉化為 ETF 追蹤的指數，如此一來，從顯然違背保守信條的公司（如酒商），到立場稍有疑慮的企業（如支持 LGBT 平權的蘋果和星巴克），只要啟示投資認定有問題，就全部排除。此舉自然引發怒火。「我們絕對不恨任何人，我們當然希望人人過得好。但對於什麼是好、什麼是不好，我們的看法顯然不同。」內茲利說。

誰知道，用這套辦法篩選出來的公司五花八門。除了有能源公司、礦業公司、幾家零售商、電腦晶片製造商輝達（Nvidia）以外，更奇怪的是還有英國皇家郵政和馬來西亞的一家橡膠手套製造商——而且該公司同時生產保險套。這些公司的績效良莠不齊，恐怕連上帝都不曉得啟示投資的 ETF 賣的是什麼膏藥。它的第一檔產品 BLES 從一開始就輸給全球市場（但 BLES 這個代號倒是挺適合一檔宣稱依據聖經啟示的 ETF），另一檔 BIBL 選擇的是比較大型的股票（不像 BLES 的那麼分散和國際化），表現大致類似標普 500。

不過，啟示投資還是成功了。到 2020 年，它所有的聖經 ETF 管理的資產終於突破十三億。「我們想竭盡所能榮耀上帝，想為神的榮耀在

全世界啟動轉化。我們認為推廣這種ETF概念是最好的辦法。」內茲利說：「讚美神，這樣做真的成功了。」

儘管這些聖經帶友善ETF有其爭議，但啟示投資是ETF改變指數基金業的鮮活案例。拜ETF技術之賜，以往相對簡單、主要只是股市現象的東西，現在幾乎在金融體系的每一個角落建立灘頭堡。

雖然有些支持者認為這樣的金融產品生態系活潑多元，讓各種口味的投資人都有選擇空間。然而，它也逐漸變成危險的叢林。ETF固然進一步帶動了指數型基金，但因為各種金融證券都能輕易打包到ETF裡，它反而讓投資人犯錯的風險變高。弔詭的是，指數型基金一開始，正是為了降低風險而發明。「ETF有點像普迪獵槍，名氣很大，去倫敦的人都想買一把。」約翰・柏格有一次評論道：「它是有史以來最好的獵槍。去非洲打獵很好用，可是拿來自殺也很好用。」[4]

• • •

ETF是潛力無窮的新金融技術。巴克萊全球投資也許是最早看出這點的公司，但它絕不是最後一間。在2000年代初期，安碩曾以閃電擴張的方式攻占市場。但這種策略已經變質，現在連一些ETF支持者都說它像「義大利麵加農砲」：[5]一大堆供應商爭相濫造日益小眾的產品，開砲再說，亂打一通，看看哪個能成功。

4　Lewis Braham, *The House That Bogle Built: How John Bogle and Vanguard Reinvented the Mutual Fund Industry* (New York: McGraw-Hill, 2011), chap. 12, ePub.

5　Ben Johnson, "Ready, Fire, Aim: The ETF Industry Blasts Its Spaghetti Cannon," Morningstar, June 17, 2016.

　　根據美國投資公司協會（Investment Company Institute）的數據，2000年時只有88檔ETF，管理的資產只有七百億；指數共同基金則有超過五百檔，管理的資產是四千兩百六十億。十年後，ETF的數量暴增到2,621檔，稍微超過指數共同基金的數量，可是ETF管理的資產仍落後它更傳統、也更主流的對手1.5兆元。同樣依據美國投資公司協會的資料：到2020年末，全球已有將近七千檔ETF，管理的資產為7.7兆，在數量上是美國投協追蹤的傳統指數型基金的兩倍，管理的資產則終於與它們年長的表親並駕齊驅，接近美國主動管理共同基金的數目。

　　大多數的錢都放在大型、主流的ETF中，例如道富銀行最早推出的SPDR，或是其對手貝萊德和先鋒的標普500 ETF。直到現在，ETF產業主要仍是美國的天下。雖然日本以外的第一檔亞洲ETF在1999年發行，歐洲也在2000年推出第一檔ETF，但依據JP摩根的資料，全球仍有三分之二的ETF是在北美的交易所上市。

　　不過，在過去十年，世界各地的ETF數量暴增，有些新ETF更近乎怪誕，連ETF的支持者都開始為這種現象憂心。2008年繼任傑克·布倫南為先鋒執行長的比爾·麥可奈普（Bill McNabb）就是如此。雖然他積極擴大先鋒的ETF版圖，可是2016年赴佛羅里達參加業界最大的年會時，他呼籲與會者放慢速度。

　　「現在，業界像是每三十秒就推出一個新的ETF。」麥可奈普向聽眾抱怨道：「我們得非常小心。因為如果我們腳步太快，大眾會開始質疑我們最初的架構。有的類型實在令人費解。」[6] 這位先鋒執行長提出警

6　Janet Levaux, "Vanguard CEO Pleads for Slowdown on ETF Rollouts," *ThinkAdvisor*, January 25, 2016.

示：金融界以前也出現過類似怪象，「就像1980年代的共同基金，並不是每一檔基金都能圓滿收場。」

不過，邁阿密外的這個會場喧鬧如嘉年華，沒幾個人聽進麥可奈普的逆耳忠言。投資人近年能投資一種小眾、「主題式」的ETF，它宣稱能大範圍投資特定主題的產業而從中獲利。主題從全球肥胖症流行、線上遊戲、千禧世代崛起、威士忌產業、機器人、人工智慧、清潔能源、太陽能、自動駕駛、鈾礦開採、女性董事名額，到雲端運算、基因體科技、社群媒體、種植大麻、淨水工程、反向市值加權美國股市、健康與健身、有機食物、高齡照顧、鋰電池、無人機、數位安全，無所不包。甚至有一小段時間還能投資經營ETF的公司的股票。雖然有些更具實驗性的基金吸引到投資人，但更多的是表現欠佳，甚至遭到清算，資金則繼續轉向下一個更新、更流行的標的。

浮濫推出這類怪異產品的公司說：在自由市場，他們有權生產各種實驗性的產品，看看它們能否獲得投資人青睞。畢竟，投資有時候就是需要一點運氣。以HACK為例，這檔ETF買的是網路安全公司的股票，2014年上市後立刻遇到索尼影視（Sony Pictures Entertainment）資料外洩，一系列令人尷尬的內部信件外流，造成公關災難。HACK的財富像火箭一般迅速攀升，從2014年到2015年中，它的資產從零暴增到將近十五億。最後，鉅額的管理費收入讓經辦商展開一場激烈的爭奪戰。別的新ETF需要時間成長，不像HACK這樣一飛沖天。范達金礦ETF（VanEck Vectors Gold Miners ETF）花了兩年才突破十億大關，現在的資產是十六億。[7] 雖然這種成功案例越來越少，但許多小型ETF供應商還是抱著一絲鯉躍龍門的希望，繼續咬牙苦撐。

ETF的數量現在差不多八千檔。聽起來很多嗎？事實上，與宇宙爆炸級驟增的金融指數相比，這只是小巫見大巫。拜指數型基金擴散之賜，過去視為冷門、乏味的指數設計生意，現在成為財源滾滾的產業。如今除了最大的標普道瓊指數、MSCI、富時羅素之外，還有為客戶量身定做的各種基準。據指數產業協會（Index Industry Association，由業內大型公司組成的同業公會）統計，光是它的會員仍在維持的指數就有將近三百萬個。[8]

除了指數產業協會記錄有案的指數以外，還有成千上萬的指數是由銀行維持（通常是銀行為客戶量身打造的投資產品），或由指數型基金自製（目的是省下付給主要指數供應商的高額授權費），後一種類型稱為「自製指數」（self-indexing）。[9]

對照來看，全世界目前只有大約四萬一千家上市公司[10]，而它們實際上只有三到四千檔股票可以交易。這常常被提出來當指數革命正反噬自己的首要證據。

• • •

7 事實上，這種成功速度在今日已是飛快。以一檔專買銀礦探勘「小型股」的ETF為例：在2013年推出之後，它超過三年幾乎沒人注意，只靠著不到一千萬的資產蹣跚成長，接下來四年大部分時間的資產也少於一億元，2020年才暴衝到超過八億。

8 Index Industry Association, "Index Industry Association's Third Annual Survey Finds 2.96 Million Indexes Globally," Business Wire, October 25, 2019.

9 德國證券交易所（Deutsche Börse）旗下的分析公司昆提科（Qontigo）甚至成立自製指數「工作室」，讓人人都能創造自己想要的基準，再將比較無聊的維持工作外包給昆提科。

10 OECD, "Who Are the Owners of the World's Listed Companies and Why Should We Care?," October, 17, 2019.

　　該怎麼看這個現象呢？許多人也許覺得可笑，認為這是好主意變成蠢東西的另一個例子。2018 年，伯恩斯坦公司（Bernstein）財經研究部分析師伊尼格・弗雷澤－簡金斯（Inigo Fraser-Jenkins）寫了一本小說，對這種指數「奇點」（singularity）大大取笑了一番。書中的主人翁是個孤獨的無名英雄，他想挑戰一項艱難的任務：創造出所有可能的股市指標。「有人說根本不該創造顯然無用的指標，也有人說要是做了指標之後才發現它沒什麼用，就該硬下心腸淘汰它。」弗雷澤－簡金斯筆下的主角「反駁這種看法——誰有資格說某個指數有用、另一個指數沒用？」[11] 不過，這位無名英雄的終極目標是創造一種終極指數（Ultimate Index）。有了它以後，別的指數都不必存在。弗雷澤－簡金斯的主人翁在心裡沉思終極指數的意義：

　　　　它一定很美。所以在某種意義上，它應該也算藝術品吧？有人說它能呈現所有可能資產的最佳配置。他越來越認為它不應、也不能局限於股市，反而應該綜合所有股票、債券、商品和其他金融資產的權重，反映人類社會對不同類型資本的需求。這個指數若能滿足這些需求，將立刻為社會帶來益處，並且大獲成功。也有人懷疑這種指數是否可能存在，畢竟，社會對自己的認識是否足夠？能不能知道各種資產的最佳配置應該是什麼？

　　弗雷澤－簡金斯這樣講或許有點刻薄過頭。因為在目前這三百萬個

11　Inigo Fraser-Jenkins, "The Man Who Created the Last Index," Bernstein, November 23, 2018.

指數裡，其實很多並無疑義，只是反映同一種東西的不同面向而已。舉例來說，各種標普500指數裡可能有不少是以不同貨幣命名。這三百萬個指數裡有排除槍枝股的客製指數，也有排除酒商、賭博、銀行的伊斯蘭指數。此外，有些指數調整權重的依據不是股市價值，而是環境、政治或社會標準。這三百萬個指數不只包括龐大的全球債券市場，也包括商品市場。就像二十六個英文字母能組合出無數本推理小說、青少年故事、純文學和冗長的指數基金書，沒有人能限制我們能夠或應該創造出多少金融指數。

不過，各種類型的指數與指數型基金暴增仍舊不是好事。當初之所以發明指數型基金，是因為發現大多數人的投資能力都很差，不論專業財富經理人、為存退休金而投資的牙醫，或是二十多歲玩當沖賺快錢的失業青年，都是如此。如果希望長期結果是好的，最好的辦法就是購買大範圍、夠分散的證券投資組合，並盡可能減少交易。約翰・柏格的金融帝國就是靠這兩個基本原則建立的。

可是，不論你選擇押當紅網路公司股，還是買生技或機器人ETF，差別其實不大。既然挑哪一檔指數基金投資本身就是主動選擇，「主動」和「被動」投資的界線一直是模糊的。建立指數也很少完全依據量化結果，畢竟指數供應商大多都會在某種程度上經過權衡再做決定。所以，哪些證券被放進基準也是「主動」選擇，只不過做決定的是匿名的指數委員會，而不是富達投信或普徠仕的哪個投資組合經理人（詳細討論請見下一章）。近年根據各種指數推出的ETF數量暴增，等於完全抹去了主動和被動投資之間的界線，這種發展很可能造成不好的結果。

更令人憂心的是：如果我們進一步審視這些ETF所參考的指數，會

發現這些指數的建立過程相對不透明，有些案例甚至是故意不透明的。現在的最新趨勢是「主動管理式」（actively managed）ETF。它們基本上是改頭換面的傳統基金，由分析師、交易員、投資組合經理人操作，運用的是更具優勢的ETF架構（可交易，在美國享有稅收優惠），而非二戰以後習於使用的傳統法律工具。

貝爾斯登（Bear Stearns）在2008年就推出了第一檔主動型ETF。它投資的是短期債務憑證，代號YYY——這個代號當然被拿來開玩笑，追問究竟「為什麼、為什麼、為什麼」（why why why）會有投資人選擇主動管理式ETF。由於一些重大缺陷，主動管理式ETF成長緩慢，它的資產到2020年末才兩千四百億左右。它最大的問題是：ETF必須每天公開其所持有的股票，才能讓內特・莫斯特率先開發的增設／贖回機制順暢進行，也才能讓股票得以買賣。可是，許多主動型經理人不願讓對手知道自己談了筆好交易。

但經過幾年遊說，美國證管會現在開始批准替代方案，容許公司推出「半透明」ETF，延後公開自己的持股。投資界為這種選擇沸沸揚揚，因為它可能可以扭轉主動型基金長年遭受的資金流出之苦。這種產品叫主動式非透明ETF（active nontransparent ETF），向來鍾情縮寫的金融業常常稱之為ANT。

不過，投資人對它感不感興趣仍有待觀察。在這個領域闖出一片天的，有美國頂尖科技股投資人凱西・伍德（Cathie Wood），她透過投資熱門股（如特斯拉）成功建立主動式ETF帝國。但值得注意的是：只有美國有稅收優惠，透明性對大多數投資人而言可能並不重要，而且主動式管理ETF的收費較高，所以它們應該不致挑戰傳統低價指數

型基金的地位。

有人認為，ETF越來越多，代表這個產業是成功的。投資人總算能依自己的偏好選擇指數型基金，不再只有少數幾種可以選擇。現在，不論你的投資喜好是什麼，一定找得到符合你的口味的ETF。這樣講或許也沒錯，但問題十分明顯：ETF的演進與擴散讓投資人更有能力犯錯——而且是許多指數基金投資人希望能避免的那種錯。

不過，「主題式」ETF浮濫歸浮濫，與過去十年出現的衍生性商品指數基金（derivatives-based index funds）相比，它的潛在問題還沒有那麼大。光從一件事就能看出衍生性商品指數基金的風險：不但投資業「三巨頭」貝萊德、先鋒、道富對它避之唯恐不及，比較小型的公司也對它敬謝不敏。原因無他：它們擔心這種更小眾、更複雜的產品出紕漏，壞了整個指數基金業的名聲。

• • •

2018年初，拜川普總統削減企業稅之賜，股市漸漸回春，讓金融危機後的美國經濟暫時以穩定、但仍稍嫌不足的速度慢慢復甦。美國股價一波高過一波，而且多日保持揚升，沒有出現嚴重下跌，時間之長打破1960和1990年代的紀錄。不幸的是，這片榮景沒能持續多久。

在1月底幾天緊張的交易後，股市在2月5日開始崩盤。當天收市時，標普500下跌4%，是2011年歐洲危機以來最大的單日跌幅。那一週結束時，美國股市下跌10%，是史上最快的市場修正之一。全球股市在短短五天內蒸發4.2兆，比那斯達克指數在網路泡沫破滅時（2000到2002年）的全部損失還多。

　　有人說這次股災的近因是債券市場出現拋售潮，連帶影響股市。
但這種說法無法解釋為什麼這次衰退這麼嚴重、這麼快，畢竟當時經濟
正處蓬勃。當天真正引爆問題的，其實是少數極其複雜的ETF，它們將
衍生性商品打包出售，讓一般投資人押美國股市的波動能維持在可控範
圍。雖然它們當時管理的資產只有三十億，但它們的崩潰突然啟動一連
串自動賣出指令（其他投資策略已將自動賣出指令與波動率牢牢綁定），
成了引起雪崩的關鍵雪球。

　　精確來說，這些波動基金其實不是ETF，而是ETN——交易所交
易證券（exchange-traded note，台灣多譯為「指數投資證券」）。其中最大
的是VelocityShares的每日放空短期波動率指數ETN（VelocityShares Daily
Inverse VIX Short-Term ETN），大多數人知道的是它的代號XIV。ETN是
羅伯・涂爾的OPALS的遠親，它是可交易的基金，貌似傳統ETF，但
實際上是合成型債務證券，由華爾街金融工程師設計，模仿特定指數
的表現。ETN彈性大，很容易製作稀奇古怪的產品，例如用衍生性商
品增加潛在收益的「槓桿型」（leveraged）ETN，還有讓投資人押價格下
跌的「反向型」（inverse）ETN。雖然這類產品被統稱為交易所買賣產品
（exchange-traded product，或ETP），但實際上，很多人把它們和ETF混在
一起，也稱它們為ETF。

　　XIV是與VIX指數連結的反向型ETN。VIX指數常被稱為華爾街的
「恐慌指標」（Fear Gauge），因為它以衍生性商品的價格預測美國股市的
短期波動。換句話說，XIV這種基金其實是衍生性商品的衍生性商品，
而且不論你懂不懂金融，每個人都能買。只要市場波動不大，它就能讓
你賺上一筆，可是一旦掀起風浪，它也會引發極為嚴重的災難。更糟的

是這種基金十分複雜，它的崩潰會回淹股市，讓拋售更加惡化。簡言之，XIV和相關產品背後隱藏著複雜與脆弱，但許多一般投資人對此一無所知，在2018年2月的股災中相繼滅頂。[12]

XIV的經辦商瑞士信貸（Credit Suisse）很快將它關閉。貝萊德唯恐這場股災破壞ETF的形象，發出一篇措辭異常直白的聲明：「反向型與槓桿型交易所買賣產品不是ETF，在壓力下的表現也不如ETF。所以安碩從不提供這類產品。」[13]

許多反向型、槓桿型和其他衍生性商品ETP，在隨COVID-19而來的市場騷動中遭受另一波打擊。超過四十檔ETP很快被經辦商中止（大多與商品指數有關），其他的雖然也受到重創，但已引起一些混亂。[14]舉例來說：在2020年4月，有一檔叫USO的石油衍生性商品ETF，居然史無前例地讓美國原油價格短暫跌為負值。我們在第十七章還會談到，有一檔債券ETF在3月時也引起疑慮。然而，即使2018年2月到2020年3月出了這麼多事，衍生性商品ETF的人氣依然不減。

第一檔槓桿型ETF是ProShares在2006年推出的，ProShares當時剛剛起步，還是小型投資集團。但根據晨星的資料，到2018年初，

---

12 兩名平時做當沖的素人音樂家也深受其害。他們為湯姆・佩蒂（Tom Petty）的〈自由墜落〉（Free Fallin）重新填詞，拍影片哀哀歌唱，嘲諷自己犯下的錯，並上傳至YouTube。重填的歌詞是："It's a long day, watching a correction / The S&P crashing through the floor / I bought the XIV, 'cause I'll make my money back / I'm a bad boy, 'cause I bought even more / Now XIV is free fallin' / Yeah, XIV is free fallin'," 。

13 Jeff Cox, "BlackRock Distances Itself from the Products That Have Freaked Out the Market," CNBC, February 6, 2018.

14 J. P. Morgan Global ETF Study, 2020, https://am.jpmorgan.com/lu/en/asset-management/adv/insights/portfolio-insights/etf-perspectives/global-etf-survey.

ProShares以槓桿型和反向型ETF擁有的全部資產超過七百億。雖然
XIV事件後資金大量流出，ProShares直到2019年12月才恢復這個水準，
可是到2021年3月，他們的資產飆破一千三百億。儘管這個數字非常驚
人，但恐怕還是低估了他們平日對市場的影響，因為他們的產品主要是
短期交易工具，而非長期儲蓄工具。換句話說，他們累積的資產很少超
過以陽春ETF為主力的公司。

• • •

十年喧囂過後，有跡象顯示指數型基金的發行潮正在放緩。這個領
域已經徹底被幾家大企業瓜分（主要是貝萊德、先鋒和道富），而且他
們可能永久占據。小眾產品無分大小，也是如此。

指數基金業無疑會繼續創新，推出更多作用不同、價值也不一樣的
產品。但值得注意的是，近幾年有不少ETF陸續下市。COVID-19造成
的衰退已經把幾千檔ETP送進墳墓，但當然，還會有更多產品接著上
場。有些業界人士認為下一輪指數革命即將到來，對此也樂觀其成。這
次引領風騷的新產品是直接指數投資（direct indexing）。

想量身定做指數型基金的不只內茲利，有些投資人也希望能排除
礦業公司和軍火公司。這個願望現在已相對容易達成，因為大多數主要
指數供應商已經回應客戶的需求，提供不同特色的招牌產品。直接指數
投資順勢將客製化帶向下一個階段。選擇它的投資人不是買指數型基金
或ETF，而是買特定基準裡所有（或幾乎所有）的個別證券。這讓投資
人能自由創造自己偏好的投資組合，能更有效率地收割個別證券的損失
（至少在美國是如此）。它就像把標普500或富時羅素100的所有股票變

成預設選項，再刪掉裡頭不合你胃口的公司。只要一眨眼的功夫，為顧客量身定做的指數型基金就完成了。顧客可以依自己認為適當的時機和方式調整。

直接指數投資雖然不是全新的東西，但最近有三個發展改寫了它的前景。首先，科技進步大幅降低實際執行的難度，過去連電腦也難以處理的任務現在變得容易解決。其次，交易成本近年急速調降，有的甚至免費，價格更能與便宜、簡單的指數型基金競爭。第三，「零股」的出現不但給投資人更多彈性，讓他們能購買價格過高的股票的一部分，也讓更多人能選擇直接指數投資。

不過，直接指數投資能否代表下個階段的指數型投資，成為指數型投資3.0？目前還有待觀察。許多大型機構投資者其實已經進入這個階段，但一般投資人應該會繼續擁抱簡單的方式，選擇點點滑鼠輕鬆購買一檔或數檔指數型基金，而不是多花時間思考個別持股或權重。事實上，如果將直接指數投資運用到極端，其意義與不分散地購入多檔股票也相去無幾。

無論如何，現在十分清楚的是：在可見的未來，大筆資金仍會繼續流入傳統指數型基金和ETF。而這種現象對市場、投資管理業和金融業整體的影響，也會愈發明顯。

CHAPTER

16

資本界的新頭人
The New Captains of Capital

2020年，在肺炎疫情衝擊下，特斯拉的一般投資人紛紛坐困家中，用紓困金操作當沖打發時間。這家電動車公司的股價一路暴衝。到了11月，另一個重磅消息再次震撼這群投資大軍，並將伊隆‧馬斯克（Elon Musk）這家公司推向世界顛峰。

雖然特斯拉過去十年在股市頗有斬獲，但金融基準界的龍頭供應商標普道瓊指數始終聞風不動，一直沒有把它納入自己的招牌產品標普500指數。原因其實很單純：只有持續獲利的公司才能登上標普500，而特斯拉還在努力。

可是到2020年夏，特斯拉終於達成連續四季獲利的目標，取得進入標普500的門票。毫不令人意外的是，這個消息讓它的投資大軍士氣大振。到11月底，標普道瓊指數的基準委員會一正式宣布納入特斯拉，立刻引爆交易狂潮，讓它的股價一飛沖天，市值一舉突破四千億。到12月21日真正將它納入標普500的時候，它的股價從宣布消息起已上漲70%，使特斯拉的市值超過六千五百億。[1]

---

1 Peter Santilli, "Tesla Stock Joins the S&P 500: A Game Changer," *Wall Street Journal*, December 21, 2020.

為什麼只是調整一個金融指數——而且這個指數的名氣常被道瓊工業平均指數蓋過——就能讓特斯拉的身價一夕暴增數千億？簡單來說：因為有指數型基金推波助瀾。

由於基金經理人會依照標普500衡量各公司的績效，所以特斯拉上榜之後，也成為他們的投資標的——但他們還是可以選擇買或不買。可是依被動指數策略追蹤標普500的幾兆資金不一樣，它們沒得選擇，只能按特斯拉在基準中的權重買下它的股票，不論價格高低，也不論你欣不欣賞特斯拉的生意。

在以前，為金融市場提供指數一直被當成乏味的工作，一開始常常只是金融大報的副業，例如《華爾街日報》的道瓊指數、《金融時報》的富時100、《日經新聞》的日經指數。沒人認為它們能為公司賺進多少錢。但今天，創造基準本身已經成為獲利極豐的產業，由MSCI、富時羅素、標普道瓊指數「三巨頭」主宰。它們加起來的市占率大約70％，可以說是金融界最少引起注意的實力券商。

它們為什麼有實力？很簡單，因為它們已經從市場的快照變成影響市場的力量。之所以發生這種變化，主要是拜指數型基金之賜，因為這些基金其實是把自己的投資決定交給了創造基準的公司。

指數供應商操縱的金額其實十分驚人。從公開、量化、與指數有關的共同基金和ETF，到捐贈基金、退休基金、主權財富基金內部使用的指數導向投資策略，現在直接和各種金融基準綁定的資金可能超過二十六兆。[2]美國幾乎每家主要公司最大的股東都是指數型基金，國際

2　我在第一章談過我如何粗估指數策略界的整體規模。

潮流也是如此。

　　事實上，從強悍的避險基金和私募股權公司到傳統共同基金，全球投資業掌控的資金更加充沛，絕非指數型基金所能望其項背；要是與更龐大的全球金融資產相比，指數型基金的二十六兆更顯渺小。然而，指數型基金目前仍在高速成長，仍在與它身價更高的對手爭奪市占率。我們越來越難忽視它日益提高的影響力，連一些支持它的人都承認：有越來越多跡象顯示指數型基金正反客為主，反過頭來左右市場。不論從看得見的錢或看不見的影響力來說，指數公司本身都是最大的受益者。

• • •

　　指數發揮影響的方式十分隱晦，很少引起注意，連金融業的圈內人都常常視而不見。但特斯拉的例子告訴我們：在一家公司的股票或債券登上主要指數之後，它可以鯉躍龍門。[3]

　　對規模和交易量較小的股票來說，能否入選主要指數的影響更是驚人。2019年，MSCI才宣布要將中國大理石製造商雅高（ArtGo）列入基準，這家規模不大、利潤不豐的公司隨即股價爆漲，上漲3,800%。但沒過多久，由於一些分析師質疑這家公司營運不透明，MSCI改變主意，雅高的股價跟著狂瀉，不但收益盡失，還倒賠一些。[4]另一個指數公司影響日增的例子是：標普道瓊指數的一名員工搶在公司公布基準前交

3　反之，被踢出榜外後果堪慮。法國興業銀行（Société Générale）和西班牙對外銀行（BBVA）都有切身之痛。2020年9月3日，相當於歐版標普500的歐股50指數（EURO STOXX 50 index）宣布將這兩家大銀行除名，它們的股票應聲大跌。

4　Hudson Lockett and Daniel Shane, "Investors Lose Billions as Bubble in Two HK Companies Bursts," *Financial Times*, November 21, 2019.

易，淨賺九十萬元，2020年以內線交易罪名遭到起訴。[5]

入選指數之所以能產生龐大效應，不只是因為被動投資的關係。即使是傳統的主動經理人，能在基準以外的公司投資多少也有限制。雖然他們不是非得投資登上指數的公司不可（被動型基金則別無選擇），但多半還是會這樣做。此外，衍生性商品（如期貨）也常常和這些基準連在一起。所以，就算1970年代沒發明指數型基金，指數還是會有相當的影響力（雖然可能比現在少）。

最近有學術研究指出：指數登榜效應可能正在衰退。2020年由班傑明·班內特（Benjamin Bennett）、何內·史徒茲（René Stulz）、王澤熙（音譯，Zexi Wang）發表的論文發現：儘管指數型基金的版圖日益擴大，但入選標普500的漲幅早已逐漸下降，目前已經消失。這可能與投資人提早加碼預料會入選的股票有關，所以等到正式宣布的時候，大部分漲幅已經反映在股價裡了。登榜效應降低的另一個原因，也可能是入選的公司進入標普500後變得過度自負，以致收益降低。[6]

雖然也有其他研究做出不同的結論，但毫無疑問的是：不論對投資人或公司本身來說，入選大型股市指標影響甚鉅——特斯拉是最好的例子。之所以會產生這種現象，最大原因是被動投資策略蔚為風潮，而這種策略與指數密不可分。標普道瓊將特斯拉納入指數時就估計過，為了購入特斯拉股票，指數基金業將賣出市值五百一十億元的其他股票。[7]

5 Patricia Hurtado, "S&P Index Manager Charged with $900,000 Insider-Trading Scheme," Bloomberg, September 22, 2020.

6 Benjamin Bennett, René Stulz, and Zexi Wang, "Does Joining the S&P 500 Index Hurt Firms?," National Bureau of Economic Research, July 2020.

　　為什麼指數公司能因此得到影響力？因為創造基準是一件既複雜又被低估的工作。我們往往以為指數是市場的客觀映像，至不濟也是市場好看一點的快照。不論大家什麼時候談到美國股市，拿來評價市場好壞的標準常常是標普500。但事實並非這麼單純。

　　雖然指標大多是依據冷硬的量化標準創造的，但該用哪些量尺、股票如何加權，都是由指數供應商決定。有兩名法律學者說過：雖然我們傾向把指數當成近乎柏拉圖式的純數學概念，但這種誘惑是「客觀性的迷思」。[8]創造指數的過程絕不可能排除人的判斷。

　　舉例來說：標普道瓊指數公司在2017年宣布，該公司的旗艦美國基準將改弦更張，往後不再納入多重股權結構的公司。[9]這是影響深遠的重大決定。如果公司的創辦人既想將一大部分的股票上市，又想繼續控制公司，其中一種辦法是發行兩種股票：一種公開發售，但股東只有經濟權，沒有投票權（或投票權受限）；另一種由創辦人自行持有，以便繼續掌控董事會。採取這種作法最有名的是谷歌和臉書。而標普道瓊指數決定：如果這類公司目前已經在標普500指數裡，他們不會特別剔除，但往後列入的公司必須符合「一股一票」原則。

　　看到一家指數公司願意力挺股東平等、股股等值的民主管理方式，輿論一片喝采。然而，這個例子正清楚顯示：藉由設立標準，標普道瓊

7　Noel Randewich, "Tesla to Join S&P 500, Spark Epic Index Fund Trade," Reuters, November 16, 2020.

8　Gabriel Rauterberg and Andrew Verstein, "Index Theory: The Law, Promise and Failure of Financial Indices," *Yale Journal on Regulation*, 2013.

9　Nicole Bullock, "Investors Hail S&P 500 Move over Multiple Class Shares," *Financial Times*, August 1, 2017

和其他指數公司其實足以發揮實質影響，涉入公司治理的核心領域。標普道瓊的這個決定也許是對的，但有些領域是否應該由立法機關、而非私人企業規範比較好？仍然值得深思。

另一個例子是聯合利華（Unilever），它為了留在富時100而取消搬遷總部的計畫。這家聲譽卓著的消費品集團原本是兩家公司，一家是英國肥皂製造商，另一家是荷蘭人造奶油公司，1929年才合併成一家。有感於現存的英荷雙頭結構遲早會出問題，他們決定將總部從倫敦遷到荷蘭。但他們發現：如果將營運工作搬到荷蘭，公司會被英國富時100指數除名，許多大股東也會跟著拋售股票。幾經權衡之後，他們不得不重做打算。[10]

連公司被歸入什麼產業這種看似平凡的選擇，都會產生龐大的影響。如果不曾仔細研究道富和先鋒的美國科技ETF（兩者管理的資產合計超過八百億元），許多投資人或許不知道：亞馬遜、臉書和谷歌的母公司Alphabet都不在其中。為什麼？原因很單純：因為標普道瓊指數將它們分別列為零售商和通訊公司。被歸為科技股的反倒是製造電子設備的蘋果，以及信用卡公司萬事達和Visa。

分類永遠有深入討論的空間，不應該被當成小眾議題。因為它牽動資金流動，間接造成的影響可能很大。2020年，約翰尼斯・派崔（Johannes Petry）、楊・費希特納（Jan Fichtner）、易爾克・西姆斯柯克（Eelke Heemskerk）在〈操縱資本〉（Steering Capital）一文中指出：隨著被動投資蔚然成風，指數供應商「在資本市場中獲得私人權威的地位，帶來深遠

---

10 "Unilever Ditches Plan to Move to Rotterdam After Shareholder Pressure," DutchNews.nl, October 5, 2018.

的政治經濟後果」。[11] 雖然標準改變可能也經過指數供應商、客戶和相關公司的漫長磋商，但最後下決定的還是指數公司本身。

這三名學者結論道：「因此，在這個被動資產管理的新時代，指數供應商變成具有實質規範力的守門員，可能對企業治理和國家經濟政策產生重要效應。」

· · ·

如〈操縱資本〉一文所說，現在連國家都不得不承認金融指數的重要性。為了讓自己的股票或債券入選、升級或至少不要被降級，國家有時會對主要基準供應商進行祕密但激烈的遊說。

2016年，曾經協助貝萊德的安碩誕生的國際股市指數巨人MSCI威脅，要將秘魯從「新興市場」（emerging market）降為「邊境市場」（frontier market），因為該國的交易所規模不大。雖然將開發中國家分成兩種不同類型的市場似乎怪異，但兩種市場的收益判若雲泥：在當時，追蹤更主流的MSCI新興市場指數（MSCI EM index）的資金達1.5兆（其中包括主動投資和被動投資），追蹤MSCI邊境市場指數（MSCI Frontier index）的資金則只有一百二十億。[12]如果被降級，這個拉丁美洲小國吸引外資的能力會受到重創。此外，秘魯降級也可能造成負面的外溢效應：如果秘魯進入邊境市場指數，該指數裡其他國家（如巴基斯坦和奈及利亞）的

---

11 Johannes Petry, Jan Fichtner, and Eelke Heemskerk, "Steering Capital: The Growing Private Authority of Index Providers in the Age of Passive Asset Management," *Review of International Political Economy*, December 10, 2019.

12 Steve Johnson, "MSCI Peru Ruling Threatens to Unbalance Frontier Index," *Financial Times*, April 29, 2016.

權重將驟然下降。

　　秘魯積極遊說，也承諾擴大交易所規模，最後好不容易說服MSCI紐約總部高抬貴手〔13〕，秘魯財政部長阿隆索・賽谷拉・瓦希（Alonso Segura Vasi）總算鬆了口氣。他後來對彭博社說：「不論指數公司是把你放進指數，還是把你從指數裡汰除，他們的決定都深深影響投資人對市場的選擇。他們的確掌控了公司和國家通往資本市場的管道。」〔14〕

　　希臘不像秘魯這般好運。陷入經濟危機後，它被MSCI、富時羅素、標普道瓊降等，成為第一個跌出「已開發市場」（developed market）名單的西方國家。不過，降等不一定是壞事。有時寧為雞口，毋為牛後。與其在更大的基準裡渺如一粟，被那些眼裡只有西歐和美國企業的投資人棄如敝屣，希臘股票降到新興市場後反而表現得更好。南韓情況類似：雖然它們比許多名列已開發市場的國家富裕，但似乎樂於留在新興市場這個類別。畢竟，只要能吸引夠多資金，在較低的指數中享有更高的權重也不錯。

　　現在，不只小國非常在意自己被列入哪個指數，大國也不例外。為了讓自己的股市列入新興市場指數，中國頻頻向MSCI施壓，據傳還以該公司在當地的生意要脅。〔15〕2018年，北京獲勝，中國不但入選，還獲得漸進增加權重的承諾。

　　從某些層面來看，納入中國不無道理。畢竟，它是全世界第二大

13　Andres Schipani, "Peru Stocks Remain in MSCI EM Indices," *Financial Times*, June 15, 2016.

14　Tracy Alloway, Dani Burger, and Rachel Evans, "Index Providers Rule the World—For Now, at Least," *Bloomberg Markets*, November 27, 2017.

15　Mike Bird, "How China Pressured MSCI to Add Its Market to Major Benchmark," *Wall Street Journal*, February 3, 2019.

經濟體;它的企業龐大,投資人感興趣;它的政府努力改善規範、提升科技、強化金融市場效能。調整指數名單耗時費力,常常需要地方和國際金融機構進行無數的討論,不但必須符合一連串公開、透明的量化標準,也必須滿足諸多科技需求。MSCI堅稱他們並非迫於壓力才納入中國,更強調做決定的部門獨立於商業經營之外。不過,有些投資人並不贊同MSCI的決定,因為即使以新興市場標準而言,中國股市依然相對開發不足又不靈活。政治上也有爭議,在美國尤其如此。以中國國營監視器製造商海康威視為例,雖然MSCI將它納入旗艦指數,但它隔年就被美國政府列入黑名單,禁止美國公司和它做生意。[16]

公布決定後,MSCI立刻引來批評。共和黨參議員馬可・魯比歐(Marco Rubio)指出,這等於自動掏出美國數十億元的儲蓄投資中國公司,而這些公司不但品質堪慮,有些甚至直接違反美國利益。2019年6月,魯比歐在公開信中譴責MSCI董事長兼執行長亨利・菲南德茲(Henry Fernandez),說:「在中國公司規避財務公開透明之際,我們絕不能繼續縱容中國威權政府,任他們收割美國和國際資本市場的成果,置美國投資人和領年金者於險地……MSCI此舉不啻於讓中國共產黨控制市場……取得關鍵資本資源,給自己披上合法性的外衣。」

• • •

16 Shelly Banjo and Jenny Leonard, "Rubio Duels with MSCI over Investors' Money in Chinese Stocks," Bloomberg, October 21, 2019.(譯按:MSCI於2018年6月正式列入海康威視,美國商務部於2019年10月公布黑名單,MSCI最後在2021年1月剔除海康威視等十檔中國股票。)
17 Michelle Price, "US Senator Queries MSCI over Inclusion of Chinese Shares in Major Benchmark," Reuters, June 13, 2019.

　　MSCI、富時羅素和標普道瓊指數的權力主要限於股市。對主權國家影響更大、也更直接的，是它們是否被列入大型債券市場指標，還有它們在指標裡的權重高低。這些債市指標或許不如前述名牌股市指標有名，也很少出現在電視新聞快報裡，但不論是彭博巴克萊的全球綜合債券指數（Global Aggregate），還是JP摩根的新興市場債券指數（EMBI）和新興市場政府債券指數（GBI-EM），都能以獨特的方式發揮影響力。

　　債券指數是有趣的玩意兒。大型股市指數的邏輯很好懂：各公司在指數裡的相對權重，是依據它們的市值設定的，所以蘋果的權重比運動品公司安德瑪（Under Armour）高。但債市基準是依發行債券的價值加權的，所以債券指數的意義剛好倒過來：負債越多的國家或公司，在指數中的權重越高。

　　另外，債券買賣的價格越高，權重就越高──即便它們實際上提供的是負利率亦然。由於近年各國中央銀行大舉實施貨幣刺激政策，這種情況變得越來越常見。債券指數這些怪異的特點代表的是：即使持有負利率債券直到到期必定虧損，但只要它在債券指數上，被動債券基金就非買它不可。

　　2018年，國際清算銀行（Bank for International Settlements）經濟專家弗拉迪斯拉夫・蘇希可（Vladyslav Sushko）和澳洲準備銀行（Reserve Bank of Australia）的格蘭特・特納（Grant Turner）發現[18]：指數型基金可能正在推波助瀾，為債市帶來更大的風險。由於入選指數很重要，而傳統的債權人保護條款又與入不入選無關，各公司發行的債券似乎金額越來越高、

18 譯註：澳洲準備銀行即澳洲中央銀行。

期限越來越長、對投資人的保護卻越來越不嚴格。[19] 事實上，債券指數成為追蹤目標的發展，比股市指數成為追蹤目標更屬無心插柳。它的設計原本只是為了大致反映固定收益市場，從來不是為了讓人運用它推出投資產品——目前的發展證明的確如此。

債券指數怪歸怪，卻能對國家造成非常直接的衝擊（雖然政治人物和社會大眾未必了解這點）。由於投資人十分看重指數（很多人對不在指數裡的債券會比較小心），被納入指數能降低國家的借款成本。債券指數已經重要到引起國際貨幣基金（IMF, International Monetary Fund）注意，IMF已開始審視它對國際資本流動的影響，還有它對國際金融體系的潛在威脅。登上主要債券指數或許能帶來利益，但伴之而來的是IMF警示的「穩定風險」（stability risks），畢竟債券指數將國家命運與國際資本流動捆得更緊，而資本流動總是起伏難料。

在龐大的全球債市中，債市指數基金現在還是個小角色，但它正在變得越來越重要。投資人近年加速湧入被動債券基金，讓它的資金逐漸接近兩兆大關——比前十年增長了十倍。光是先鋒的全債券市場指數型基金（Total Bond Market Index Fund）就管理超過三千億元，是世界最大的固定收益投資工具。在它終於奪冠那天，先鋒員工向負責它的經理喬許‧巴里克曼（Josh Barrickman）開了一個玩笑：在他桌上堆滿漢堡王的紙王冠，暗指常被稱為「債券之王」的比爾‧葛洛斯，世界最大的Pimco債券基金的前任經理。[20]

如IMF所料，債券指數對新興經濟體債券的影響開始引發關注。

19 Vladyslav Sushko and Grant Turner, "The Implications of Passive Investing for Securities Markets," *BIS Quarterly Review*, March 2018.

2018年，多瑪斯・威廉斯（Tomas Williams）、納森・康弗斯（Nathan Converse）、艾德瓦多・里維－雅雅提（Eduardo Levy-Yeyati）在論文中指出：「作為國際資本流動的管道，ETF的成長反而擴大了全球金融對新興經濟體的衝擊。」[21] 換句話說，雖然ETF有助於開發中國家取得資金，但因為它交易方便，讓這些國家不論國內因素是否穩定，都更容易受全球投資人的情緒波動影響。

在大多數時候，不論是大型指數供應商，還是賦予他們這麼多權力的大型指數型基金公司，對自己的工作都兢兢業業、開誠布公，他們完全了解自己的決定和承擔的責任多麼重大。

既然指數供應商已經從提供實用數據的無聊生意，變成全世界資金最大的守門員，而且不但能間接影響大型上市公司的命運，還能形塑數千萬人的生活，嚴格把關不僅是他們的權利，更是他們的義務。

雖然相關議題並非眾所矚目的頭條新聞（至少還沒成為頭條新聞），許多監管機關已經注意到指數供應商的影響力日益增加。歐洲證券及市場管理局（European Securities and Markets Authority）是歐洲最主要的跨區金融把關者，它現在要求所有指數供應商接受更多監督和審查。業內人士認為美國證管會遲早會跟進。在此同時也有越來越多例子顯示：指數的一些特點正以各種方式隱隱改變市場的結構──有時還會造成一些奇怪的小問題。

20 Joe Rennison, Robert Armstrong, and Robin Wigglesworth, "The New Kings of the Bond Market," *Financial Times*, January 22, 2020.
21 Tomas Williams, Nathan Converse, and Eduardo Levy-Yayati, "How ETFs Amplify the Global Financial Cycle in Emerging Markets," Institute for International Economic Policy Working Paper Series, September 2018.

　　• • •

　　股票的走向常常詭祕莫測，起伏漲落從來沒有有力的解釋。儘管如此，分析師和財經記者還是前仆後繼，試圖從種種紛亂中理出一貫的脈絡。不過，即使拿詭譎多變的金融市場當標準，一批美國金礦小型股在2017年春暴跌的原因，還是令人嘖嘖稱奇。

　　金價當時正在上漲，出事的那週更攀上五個月的新高。為什麼會突然下跌？沒有跡象顯示支撐金價的珠寶需求下降，主要問題似乎出在ETF的特點，以及這些特點偶爾在市場引起的漣漪。造成意外波動的是一檔叫小范達金礦ETF（VanEck Vectors Junior Gold Miners ETF）的基金——它是該公司掌控一百六十億資金的范達金礦ETF的小弟。

　　2016年初，小金礦ETF管理的資金只有十三億；可是到2018年2月，它管理的資金已經膨脹到幾乎六十億。換言之，它已經成長得太龐大，不適合它所追蹤的「微型」金礦股指數。另外，它對有些公司的持股已經達到規定的上限。結果是：這檔ETF苦苦嘗試與它的指標一致，不知不覺犯下ETF界的大忌——「追蹤誤差」。2017年4月，范達旗下獨立但相關的指數公司MVIS出手，宣布它將調整自己的基準，把該ETF可以投資的金礦市值調升幾乎兩倍。這種作法是合理的，但因為其他交易員預期有些公司會因此被踢出指數，所以他們搶在重新調整前拋售即將虧損股票，從而導致全體金礦股一片震盪。[22]

　　雖然這一切只發生在美國股市一個小小的角落，但這場風波明確顯

22 Henry Hu and John Morley, "A Regulatory Framework for Exchange-Traded Funds," *Southern California Law Review*, March 13, 2018.

示：即使是小型指數重新調整和預期性的 ETF 資金流動，都可能造成衝擊。這絕不是唯一的例子。2020 年 1 月，丹格工廠直銷中心（Tanger Factory Outlet Centers）和梅里迪斯公司（Meredith Corporation，雜誌出版商，總部在愛荷華州）的股票連續震盪，原因同樣是 ETF 的運作機制。

這兩家公司已經經營困難一段時間，股票也在 2018 到 2019 年大幅下跌，但丹格和梅里迪斯堅持繼續發放股息給投資人。於是道富有一檔兩百億的高股息 ETF 應機而動，開始大量收購它們的股票。大多數 ETF 追蹤的指數是完全依據公司的市值來權重，但這檔 SPDR 標普高股息 ETF（SPDR S&P Dividend ETF）追蹤的是標普高殖利率股息菁英指數（S&P High Yield Dividend Aristocrats），這個指數由標普道瓊指數公司管理，依各公司的「股息殖利率」（dividend yield）來權重。簡單來說，股息相對於股價的金額越高，殖利率越高。

雖然丹格和梅里迪斯的股價一跌再跌，投資人紛紛脫手，但因為它們繼續發放股息，所以道富的 ETF 也繼續買進，一直買到 4% 的上限。另一方面，雖然這兩支股票在道富 ETF 的總資產裡占比還是很小，但因為這兩家公司不斷縮水，所以道富的持股對它們來說變得很高。在此同時，其他高股息指數型基金也爭先恐後買進它們的股票。到 1 月中，這些指數型基金持有丹格超過一半的股票，持有梅里迪斯則接近 40％——其中光是 SPDR 標普高股息 ETF 就占了大約一半。[23]

問題是：不論一家公司的股息多高，股息菁英指數只納入市值至少十五億的公司，而丹格和梅里迪斯的市值最後都縮到十五億以下。於是

23 John Coumarianos, "How a Dividend ETF Was Bitten by the Index It Mimics," *Barron's*, January 24, 2020.

在1月24日，標普道瓊指數公司將這兩家公司踢出名單，SPDR標普高股息ETF也不得不跟著出清它們的股票。然而，在這兩家公司的股價都已嚴重縮水的情況下，道富這檔ETF的持股量太高，這樣下去一定會大亂──不料，這時出現了另一場風波。

指數型基金大多會透過證券借貸創造額外收益，將股票借給想賭它們會下跌的交易員。這些交易員會借來股票一段時間，先賣出，等它們下跌時再買回來，以賺取價差，這種過程叫「賣空」。看準梅里迪斯和丹格霉運當頭，賣空客蜂擁而上。然而，道富這檔ETF如果想出清這兩家公司的股票，就必須先把它借出的股票要回來──換句話說，必須逼當初那些賣空客把賣出的股票買回來還它──結果是這兩支股票價格暴漲。[24]這緩和了道富ETF出清股票的衝擊，但兩家公司的股價也因此瘋狂震盪了整個1月。

有些對指數型基金心存疑慮的人認為：人們就是因為太關注這種稀奇古怪的小騷亂，才會看不見它更龐大的扭曲效應。他們憂心的是：雖然許多投資人的確因為指數型基金而獲利，但這些利益正逐漸被金融市場整體健康付出的短暫代價吞噬──這也是我們下一章要討論的主題。

24 Jason Zweig, "The Stock Got Crushed. Then the ETFs Had to Sell," *Wall Street Journal*, January 21, 2020.

CHAPTER
17

這是水
This Is Water

　　大衛・福斯特・華萊士（David Foster Wallace）厭惡在一大群人面前講話。所以，在2005年5月的那個豔陽天，當這位作家走上肯陽學院（Kenyon College）的演講台，他非常不自在。炎熱和緊張讓他汗流不止，為這個場合穿的黑袍已經濕透。[1]

　　「如果有人覺得自己在流汗，我建議就讓它流吧，因為我也打算這樣。」這位頭髮濃密的作家從袍子裡掏出手帕，慢條斯理地擦完臉，開始一場後來傳遍世界的畢業演講。

　　破題的寓言簡單有力，立刻引起全場興趣。兩條小魚在海裡游，遇上一條老魚。老魚隨口和牠們打招呼：「早啊，小朋友，今天的水怎麼樣啊？」兩條小魚繼續游了一陣子，最後其中一條終於開口問另一條：「水到底是什麼？」華萊士想說的是：「最明顯、最重要的事實，常常也是最難看出來和討論的」。

　　對他來說，這代表我們應該刻意培養覺察與同理，學習處理成年日常生活裡的難題、寂寞與無趣。可是對越來越多的指數懷疑者來說，華

1　Sam Levine, "David Foster Wallace's Famous Commencement Speech Almost Didn't Happen," *Huffington Post*, May 24, 2016.

萊士的故事生動說明了被動投資對市場的衝擊：水實實在在地環繞、維繫、形塑那兩條魚周遭的一切，無所不在，但牠們對它渾然不覺。

五十出頭的麥可・葛林（Michael Green）也是個指數懷疑者。他待人熱情，思考理智，深色頭髮剪得短而俐落，但說話總帶點疲態，彷彿頻頻示警卻沒人理會的先知。葛林是在金融業阿宅圈內一戰成名的：他不看好與波動性連結的交易所買賣產品，賭它們會在2018年2月出事，結果贏了一大筆錢。[2]他那時還在矽谷投資家彼得・提爾（Peter Thiel）經營的避險基金公司提爾・馬克羅（Thiel Macro）上班，現在則是簡化資產管理公司（Simplify Asset Management）的策略長──諷刺的是，這家公司的產品是主動管理選擇權ETF──直到現在，他還是堅信被動投資隱藏著巨大風險，以警告大眾被動投資之害為使命。[3]

對葛林來說，華萊士的「這是水」寓言是今日金融界的完美隱喻：被動投資全面影響市場和他的產業，卻沒什麼人察覺。「指數是設計出來當測量工具的，你投資它們就等於扭曲它們。」葛林說：「從它們參與市場並開始成長那一刻起，它們就開始影響市場。」被動投資的批判者不只有葛林，但很少有人比他更積極、更能言善道。如果他的看法是對的，那麼被動投資遲早必須處理一些棘手難題。

• • •

2　Miles Weiss, "Peter Thiel Had $244 Million Bet on Volatility Jump at Year-End," Bloomberg, February 16, 2018.

3　Michael Green, "Policy in a World of Pandemics, Social Media and Passive Investing," Logica Capital Advisers, March 26, 2020.

被動投資有一些負面效益是眾所公認的。不論支持者或反對者都同意它會產生副作用，只是對程度深淺和重要性高低缺乏共識而已。

既然大多數指數型基金採市值加權，所以它們吸收的資金大多會流入最大的幾檔股票（或最大的幾個債務人）。有一件很重要的事恐怕和大家以為的不一樣：指數型基金其實不會只因為某檔股票上漲，就自動多買它，因為基金內已經有那檔股票了。但如果有新資金流入，基金就會依各股的占比購入證券。在理論上，這可能不成比例地獨惠已經蒸蒸日上的股票。舉例來說，在過去四十年，投資先鋒500基金或道富SPDR的每一塊錢，平均有一毛四分錢進了最大的五間公司；但十年前的數字才接近一毛錢，現在則超過兩毛錢──這是到目前為止最高的紀錄。[4] 2020年有研究指出：雖然這些大公司確實較大，但多出來的幾分錢可以造成不成比例的市場衝擊。[5] 換句話說，規模可以擴大規模。批評者說這種趨勢可能讓金融市場走向泡沫。

另一方面，所謂指數「績效優於」大多數傳統主動經理公司的說法，（至少在理論上）可能是自我實現的預言：既然資金完全依照指數的持股比例流入，指數上的股票當然能賺錢。尤其過去十年大筆資金湧入指數型基金，這樣的影響更不容小覷。此外，衡量成功的量尺既然是由指數掌控的，主動經理公司又怎麼和它們競爭呢？雖然葛林等人承認指數基金的確有過人之處──例如透過減少過度交易和降低管理費來減低成

4　Brian Scheid, "Top 5 Tech Stocks' S&P 500 Dominance Raises Fears of Bursting Bubble," S&P Global Market Intelligence, July 27, 2020.

5　Hao Jiang, Dimitri Vayanos, and Lu Zheng, "Tracking Biased Weights: Asset Pricing Implications of Value-Weighted Indexing," CEPR Discussion Paper, December 23, 2020.

本——但他們認為指數投資的績效之所以良好，很大一部分要歸功於上述因素。[6]

質疑指數型基金的人說，在以前，傳統主動基金經理公司能發揮重要角色，在買進被低估的股票、賣空被高估的股票的過程中，他們讓整體市場維持相對「有效率」（用尤金‧法馬的話來說）。但現在因為指數型基金規模太大，主動經理公司難以逆勢而為，長期來看，他們的績效幾乎不可能勝過指數。

葛林也指出：指數型基金一方面助長股市平均估值長期增長（2008年發生金融危機後就有這種現象），另一方面又讓市場在衰退的時候更形脆弱。

另一個造成這種現象的原因即使重要，主要也是技術上的：主動經理公司通常會留5%的現金備用，以便在資金流出時穩住陣腳，或是在誘人的機會出現（例如別人拋售股票）時可以出手。指數型基金則是盡可能不留餘錢，以免偏離指數。換句話說，委託給指數型基金的一塊錢會直接進入市場，但委託給主動經理公司的一塊錢只有九毛五進入市場。在市場上漲時，這種現金差額一定會拖累主動經理公司的績效。葛林認為，正因為大量資金從主動投資轉向被動型基金，才導致估值長期上升。但事實上，近幾十年還有其他提高公司獲利和股票估值的潮流（例如執行反壟斷法的力道下降、全球化、工會力量消褪、利率調降以致金融資產價值提高等等），葛林的說法與這些趨勢對照之後是否仍有說服力，還有疑義，但它很可能只提供了部分解釋。從另一面來看，指

6　這可能可以解釋為什麼近年連巴菲特都手感欠佳。雖然他曾以先鋒500基金擊敗泰德‧塞德斯的避險基金，可是在過去十年，波克夏‧海瑟威公司的績效多半不如先鋒500基金。

數型基金因為沒有現金緩衝，在資金流出時賣得很快。

不過，葛林認為指數追蹤策略最大的效應不是這個，而是吸乾股市。過去十年，指數型基金是股市裡最主要的「喊價者」（bid，華爾街稱呼「賣家」的行話）。這讓別人能購買的股票變少，但這些基金的持股還是會列入指數計算。這樣之所以會變成問題，是因為現在的大型基準（如標普500）大多採取「浮動」調整，而非純然市值加權。換句話說，一支股票在指數上有多少空間，是以實際上能自由交易的股票價值、而非股票總值決定的。

舉例來說，某家上市公司市值一千萬，發行一百萬張股票，它的創辦人持有半數五十萬張，另外五十萬張在股市自由交易。決定這支股票在指數裡的權重的，是自由交易的那五十萬張市值五百萬的股票，而不是這家上市公司的一千萬市值。但指數型基金可能一口氣買走20％的股票，而且只要投資人不贖回就不賣。於是，其他投資人可以買賣的股票等於只有三十萬張，市值三百萬，但用來計算公司指數權重的價值仍然是五百萬。

由於賣家變少，只要主動經理公司或指數型基金增量購買，就有可能大幅提高價格。在極端情況下，被動投資可能像黑洞一樣買走越來越多自由交易的股票，導致價格狂飆。葛林說，這種作法就像疫情期間囤積了一倉庫的肥皂。其必然結果是：指數投資一旦退潮，後續問題會變得更大——因為出售量會驟然大增，而潛在買家所剩無幾。股票的主要買家消失，剩下的幾乎都是賣家。

當然，歷史已經證明：不論是一般投資人還是專業財富經理人，都有可能為個股或整體市場製造泡沫或帶來衝擊。如果規模真的能擴大規

模，現在世界規模最大的公司應該是埃克森美孚（ExxonMobil），因為指數投資剛起步時稱霸全球的是它。計算自由流通股票時排除指數型基金的持股也未必合理，因為被動型基金還是會依資金增減買賣持股，儘管長期而言還是增加的時候多。就現況來說，被動投資工具只占美國股市的七分之一，別的國家更少──對魚來說，它們還不是無所不包的水。此外，雖然批評者常常把被動投資想像成同質的，但事實上並非如此。從現在的交易量大多比以前高看來，被動投資的興起也無損市場的熱絡。種種現象似乎讓人很難不認為批評者杞人憂天，也許金融界是因為敵不過他們價廉物美的對手，才會到處散播這種恐怖的謠言？

不過，學界的確開始發現指數型基金造成衝擊的證據（雖然它們的影響方式往往十分隱微）。舉例來說，有研究指出指數型基金的成長讓金融證券的變動更一致，不像以前各自依照各自的特性而有不同方向[7]；也有研究顯示ETF持有越多的股票波動越大。[8]

連聯準會（Federal Reserve）都注意到：從主動到被動投資的轉向「已在過去二十年深刻影響資產管理業，依目前的態勢來看，它往後幾年也將繼續在金融體系中掀起漣漪」。[9]聯準會的經濟學家以一貫不偏不倚的方式寫道：從主動到被動投資的結構性轉變「正在影響金融穩定風險的

7 Marco Pagano, Antonio Sanchez Serrano, and Josef Zechner, "Can ETFs Contribute to Systemic Risk?," European Systemic Risk Board, June 2019.

8 Itzhak Ben-David, Francesco Franzoni, and Rabih Moussawi, "Do ETFs Increase Volatility?," *Journal of Finance*, September 22, 2018.

9 Kenechukwu Anadu, Mathias Kruttli, Patrick McCabe, Emilio Osambela, and Chae Hee Shin, "The Shift from Active to Passive Investing: Potential Risks to Financial Stability?," Federal Reserve Bank of Boston, 2018.

組成，減輕了一些，也增加了一些」。不過，葛林等批評者認為這種持平的說法不痛不癢，形同粉飾太平。

「這些策略已經太大，大到能明顯而具體地影響市場本身。」葛林說：「我們已經開始看到和這些東西有關的脆弱面。」

• • •

許多批評者認為，最大的問題不是投資股票的主流大型指數型基金，而是追蹤交易較少、特殊性較高的市場的ETF──例如債券ETF。

有一次在產業會議講台上，著名企業掠奪者卡爾・伊坎（Carl Icahn）當著賴瑞・芬克的面說：貝萊德是家「非常危險的公司」，因為它是全世界最大的固定收益ETF供應商。〔10〕伊坎年紀越長，見識的風浪越多，向來任性而為，促狹成性（用華爾街的話來說：他有「想幹什麼就幹什麼的本錢」〔fuck-you money〕），他預言債券市場遲早會「跌落黑岩」（hit a black rock）。〔11〕芬克可不習慣當眾被另一個金融同儕批評，這位貝萊德創辦人毫不讓步，悻悻地回嘴：「卡爾，你是很棒的投資家，但你又錯了。」聽眾很少看到這種公開交鋒，不禁為之一怔。

對許多批評者來說，債券ETF有一個根本的潛在危險：雖然ETF像股票一樣在交易所買賣，但有些債券很少交易，而且常常只透過投資銀行（如高盛、巴克萊）或德意志銀行（Deutsche Bank）仲介。公司債

10 Matthew Goldstein and Alexandra Stevenson, "Carl Icahn Calls BlackRock a 'Very Dangerous Company,'" *New York Times*, July 15, 2015.

11 譯註："hit a rock" 意指「跌落谷底」，伊坎在這裡拿貝萊德（BlackRock）的名字開玩笑，故意說成 "hit a black rock"。

券尤其如此,而ETF在這個市場正開始變得越來越重要。據花旗集團(Citigroup)研究,在2018年公開註冊的21,175檔債券中,那年只有246檔每天至少交易一次。固定收益市場每個角落的交易幾乎都不如股票積極。有些批評者擔心:在債券ETF遇上一大批投資人要求贖回時,它恐怕無法賣出持有的債券達成要求,以致下市。而一檔債券ETF下市便足以引起對全體固定收益ETF的恐慌,甚至導致投資人瘋狂出場,最後讓更大的債券市場也跟著崩潰。

2020年3月COVID-19危機時,這種恐懼像幽靈一樣盤旋於市場,許多債券ETF價格暴跌,導致它們持有的債券的理論價格大幅折價。ETF市場有一些稱做「授權參與者」(authorized participants)的專業交易公司,它們負責操縱ETF股票的增設與贖回(即內特・莫斯特發明的程序),以確保ETF的交易能順利進行。它們通常可以趁這種混亂占到便宜:買下被打垮的ETF的股票,用這些股票交換一部分標的債券,再出售債券,混亂也隨之平息。但債券市場當時嚴重失能,交易停滯,套利幾乎不可行。一直到聯準會介入,出動它全部的貨幣武器——包括保證購買債券ETF——才總算穩住局面。[12]

對質疑ETF的人來說,這場騷動需要出動美國央行才能平息,適足以證明ETF確實脆弱:ETF整天都在交易,而它們持有的證券卻很少交易,兩者之間的「流動性」難以協調。此外,在一些觀察家看來,貝萊德獲選管理聯準會購買ETF一事充滿利益衝突。

可是,2020年3月的這場危機其實證明了一件事:ETF的結構比批

12 Joe Rennison, "How the Fed Helped Bond ETFs Meet Their Biggest Challenge," *Financial Times*, March 26, 2020.

評者認為的更靈活。雖然標的債券的價格似乎更有彈性，但它就是停滯了，以致沒有人能賣出標的債券，於是債券ETF的價格也動彈不得。ETF交易的折價基本上只是幻想，因為ETF反映的其實是債券市場的「真實」困境。[13] ETF也未必會讓拋售潮惡化，因為無法套利，投資人大多只交易固定收益ETF的股票——固定收益ETF基本上變成自由買賣的封閉型基金。[14]

換個方式說：折價是金融壓力的症狀，而非肇因。債券ETF在某種程度上發揮了避震器的作用——三十年前，內特・莫斯特的美國證交所團隊正是受到「避震器」概念所啟發，才發展出增設－贖回程序。的確，吸收所有賣壓的衝擊導致債券ETF大跌，如果聯準會不出手，也許其中幾檔會無法調適而崩潰。但如果沒有ETF吸收賣壓，廣大的債券市場恐怕會更加混亂，投資債券的共同基金也會面臨同樣的危險——如果不是更加危險的話——無法賣出它們的持股以滿足投資人贖回的需求。

結果，連以往的一些批評者現在都默默承認：固定收益ETF的表現遠比他們以為的好。原本的支持者則大聲為它們的成功歡呼。「我很驚訝不了解ETF的人居然那麼多。」貝萊德的賴瑞・芬克說：「他們還是只會泛泛地說它們『壞』或沒用，但幾乎每一場市場危機都證明他們錯了，尤其是3月那幾個星期。」

同樣地，儘管常常有人說投資人反覆無常，只要原本應該要流入指

13 Robin Wigglesworth, "All That Drama About Fixed-Income ETFs Was Overplayed," *Financial Times*, April 22, 2020.
14 Rohan Arora, Sebastien Betermier, Guillaume Ouellet Leblanc, Adriano Palumbo, and Ryan Shotlander, "Concentration in the Market of Authorized Participants of US Fixed-Income Exchange-Traded Funds," Bank of Canada, November 2020.

數型基金的資金沒有流入，就會爆發金融危機，但事實一再證明：指數型基金投資人的「黏著度」比傳統主動基金投資人更高。聯準會在2018年的金融業報告中說：「這代表被動型基金的淨金流（net flows）對收益不佳的反應可能較低，這些基金的成長對穩定金融或許有益。」〔15〕

被動投資興起對股市和債市的扭曲效應確實值得關注，但這不是新鮮事。我們可以做個類比：指數型基金在金融市場的誕生與成長，就好像外來種生物進入自然生態系引發混亂——歐洲豬在十九世紀末進入澳洲時就是如此。但重要的是：金融市場一直是動態生態系，這座叢林向來可以適應新的動物，不論它是十九世紀的投資信託、二十世紀的共同基金，還是最近才誕生的避險基金。這些新「物種」都曾引起痛苦和悲觀的預測，但過了一段時間之後，它們也都增進了整個生態系的活力。

今後的發展也許能證明指數型基金也不例外，但未來幾年，對於它們是否衝擊市場的辯論無疑還會增加。至於被動投資對金融業其他層面的衝擊，則已十分明顯。

• • •

突然被新老闆找去開會時，伊莉莎白・費爾南多（Elizabeth Fernando）已經覺得事情不太對勁。她服務的大學退休金方案（USS，Universities Superannuation Scheme）是英國最大的私營年金計畫，管理的資產高達七百五十億英鎊。儘管心中忐忑，她也只能走進位在USS投資大廳中間的執行長辦公室。這裡四面都是玻璃，活像個玻璃魚缸。

---

15 Anadu, Kruttli, McCabe, Osambela, and Shin, "The Shift from Active to Passive Investing."

費爾南多是USS股票投資團隊的主管，她很清楚新老闆西蒙‧皮爾契（Simon Pilcher）打算大刀闊斧改造公司。費爾南多已經為這家退休基金公司服務二十五年，雖然她擔心工作可能不保，但心裡還是存著一分僥倖——資遣這種事通常會在比較不引人注意的會議室宣布，不會被找去老闆的辦公室。

然而，皮爾契不只是要費爾南多走路而已——他已決定解散整個內部選股團隊，將它一百四十億英鎊的資金挪去經營主流市場（如日本、歐洲、美國等），並發展主要以量化模型和電腦為準的「主題式」策略。[16] 由於這層樓的每一個人都能看進辦公室，費爾南多從頭到尾撐著面無表情。會談結束後，她才總算穿過一個個同事，找到一個安靜的房間整理思緒。她感覺像考砸了一場她根本不知道自己有報名的考試，老闆的決定對她來說毫無道理。

費爾南多的基金管理團隊表現出色，連USS最新的年度報告都引以為傲，說他們這五年大有斬獲，扣除成本後仍超越基準三億八千九百萬英鎊。然而，皮爾契對費爾南多說這是最終決定，在他公開宣布之前，費爾南多不能對同事透露隻字片語。但年度績效評估即將開始，費爾南多不想隱瞞同事，只好一天到晚去健身房，在跑步機上發洩挫折感。

2020年2月12日，皮爾契終於寄電郵宣布「困難的決定」：「為將內部投資能力集中於最能增加價值之處」，公司不得不「重整」股票團隊，把重心從選股轉往「主題式策略」——不過，除了明示費爾南多和她的十二個同事恐怕得另謀高就之外，這封信並沒有講清楚下一步該怎麼走

---

16 Robin Wigglesworth, Owen Walker, and Josephine Cumbo, "UK Universities Pension Fund Closes Stockpicking Team," *Financial Times*, February 13, 2020.

（皮爾契倒是沒忘了強調：「2019年選股工作的表現非常好，團隊同仁應為此自豪。」）[17]

USS選股團隊的遭遇不是孤例，它顯示金融業的鐘擺在過去十年已大幅轉向，從傳統投資擺向量化和被動的一邊。[18]

指數型基金的開路先鋒對當年的挫折記憶猶新：同業長期輕視他們，投資人也不願接受被動投資，即使投資組合經理公司經常表現欠佳亦然。而今天，在約翰・麥克考、約翰・柏格、內特・莫斯特掀起的革命浪潮之前，連成功擊敗基準的基金經理公司都寢食難安。從1960、1970年代最早的啟發性研究開始，大量證據不斷證明：主動管理大多正像查爾斯・艾利斯在1975年說的一樣，是一場「輸家的遊戲」。

這個領域的重要作品同樣出自威廉・夏普之手。他的理論曾為創造指數型基金奠下基礎，而他在1991年又發表了一篇極具開創性的論文，標題下得直接了當：〈主動投資的算術〉（The Arithmetic of Active Management）。[19]當時有人認為逐漸形成風潮的指數投資只是「趕流行」。夏普在這篇論文裡回應這種看法，並進一步拓展他早年的理論。

夏普認為有兩條顛撲不破的鐵律：第一，扣除成本前，主動管理投資的收益等於被動管理投資的收益；第二，扣除成本後，主動管理投資

---

17 Wigglesworth, Walker, and Cumbo, "UK Universities Pension Fund Closes Stockpicking Team."

18 據金融數據供應商EPFR估計，從2007至2008金融危機前夕開始，傳統主動管理共同基金已流失超過兩兆元，幾乎是整個法國與德國股市市值的總和。雖然債券基金韌性較高，可是在同一段時間，流入被動固定收益工具的金額已經超過流入傳統基金的金額——這在不久以前還是無法想像的事。此外，這個數據只包括公開報導的基金，同樣的趨勢在機構投資者中可能更為顯著。

19 William Sharpe, "The Arithmetic of Active Management," *Financial Analysts Journal*, 1991.

的收益小於被動管理投資的收益。換言之，從數學上看，市場相當於平均報酬，只要有投資人表現優於市場，就一定有投資人表現不如市場。既然指數型基金的收費比傳統基金少得多，長期而言，被動投資者的平均收益一定優於主動投資者。

其他學者後來常拿夏普1991年的這篇文章當眼，最明顯的是赫傑‧佩德森於2016年（Lasse Heje Pedersen）發表的〈強化主動投資的算術〉（Sharpening the the Arithmetic of Active Management）[20]，文中佩德森指出：夏普的主張背後有一些關鍵假設，例如「市場投資組合」絕不會真正發生改變。但事實上，構成「市場」的要素隨時在流動。也就是說，至少在理論上，主動經理人的平均收益是可能打敗市場的，而且他們對以市場為本的經濟體的健康貢獻卓著。但佩德森也強調，不應將他的觀點解釋成力挺主動管理。「在我看來，低成本的指數型基金是對投資人非常友善的金融發明。收費高昂卻增加不了多少價值的主動經理人，不應以本篇論文為託詞。」他寫道：「我的算術顯示：主動管理總體言可能可以增加價值，但實際上是否可以、又能增加多少，則是實證研究的問題。」[21]

那麼，我們找得到績效高於平均、又能一直或長期擊敗市場的基金經理人嗎？學術研究成果又一次讓投資業洩氣。從吉姆‧羅里成立證券價格研究中心開始，學界和業界已經累積大量資料。標普道瓊指數利用這些數據製作「持續表現報告」（persistence scorecard），每半年發布一次，讓投資人了解頂尖基金經理公司的亮眼表現能持續多久。事實令人灰

20 譯註：佩德森的文章標題用「夏普」（Sharpe）和「強化」（sharpen）當雙關語。
21 Lasse Heje Pedersen, "Sharpening the Arithmetic of Active Management," *Financial Analysts Journal*, 2018.

心：五年以後，只有不到3％的頂尖股票基金仍然維持頂尖。事實上，躋身頂尖更可能是跌落神壇的預兆，而非百戰不殆的證明。[22]

　　因此，費爾南多被掃地出門的例子凸顯出：保持投資人信心的門檻越來越高，連表現優異的基金經理人都不能倖免。[23]據摩根士丹利統計[24]，在1990年代，美國前60％的股票共同基金有投資人流入；到2000年代，只有前30％的共同基金還有這種表現；到2010年代，只有前10％的基金能避免投資人流出，但它們累積資產的速度已大不如前。

　　另一個鐘擺擺向指數型投資的顯著例子是：2020年，科羅拉多大學校友及捐贈大戶克萊倫斯・赫伯斯特（Clarence Herbst）控告該校捐贈基金，理由是他們仍然繼續雇用主動經理人。科羅拉多大學的捐贈基金管理二十億元，不論從短期或中期來看，它的表現都優於其他大學。但赫伯斯特在控訴中指出：如果過去十年捐贈基金只投資先鋒500基金，它的績效會更好（儘管這樣投資太不分散，風險也比大多數捐贈基金通常採用的平衡方法更高）。雖然丹佛的法官駁回赫伯斯特的告訴，但所有大型投資機構現在都必須面對這些議題。

　　如果主動經理人的整體努力對市場的健康與效率有益——因此也對

22　Berlinda Liu and Phillip Brzenk, "Does Past Performance Matter? The Persistence Scorecard," S&P Dow Jones Indices, December 2019.

23　主動經理人常說他們真正的價值只有在熊市才看得出來。他們堅稱：指數型基金只會盲從市場，主動經理人則懂得靈活判斷，可以在經濟衰退時避免觸底，在景氣復甦時趁機取利。可惜真相不是如此。雖然能夠證明自身價值的基金經理人一直都有，但絕大多數在經濟衰退時的表現還是不如指數型基金。正因如此，1970年代以後的每一場市場大亂，都加速、而非放慢了資金轉往被動投資。

24　Robin Wigglesworth, "Active Fund Managers Pray for Turnround as Exodus Continues," *Financial Times*, January 3, 2020.

經濟體的健康有益──主動管理退潮的影響是什麼？另外，在被動管理的資金擴大到一定程度之後，投資人的個人利益是否會被我們付出的集體代價淹沒？

• • •

費爾南多並不認為投資業無可檢討。她說，過去二十年雖然出現一些重大進展，但平庸的財富經理人還是不少，他們總是花太多時間、金錢追逐最新、最熱門的概念。她也坦言，散戶經常「被拐」。不過，她也為目前一面倒向被動投資的態勢感到不安。當資金盲目湧向規模最大、但未必最有展望的股票，她擔心金融市場在經濟體中的核心角色會受到破壞。

「股市應該是資本分配機器。但被動投資只是把錢交給過去的贏家，而非未來的贏家。」她說。我們換個方式問：指數型投資除了衝擊市場和其他投資人以外，對經濟動能也有害嗎？

對這個問題最尖銳、也最生動的回應，是伯恩斯坦公司分析師伊尼格‧弗雷澤－簡金斯的諷刺小說，他在書中塑造了一名以設計「終極指數」為志的指數狂。2016年，他發表了一篇更嗆辣的文章：〈默默通向奴役之路：為什麼被動投資比馬克斯主義更糟〉（The Silent Road to Serfdom: Why Passive Investment Is Worse Than Marxism）。[25] 他的論點是：共產主義分配資源的效率雖然不如去中心化、市場導向的資本主義，但共產國家至少還試著把資源分配到最重要的領域，比盲目依照變化無常的指

25 譯註：文章標題向海耶克（F. A. Hayek）名著《通向奴役之路》（The Silent Road to Serfdom）致敬。

數分配資金還好一點。

雖然弗雷澤－簡金斯故意把這篇文章寫得火藥味十足，但其中一點是無可否認的事實：指數型基金是搭主動經理人的便車，後者具有總體社會價值——連約翰·柏格都承認。他在去世前幾年說：如果每一個人都只選擇被動投資，結果將是「混亂、災難」。2017年，這位先鋒創辦人寫道：「這樣一來就沒有交易，沒有收入流滾成資本，也沒有資本化為收入流。」[26]

柏格也正確地指出：每一個人都只投資指數型基金的可能性，是零。然而，有些投資人和分析師還是憂心：被動投資的浪潮越來越大，市場效率將日益萎縮，後果堪慮。「對個別投資人來說，主動投資可能好，可能不好；可是對整體系統來說，主動投資對資本的分配效率有益。」弗雷澤－簡金斯說：「被動分配只自顧自地按照金融經濟決定資產配置，不從實際經濟去了解它將來的走向。」[27]

效率市場假說有一個核心難題叫做「格羅斯曼－史迪格里茲矛盾」（Grossman-Stiglitz Paradox），出自1980年的論文〈論效率市場不可能資訊充分〉（On the Impossibility of Informationally Efficient Markets），作者是避險基金經理人桑福德·格羅斯曼（Sanford Grossman）和諾貝爾經濟學獎得主約瑟夫·史迪格里茲。[28]這篇文章直接向尤金·法馬的理論宣戰，兩名

26 Myles Udland, "Jack Bogle Envisions 'Chaos, Catastrophe' in Markets If Everyone Were to Index," Yahoo Finance, May 6, 2017.

27 Luke Kawa, "Bernstein: Passive Investing Is Worse for Society Than Marxism," Bloomberg, August 23, 2016.

28 Sanford Grossman and Joseph Stiglitz, "On the Impossibility of Informationally Efficient Markets," *American Economic Review*, June 1980.

作者指出:如果市場價格真的完美反映所有相關資訊(如公司數據、經濟新聞、產業潮流等),那麼沒有人會有收集交易所需資訊的動機,畢竟收集資訊是要付出成本的。如此一來,市場也不再有效率。換句話說,市場效率是人為努力的成果,這些人的付出應該要以某種方式獲得補償。

然而,這個矛盾很難扭轉被動投資的趨勢。許多投資人漸漸明白,不論你認同哪個學術理論,冷酷無情的現實是:長期來看,大多數主動經理人的績效遜於基準。即使他們成功擊敗市場,他們創造的「α值」也常常被他們的管理費吃掉。柏格以他一貫的風趣稱之為「成本好重要假說」。[29]無論如何,格羅斯曼－史迪格里茲矛盾提出的問題確實中肯:當越來越多投資選擇指數型基金,市場會不會變得越來越沒效率?

許多傳統投資者心裡盼望的是:市場效率有一天終於低到臨界點,為他們帶來大量趁機獲利的機會。可是到目前為止,我們還看不到這種臨界點將至的跡象。有些分析師懷疑是否真有這種α值遍地開花的日子。

華爾街名門分析師、哥倫比亞大學商學院助理教授麥可‧莫布新(Michael Mauboussin)認為,許多主動經理人這種巴望指數型基金過度膨脹、導致市場變得容易擊敗的心態,根本是做白日夢。他打了個生動的比喻:投資就像一群牌技不同的朋友一起打橋牌。沒有意外的話,段數最低的會先出局,摸摸鼻子回家檢討失敗。但這不代表牌局對剩下來的人變得比較容易,事實上它會變得更難,因為還在桌上的都是高手。[30]

雖然金融市場的競爭比牌局激烈得多,各種排列組合數不勝數,也

29 Sanford Grossman and Joseph Stiglitz, "On the Impossibility of Informationally Efficient Markets," *American Economic Review*, June 1980.

沒有固定規則，但這個比喻還是非常有力地說明了一件事：就算被動投資繼續成長，市場也不會變得比較容易擊敗，因為平庸的基金經理人只會逐漸被淘汰。在此同時，散戶也會逐漸減少（例如在高爾夫球場上學了幾招炒股技巧、就迫不及待進場一搏的醫生或牙醫），讓華爾街專業經理公司的「玩家」（smart money）憑空失去一堆好欺負的「小白」（dumb money）。

也許被動投資風潮多少造成葛林說的扭曲效應，但大多數基金經理人坦言：這一行的平均水準和訓練越來越高，必須不斷再發明、再訓練，持續迎接令人頭痛的挑戰。昔日「憑感覺買一把，上館子吃一頓」的美好時光已不復存在。很久很久以前，光是有MBA或CFA（譯按：特許金融分析師執照）就算投資業菁英，再努力一點讀各大公司的每季財報，你至少可以海放一堆同事。但現在，MBA和CFA在金融業裡比比皆是，開電腦的時間就足以讓演算法讀完幾千筆財報。

事實上，根據花旗集團的資料，在過去二十年，每家上市公司的CFA已經從四名增加到五十一名。今天，連經濟學博士都未必能在資產管理業找到工作，除非你同時精通程式語言（如Python），懂得指揮電腦分析如今已司空見慣的數位資料庫，為你過濾龐大的信用卡數據和衛星影像，從幾十億則社群媒體貼文裡歸納出消費者喜好。

打敗市場並非不可能，但持續獲勝比過去困難很多。連聘用大批數據科學家、程式設計師、理工奇才、金融怪傑，資產數十億元的大型避險基金，都很難在扣除管理費後持續勝過基準。用莫布新的牌局比喻來

---

30 Michael Mauboussin, Dan Callahan, and Darius Majd, "Looking for Easy Games. How Passive Investing Shapes Active Management," Credit Suisse, January 4, 2017.

說，不但剩下的玩家實力堅強，還不斷有更狡猾、城府更深、更三頭六臂的新玩家加入。[31]

· · ·

結果，財富管理業的每個面向都被不斷進逼的指數型基金改變。許多財務顧問不再跟風搶買熱門股，也不再迷信富達的明星基金經理人，反而為客戶混搭好幾種指數型基金。蘇黎世和新加坡的私人銀行開始冷落避險基金，改為推出分散投資多檔ETF的投資組合。連避險基金公司自己都越來越常發售ETF。

這些改變影響深遠，投資業曾經享有高額利潤，但純益率（profit margins）現在漸漸受到壓縮。雖然資產管理還是一門賺錢生意，但大多數潮流都走錯方向，管理費也持續承受調降的壓力。2018年，富達終於放下疑慮，姍姍來遲，加入指數型基金戰局，一出手就是史上第一檔零管理費ETF。消息一出，其他財富經理公司的股價隨之震盪，大家開始發現最後一戰的關鍵可能是零成本投資，至少在投資簡單、普通的指數型基金時毋須支付費用。

2019年，道富全球顧問的執行長賽瑞斯・塔拉波瑞瓦拉（Cyrus

---

31 數據也證明如此。除了「持續表現報告」之外，標普道瓊指數還記錄有多少共同基金擊敗他們的基準。在大多數年度，多數共同基金的表現都不如他們的指數，不論什麼市場都是如此。時間越是拉長，數據越是悽慘。自2020年6月起回溯十年，美國只有15%的選股公司擊敗他們的指數。債市除了會隨固定收益的口味發生變化之外，情況也大同小異。雖然在比較特殊、效率較低的資產類別（如新興市場），基金經理公司的成績稍微好一點，但整體而言，數據清楚顯示：長期來看，大多數基金經理公司的績效在扣除管理費之後，仍然不如他們的被動管理對手。

Taraporevala）在會議上打趣說：投資業正處在十字路口，「一條通往死心和絕望，另一條通往完全滅絕」。〔32〕這雖然是句玩笑話，但多少透露出瀰漫投資業的悲觀氣氛。值得注意的是，上市資產管理公司的股票已輸給美國大盤十年以上，只有貝萊德鶴立雞群，是唯一的例外。

金融業原本是為投資業效勞的，他們執行交易、生產經濟報告，也提供其他服務。但隨著投資生態改變，金融業也發生了變化。小說家蓋瑞・史坦因加特（Gary Shteyngart）曾經為寫作研究華爾街一年，他發現：在一波波浪潮襲來之後，金融業變得像大自然裡的「小幫手動物」（helper animal），只能為大動物剔牙以換得一小口食物。他對《巴倫周刊》（Barron's）說：「在紐約，只要你不是投資組合經理人，你就是小幫手動物，你的生存和大動物的健康唇齒相依。主角動物沒了，整個生態系也會跟著垮掉。」〔33〕雖然這像是職業作家的誇飾筆法，但其中的確包含部分真實，至少對金融業來說絕非虛言。

既然客戶快速改變，投資銀行、證券交易所、商業法律事務所和券商別無選擇，只能跟著改變。從金融研究部門設立專門分析ETF的團隊，到交易員更換生財工具以反映市場新勢力，金融業竭盡所能跟上潮流。大型ETF興起也重塑了公司債券的運作——現在，併購部門必須預先想好先鋒或貝萊德掠奪公司時的對策；債券部門除了協助上市和交易債券之外，還必須確保客戶的證券能進入重要指數。

然而，指數型基金革命的效應最終還是溢出金融業之外，而其中最

32 Robin Wigglesworth, "Why the Index Fund 'Bubble' Should Be Applauded," *Financial Times*, September 23, 2019.
33 Mary Childs, "Gary Shteyngart's View from Hedge Fund Land," *Barron's*, September 7, 2018.

大的引爆點是：被動投資的成長不只衝擊主動管理公司，也影響所有上市公司的經營（在私底下，連一些指數投資圈內人都勉強承認這點）。在一齣獨特的美國悲劇發生後，這個問題赤裸裸地浮上檯面。

CHAPTER

18

我們的新企業領主
Our New Corporate Overlords

2018年2月14日下午，尼可拉斯·克魯茲（Nikolas Cruz）乘Uber回到他曾經就讀的學校：佛州巴克蘭（Parkland）的瑪喬麗·斯通曼·道格拉斯中學（Marjory Stoneman Douglas High School）。那是個豔陽天。這名身形瘦弱的19歲的青年走上台階，拿出藏在黑背包裡的AR-15半自動步槍，開始射殺學生。

短短六分鐘內，克魯茲殺了十七名學生。這場毫無來由的殘酷屠殺再次引發美國的槍枝辯論。一切照本宣科：自由派大聲疾呼加強管制，保守派則堅持悲劇才剛發生，大家應該「思考與祈禱」，而非倉促行動。

豈料，指數型基金突然成了眾矢之的，因為社運人士指出他們是槍枝製造商背後的大股東，生還者大衛·霍格（David Hogg）甚至呼籲大眾杯葛貝萊德和先鋒。[1] 兩大投資巨人立場尷尬，畢竟他們的指數型基金裡的確有槍枝股。問題是：不論公司裡的主管對槍枝管制的看法如何，只要槍枝製造商還在他們追蹤的指數裡，他們就不能出清這些股票。

先鋒和貝萊德都承諾會與這些製造商會面，要求他們提出計畫，

1　Mike Murphy, "David Hogg Calls for Investors to Boycott BlackRock, Vanguard over Gun Holdings," MarketWatch, April 18, 2018.

說明如何降低他們的槍枝擴散造成的危險，以減少類似巴克蘭的悲劇再度發生。在此同時，他們也會推出排除槍枝製造商的指數型基金給投資人。貝萊德在聲明中說：「對民用武器製造商和零售商來說，我們相信負責的政策和行動對他們的長期發展是重要的。此刻尤其如此。」[2]

指數投資業裡也低調討論這起事件，思考他們對這樣的悲劇該做什麼、又能做什麼。看著電視報導這場慘禍，看著警察將驚魂未定的生還師生撤離校園，約翰·柏格定下心寫了封公開信給槍枝製造商，呼籲他們放低姿態，以更為具體的行動避免慘劇再次發生。「看見老師和孩子們這樣走出來，你不可能無動於衷。」他悲痛地寫道。但他也指出：真正具體的行動還是得靠政治人物，而不是指數型基金供應商。

畢竟情況有點棘手——指數型基金既不能出清他們的持股，也不能要求槍枝製造商別再製造槍枝。巴克蘭慘劇及後續風波顯示：指數型基金業「三巨頭」的規模和影響力擴張太快，已經開始引人側目。在他們的影響力逐漸擴大後，未來的關鍵戰場可能是他們何時、如何、為何要對世界各地的公司施展這份影響力。

「巴克蘭的事引發關注，讓貝萊德這樣的組織面臨艱難的問題。」曾在該公司擔任高級主管的人士說：「你要堅守道德立場，出清持股，造成追蹤誤差嗎？最後，我們乾脆再推出幾檔沒有軍火公司的基金。不過，貝萊德對指數裡的公司該怎麼經營管得越多，將來遇到指控就越不能用『沒辦法，它就是在指數裡』這個理由迴避指控。」

這是重大轉變。在早期，對指數型基金的批評集中在投資人不應

2　BlackRock, "BlackRock's Approach to Companies That Manufacture and Distribute Civilian Firearms," press release, March 2, 2018.

「接受庸才」，但這種攻擊已被鐵一般的數據狠狠粉碎。後來，有人認為指數型基金讓市場泡沫化，也有人指控它讓市場變得脆弱，但相關證據始終薄弱。而最新、或許也最有力的批評是：被動投資的成長強化業界寡占問題，對公司治理造成惡劣影響。

「公司治理」一詞或許看似枯燥冷僻，似乎只有怪咖律師才會注意，但它其實非常重要。公司在現代世界享有龐大的影響力，而它們最大的股東，現在越來越常是貝萊德、先鋒、道富等企業推出的指數型基金。這是這些企業無法迴避的議題，因為就算他們決定不使用影響力，「不使用影響力」本身也會造成影響。

指數投資的規模經濟必然導致後果。柏格晚年對這個問題日益不安，他指出：如果強化寡占的趨勢持續下去，少數幾家公司將逐漸在多數公司享有投票優勢，最後，美國每一家大型上市公司都會被他們控制。

「公共政策不能忽視他們逐漸壯大的霸權，更不能不思考這對金融市場、公司治理和規範所造成的衝擊。這將是即將到來的時代的重大議題。」柏格在去世前不久寫道：「我不相信市場權力這麼集中合乎國家利益。」[3]

• • •

保羅・辛格年過七十，戴副眼鏡，一頭銀髮和鬍鬚打理得整整齊齊。雖然他現在是人人聞之色變的避險基金掠奪者，但身上還是帶著昔日擔任律師的氣質。2001 年，他的艾略特管理公司因阿根廷違約而在世界

3　Jack Bogle, "Bogle Sounds a Warning on Index Funds," *Wall Street Journal*, November 29, 2018.

各地提告，纏訟多年後終於成功索得二十四億元，轟動業界。[4]2017年，他在寫給投資人的信中改變攻擊目標，全力砲轟被動投資。

　　他這封信寫得疾言厲色，主軸是各大公司數十年來越來越不負責，而指數型基金興起讓問題更加惡化。[5]辛格認為：不論指數型基金的收益多高，它都造成股東漫不經心，鼓勵公司怠惰和浪費。如果放任不管，最後可能導致更廣大的經濟失去部分活力。

　　「當越來越多管理團隊忽視研究、評估、公司治理、管理品質以及對長期展望的實際考量，就直接將資金委託給指數建構商和指數產品供應商，對資本主義會造成什麼影響？對成長、對創新又會造成什麼影響？」他洋洋灑灑問道。[6]

　　公司治理有沉悶、瑣碎、無聊的部分，一直以來，許多投資集團會把這類工作外包，交給一些稱為「投票顧問機構」（proxy advisor）的小公司。目前主宰這個小眾產業是兩大公司──葛拉斯・路易斯公司（Glass Lewis）和機構股東服務公司（Institutional Shareholder Services，以下簡稱ISS）──由於它們是企業和金融業之間的樞紐，往往能默默發揮龐大的影響力。

　　葛拉斯・路易斯的客戶橫跨全球一百多個市場，他們每年代表客戶參加兩萬五千場年會；ISS則在115個國家參加四萬四千場會議。委託這兩家公司服務的投資集團數以千計，管理的資產合計達數十兆。葛拉

4　譯註：雙方於2016年達成協議。
5　Simone Foxman, "Paul Singer Says Passive Investing Is 'Devouring Capitalism,'" Bloomberg, August 3, 2017.
6　信中批判被動投資的這部分下標為「舒服麻痺」（Comfortably Numb），用的是平克・佛洛伊德（Pink Floyd）同名歌曲的哏。辛格認為這正是太多投資人的態度。

斯・路易斯和ISS每年為這些客戶投下幾百萬票。

許多公司主管並不喜歡投票顧問機構，認為他們的服務太公式化，也覺得依賴他們不啻於放棄投資公司的責任。這種看法並不完全客觀（畢竟投票顧問機構的薪資要求讓他們不痛快），但有一部分是對的：投資集團持有股份的公司少則數百、高則數千，但他們多半不願多花心力處理這些公司的庶務。葛拉斯・路易斯和ISS的存在就是為了解決他們這種負擔。

主動經理公司雖然也會把業務包給投票顧問機構，但他們總是強調：如果他們不喜歡某間公司的方向，他們可以出清持股；而指數型基金別無選擇，只要那家公司還在指數裡，他們就必須繼續持有它的股票。被動投資公司並不認同這種說法，他們認為：即使他們對某間公司不滿意，但因為他們的持股實質上是「永久性資本」（permanent capital），所以他們更有能力、也更有意願鼓勵這間公司改變，不像主動經理公司總是炒短線，也許第二天就拍拍屁股走人。「你達成每季盈餘目標，我們會持有你的股票；如果你沒有達成目標，我們還是會持有你的股票。如果我們喜歡你，我們會持有你的股票；假使我們不喜歡你，我們還是會持有你的股票；別人搶著進場的時候，我們會持有你的股票；別人搶著出場的時候，我們也會持有你的股票。」先鋒執行長比爾・麥可納布（Bill McNabb）在2015年演講時說：「換個方式說：我們規模很大，我們不愛說三道四，我們看重的是長期。正因如此，我們格外注重公司治理。」[7]

不過，聽多了「被動基金即被動股東」的批評，大型指數基金也開

7　Bill McNabb, "Getting to Know You: The Case for Significant Shareholder Engagement," speech at Lazard's 2015 Director Event.

始改弦易轍。雖然公司治理的許多庶務還是委託投票顧問機構處理（如例行公事、核准審計報告等），但道富、貝萊德、先鋒近年已經建立大型「盡職治理」（stewardship）團隊，負責監督他們的基金所投資的所有公司，同時也更頻繁、更深入地參與董事會，不再事事言聽計從。2018年，賴瑞·芬克在每年寫給全體主管的信裡坦言：「指數投資的成長需要我們把這個職責帶向新的層次。」[8]

可是在辛格看來，這和虛應故事差不多。他強調自己並非質疑這些盡職治理團隊的專業，也承認這些努力或許改善了一點點公司治理（事實上，伊恩·艾普爾〔Ian Appel〕、陶德·高利〔Todd Gormley〕、唐納·凱姆〔Donald Keim〕等三名財金教授指出：指數型基金的股份增加之後，董事會變得更加獨立）[9]，但他還是認為：相對於指數型基金供應商的龐大規模，他們的盡職治理團隊太小，不可能全面了解幾千家公司的細節，也不可能掌握常常影響治理的突發狀況。因此，辛格不相信他們能做出良好的判斷。[10]

不過改變的確在進行，尤其是與「ESG」有關的領域。ESG是金融圈近年的流行詞，是環境（environmental）、社會（social）、治理（governance）的頭字母縮寫。融入ESG原則是今日橫掃投資界的另一股風潮，實務上常指不與不符合ESG原則的公司合作，或導正他們的方向。

被動投資公司雖然不能出清持股，但還是有很多招數可以運用，從

8　Larry Fink, "A Sense of Purpose," annual letter to CEOs, 2018.
9　Ian Appel, Todd Gormley, and Donald Keim, "Passive Investors, Not Passive Owners," *Journal of Financial Economics*, 2016.
10　Paul Singer, "Comfortably Numb," Elliott Management letter to investors, 2017.

低調遊說投票重選董事會成員，到否決薪資計畫，不一而足。雖然ESG
很容易被當成作秀，甚至「漂綠」（greenwashing）[11]，但有不少跡象顯示：
細微但真確的變化正在發生。

• • •

　　每年8月，芬克都會帶朋友和同事到阿拉斯加西南部的伊連納湖
（Lake Iliamna），來一場為期三天的飛蠅釣之旅。對這位貝萊德創辦人來
說，這裡就像他的宗教聖地。芬克天生健談，常常會邀其他商界巨人同
行，交際之餘也釣釣鱒魚。但2019年那次釣魚之旅不一樣，不但讓他
變了個人，可能連世界各地的公司都受到震動。

　　阿拉斯加那年遇上有紀錄以來最熱的7月，野火肆虐全州，原本美
如牧歌的鄉間陷入濃煙。[12]沒過多久，芬克與妻子蘿蕊（Lori）到波札那
（Botswana）的奧卡萬哥三角洲獵遊。那裡原本是寸草不生的喀拉哈里沙
漠中難得的綠洲，但那年的極端高溫讓三角洲的沼澤一片乾涸，造成大
象和動物在遷徙過程中死亡。

　　芬克掛心人類造成的氣候變遷已久，但直到前述阿拉斯加和波札那
之旅，他才真正感受到危機迫在眉睫，必須盡快處理。經過幾年的思考，
芬克終於決定傾貝萊德之力回應這個問題。

　　在2020年的年度信件中，芬克向貝萊德所投資的公司高層投下震
撼彈。信中除了承諾會將永續性ETF加倍到一百五十檔之外，也表示旗

11 譯註：以環保妝點門面，實際上並不關心。
12 Elizabeth Harball, " 'There Is No Silver Lining': Why Alaska Fires Are a Glimpse of Our
　　Climate Future," *Guardian*, August 23, 2019.

下所有主動型基金將排除使用燃煤的公司，並要求各公司提出依各種永續性量尺評估的標準化報告，強調貝萊德將「詳加評估，嚴謹一如審查信用、流動性風險等傳統指標」。

簡言之，芬克認為氣候變遷的危險已經足以構成投資風險。身為受託人，貝萊德別無選擇，只能強力回應。「我相信我們身處重塑金融基礎的前哨，」他寫道：「每一個政府、每一間公司、每一位股東，都必須面對氣候變遷問題。」[13] 為了避免各公司董事會裝糊塗，芬克明確告誡：「在公開永續性相關事項、商業實務及背後計畫等方面，如果各公司未有長足進步，我們將逐漸投票杯葛董事及高層管理人員。」

有人挖苦貝萊德假仁假義——要不是最近失去日本政府退休投資基金（Government Pension Investment Fund）的大生意[14]，貝萊德怎麼可能突然沒事找事？（該基金高達 1.6 兆，據報是貝萊德不夠重視 ESG，才沒能接下為他們管理指數投資的委託。）的確，世界許多大型機構投資者越來越注重 ESG，貝萊德擁抱永續性即使不是出於道德，在商業上也是明智之舉。但芬克的朋友不這樣看，他們說 2019 年的阿拉斯加和波札那之旅真的令他震驚，也開啟了貝萊德的新聖戰。

然而，這條路並非毫無險阻。不論這個議題多麼高尚或重要，它一定會將指數型基金供應商捲入政治爭議。作為股東，指數型基金公司應該扮演被動或主動的角色？在我們正要步入的被動投資時代，尋求兩種角色之間的平衡將是最大的挑戰，在政治或文化高度對立時尤其如此。

13 Larry Fink, "A Fundamental Reshaping of Finance," BlackRock 2020 letter to CEOs.

14 Billy Nauman and Leo Lewis, "Moral Money Special Edition: Hiro Mizuno, Japan's $1.6tn Man," *Financial Times*, December 12, 2019.

　　對指數型基金公司來說，各種相互衝突的批評常常令人洩氣。曾任貝萊德公共政策主任的芭芭拉・諾維克說，讓各方人馬滿意是一道永遠無解的難題。「資產管理公司做得太少？做得太多？還是做得恰到好處？」2019年，她在哈佛一場公司治理論壇上說。[15]

　　當時已經出現針對貝萊德的反彈。有些主管和競爭對手認為芬克故做清高，深感不快。「我不知道賴瑞・芬克什麼時候成了神。」2018年，房地產億萬大亨山姆・塞爾（Sam Zell）埋怨道。[16] 不過，和芬克2020年那封氣候變遷信引起的後續效應相比，塞爾的牢騷簡直不值一提。芬克發布那封信之後，有些人認為貝萊德忘乎所以，仗著幫投資人管理財富的勢對公共政策領域說長道短。美國一群保守派商界領袖組成股東股權聯盟（Shareholder Equity Alliance），在公開信中痛批芬克拿投資人的錢玩政治：「不論是逼各公司投入虛無飄渺的『永續性』，還是將『不可接受』的公司趕出業界，淨效應是一樣的：創造一個過度意識形態、凌駕法律規範的制度。」[17]

　　介入重大議題注定兩邊不討好，政治光譜另一端的人攻擊起芬克也毫不手軟。社運人士說貝萊德為扭轉氣候危機做得不夠，連艾爾・高爾（Al Gore）都參上一腳。「我認為大型被動投資公司面臨的抉擇非常困難：要繼續出資摧毀人類文明嗎？還是不要？」這位前副總統說：「他們的模式就是如此，他們沒辦法使用主動管理公司使用的策略，這一點我了

15 David McLaughlin and Annie Massa, "The Hidden Dangers of the Great Index Fund Takeover," *Bloomberg BusinessWeek*, January 9, 2020.

16 Andrew Ross Sorkin, "World's Biggest Investor Tells CEOs Purpose Is the 'Animating Force' for Profits," *New York Times*, January 17, 2019.

17 Shareholder Equity Alliance, Letter to Lawrence Fink, press release, April 15, 2020.

解。他們正在嘗試，但仍未成功。」[18]

芬克坦言：他一點也不想成為左右兩方的箭靶，但2020年那封氣候變遷信之後，他已沒有退路。但他堅持這是做對的事——既然貝萊德以盡職治理投資人的錢為使命，就應該這樣做。他說：「我們必須著眼於長期目標，而長期目標就是做對的事……客戶既然把錢託付給我們，我們責無旁貸——必須讓他們了解氣候變遷的衝擊。」此外，從貝萊德繼續成長來看，他認為投資人整體上是認同這種作法的：「雖然我被左右兩邊叮得滿頭包，但我們現在做的事是對的，所以投資人願意給我們更多生意，讓我們的聲音比以前更受重視。」

但值得注意的是，連經常被視為投資界良心的華倫·巴菲特，都不贊成刻意推動ESG。他說股東更在乎的其實是公司能創造利潤，而非「做好事」。他也指出：真正具有決定性的改變必須有民主正當性。[19]事實上，有些政府已經開始留意巨型投資集團，希望能預防它們阻礙資本主義的動能。

• • •

紐約大學法學院范德堡樓（Vanderbilt Hal）的格林柏廳氣氛靜謐，不像是投資公司、監管機關和經濟學家吵吵鬧鬧開會的地方。可是在2018年12月8日，這裡真的舉辦了這樣一場會議。這場聽證會由聯邦

18 Gillian Tett, Billy Nauman, Patrick Temple-West, Leslie Hook, Mehreen Khan, Anna Gross, Tamami Shimizuishi, and Andrew Edgecliffe-Johnson, "Al Gore Blasts BlackRock," *Financial Times,* December 11, 2019.

19 Robert Armstrong, "Warren Buffett on Why Companies Cannot Be Moral Arbiters," *Financial Times,* December 29, 2019.

貿易委員會（Federal Trade Commission）召開，處理的是讓指數基金業備受困擾的爭議理論：「共同持股」（common ownership）。

　　共同持股理論的主要論點是：如果一家公司知道自己最大的股東也持有競爭對手的大量股票，他們會比較沒有投資新產品、新服務或競爭價格的動機。這並不是說他們會聚在一起密室協商，一邊抽菸一邊敞開來談反競爭計畫，而是說大量交叉持股可能間接產生近似心理抑制的效果，讓公司缺少競爭動力。雖然共同持股理論適用於所有大型投資工具（例如共同基金），但指數基金業的實質寡占地位讓這套理論尤其貼切——在標普500公司裡，超過五分之四的最大股東是貝萊德、先鋒或道富。

　　這套理論的基本框架早在1984年便已成形，為它奠下基礎的是經濟學家胡立歐・羅滕堡（Julio Rotemberg），但直到三名年輕經濟學者在2014年發表〈共同持股的反競爭效應〉（Anti-competitive Effects of Common Ownership），它才真正成為備受關注的議題。[20]荷西・阿札爾（José Azar）、伊莎貝爾・泰谷（Isabel Tecu）、馬丁・施馬爾茨（Martin Schmalz）三人仔細耙梳航空業的數據，結果發現票價可能比原本應該定的價格高，他們推測是航空公司的大股東重疊所致——不論美國航空、達美航空、西南航空，還是聯合航空，都有很大一部分的股票是由貝萊德、道富、先鋒、波克夏等大公司持有。

　　這個觀察意義深遠：難道競爭動力——現代資本主義的基石——會因為共同持股的關係減弱？舉例來說：JP摩根銀行的主動投資人也許會積極鼓勵它擊敗對手，但持有美國每一家銀行股票的指數型基金，恐怕

---

20 José Azar, Martin Schmalz, and Isabel Tecu, "Anti-competitive Effects of Common Ownership," *Journal of Finance*, May 2018.

就不會這樣做。

共同持股理論一開始被當成蛋頭經濟學家的奇思異想，畢竟航空業是出了名的容易破產，怎麼看都不像有反競爭行為。身價數十億的企業家理查・布蘭森（Richard Branson）還曾經開過一個玩笑：如果你想成為航空業的百萬大亨，最好的辦法是先成為億萬富翁，然後去投資一家航空公司。不過，共同持股理論近年逐漸受到注意。2017年，《大西洋》（The Atlantic）雜誌一篇討論這個議題的文章毫不客氣，直接下標：指數型基金邪惡嗎？（Are Index Funds Evil?）。[21]

美國政府處理反壟斷議題的機關是聯邦貿易委員會。2018年末，它決定舉辦公開聽證會討論這個議題。除了一大群律師、法學教授、好奇的財經記者，以及聯邦貿易委員會和證管會的幾位委員之外，馬丁・施馬爾茨也受邀出席，說明他們三名經濟學家的看法。貝萊德亦擺出十分重視這個議題的姿態，由諾維克親自出馬反駁施馬爾茨等人的說法。「這場辯論不只是學術討論而已。」聯邦貿易委員會委員挪亞・菲利普（Noah Phillips）在會議中強調：「今天，全世界的反壟斷執法者都和我們一樣，也在關注它的發展，嘗試把共同持股問題列入分析。」[22]

對於共同持股效應，受貝萊德、先鋒、投資公司協會委託的研究做出不同結論。這些指數投資巨人說他們幾乎在每間公司都是小股東，而且他們投資的是整個市場，如果真的有反競爭行為，他們也將同受其害。

舉例來說：航空公司不打價格戰或許能讓他們得利，但航空旅行減

21 Frank Partnoy, "Are Index Funds Evil?," *Atlantic*, September 2017.

22 Brooke Fox and Robin Wigglesworth, "Common Ownership of Shares Faces Regulatory Scrutiny," *Financial Times*, January 22, 2019.

少也會造成他們投資的旅館業損失。柏格認為這個理論「荒謬」，因為影響公司行為的因素太多。例如公司主管的薪水往往與公司股價表現有關，所以不論先鋒或貝萊德是否持有他們競爭對手的股票，他們都會盡力讓股價上漲。

不過有跡象顯示，某些反壟斷機關已經開始認真看待這個問題。例如在2017年，杜邦（DuPont）和陶氏化學（Dow Chemical）將合併案送交歐盟執委會（European Commission）審查。由於這兩家公司有高比例的共同持股，歐盟執委會考慮再三，最後要求它們必須將殺蟲劑生意轉手，才准許它們合併。[23]沒過多久，作風強悍的競爭事務負責人瑪格麗特‧韋斯泰格（Margrethe Vestager）表示，執委會正在「審慎」留意共同持股議題。[24]

有法律學者說我們該做的遠遠不只是審慎留意而已，因為目前的發展已經必須採取具體行動。「水平持股之所以變成當前最大的反競爭威脅，主要是因為我們根本沒有處理這種反競爭問題。」反壟斷是哈佛法學院艾納‧艾爾豪格（Einer Elhauge）教授的專精議題，在檢視這個領域的所有歷史資料後，他在2020年發表的論文裡做出結論：「這種執法被動至為不當。」[25]

•　•　•

23 McLaughlin and Massa, "The Hidden Dangers of the Great Index Fund Takeover."

24 Marc Israel, "Renewed Focus on Common Ownership," White & Case LLP, May 18, 2018.

25 Einer Elhauge, "How Horizontal Shareholding Harms Our Economy—And Why Antitrust Law Can Fix It," *Harvard Business Law Review*, 2020.

　　也許，圍繞公司治理和共同持股的辯論，只是某個更深、更廣、更難的議題的副產品。忙著釐清這些議題的學者和分析師，會不會就像盲人摸象故事裡的那幾個盲人一樣，只摸到大象像蛇或像樹幹的部分？我們這個案例裡的大象，是指數投資業巨人的龐大規模與成長速度。畢竟「龐大」本身就是個廣泛、模糊卻又關鍵、棘手的議題。

　　其實每個產業都看得到規模過大造成的問題，最近廣受批評的「科技巨頭」就是如此。但指數投資業的特殊之處在於：在這個產業裡，規模無疑是優勢。傳統主動投資基金規模擴大之後，績效往往會萎縮；指數型基金則完全商品化，規模越大，經營成本越低，所以費用可以繼續調降，吸引越來越多的投資人。此外，大型ETF通常交易更頻繁，讓它們的魅力更添一層。於是，大者愈大成為指數型基金不變的特色，讓少數幾個身價上兆的投資集團能插手全球每家公司。

　　這正是哈佛法學教授約翰・柯茲（John Coates）的研究主題。在他備受矚目的論文〈十二的問題〉（The Problem of Twelve）中，他指出：被動投資的「巨型浪潮」（mega-trend）有權力集中之虞。在指數基金巨頭、投票顧問機構和幾個可能還會繼續成長的傳統投資集團裡，有十二個左右的人會因為這股浪潮而得到無可抗衡的權力。[26]

　　「除非法律改變，否則指數化效應將徹底反轉『被動』投資的概念，創造出我們這個時代最集中的經濟控制。」柯茲警告：「這十二個掌控大部分經濟的人，甚至可能造成第一序的合法性與課責性問題──我們甚至可以稱它為小型的憲政挑戰。」

26 John Coates, "The Future of Corporate Governance Part 1: The Problem of Twelve," Harvard Public Law Working Paper, October 2018.

　　這種論點或許聽來驚悚，可是在指數投資的誕生地美國，這股浪潮依然洶湧、強大，而且仍在加速。過去十年，進入美國投資市場的每一塊錢，大約都有八毛落入先鋒、道富和貝萊德的口袋。結果是：在過去二十年，這三大巨頭持有的標普500公司股份合計增加四倍，從1998年大約5％，到今天超過20％。〔27〕而根據哈佛法學院的路希安·貝德查克（Lucian Bebchuk）和波士頓大學的史考特·赫斯特（Scott Hirst）的研究，由於不是每個投資人都會在年會中投票，所以先鋒、道富、貝萊德能掌握的股東票大約可達四分之一。

　　貝德查克和赫斯特推估：這種趨勢如果繼續，三巨頭十年內能掌握超過三分之一的股東票，二十年內能掌握大約41％。他們在2019年的論文中指出：「在這套『三巨頭』劇本裡，凡是沒有能掌控大局的大股東的美國大公司，這三家投資管理公司實質上都能大幅主導它們的股東投票。」〔28〕

　　芬克當然認為這種說法荒謬無比。他說：雖然貝萊德和它最大的幾個競爭對手規模驚人，但資產管理業其實比其他產業更不集中。另外，如果社會形成共識，認為他們的規模不利公司治理或影響太大，他可以解決這個問題——把公司拆成規模較小、各自獨立的法人，各有各的研究和盡職治理團隊。雖然這樣做很複雜、花費也很高，但不是做不到的。「如果社會認為這是個大問題，我要說這是可以解決的。」芬克說：「而且我還是能提供透明性、便利性和（低廉的）價格。」

---

27 Lucian Bebchuk and Scott Hirst, "The Specter of the Giant Three," National Bureau of Economic Research, June 2019.

28 Bebchuk and Hirst, "The Specter of the Giant Three."

　　然而柏格沒這麼樂觀，他在晚年一直為這個重大議題不安。指數投資公司的成功和規模所造成的短暫社會代價，什麼時候會超過它帶給投資人的實際、可量化的利益？有沒有什麼辦法可以既減少這種趨勢的壞處，又保留指數型基金帶給成千上萬人的好處？

　　「很難推測我們會變得多大，後果也很難預料。但這的確是我們必須處理的問題。」柏格在2019年1月去世前仍接受了幾次訪問，他在其中一次裡坦言：「我們不能視而不見。但解決它的時候，我們得小心別毀了金融史上最偉大的發明。」[29]

29 Robin Wigglesworth, "Passive Attack: The Story of a Wall Street Revolution," *Financial Times*, December 20, 2018.

結語
Epilogue

　　兩個半世紀以前，阿姆斯特丹是全球最大的商業中心，但它的許多富商當時正為世上第一場金融危機所苦──英國東印度公司股票崩盤造成一連串銀行破產、政府紓困，最後是國有化。儘管歐洲稚嫩的市場連續震盪，但一名沒沒無名的荷蘭商人和券商卻從中得到靈感，設計出超前時代的金融工具。

　　1774年，亞伯拉罕‧馮‧凱特維希（Abraham von Ketwich）成立全新的集資投資信託，起名「Eendragt Maakt Mag」──荷蘭語的「團結就是力量」。他以每股500荷蘭盾的價格賣給投資人，賣出兩千股後，再以收益購買五十種債券，組成分散的投資組合。他買的債券分十類，有農園貸款、由西班牙或丹麥道路通行費抵押的債券、歐洲各國政府發行的國債等等。當時的債券是實體證明書，寫在紙上、甚至山羊皮上。凱特維希將它們收藏在鐵箱，上三道鎖，只有在「團結就是力量」委員會和一名獨立公證人見證下才能打開。他計畫每年支付4%的股利，最終收益等二十五年後再發，希望分散的投資組合能保護投資人。[1]

　　可惜「團結就是力量」命運多舛，先是1780年爆發英荷戰爭，後是

1795年拿破崙占領荷蘭，原本預計每年發放的股利從來沒能發放，投資人也直到1824年才取回收益，每股獲得561盾。儘管如此，「團結就是力量」仍是偉大的發明，後來也繼續帶給金融界啟發，讓投資信託在英國誕生，也促成我們熟知的共同基金。從避免交易、分散投資、收費低廉（每年只收0.2％的費用）這幾個特點來看，它可以說是今日指數型基金的終極精神遠祖。

　　一下子倒回十八世紀的阿姆斯特丹或許有點奇怪，但「團結就是力量」凸顯了一個事實：金融業一直在演進，而許多發明的重要性一開始常常沒人注意。起步時不被看好的指數型基金也是如此。物理學家尼爾斯·波耳（Niels Bohr）曾經開玩笑說：預測很難，預測未來更是難上加難。但我們現在已經開始看見全球投資業未來的輪廓，也能大致猜測這樣的未來對市場有何意義：除非發生劇變，在將來一個世代以內，全球投資業的多數資金將繼續投入指數型基金，或使用指數型策略管理。

　　金融市場或許令人卻步。對外行人來說，它常常看似神祕、多變，甚至危險，但它也是現代資本主義體系的基礎。因此，像指數革命這樣大的變動，一定會深刻影響全球經濟的許多面向。你或許認為指數型基金與你無關，但它已經用各種方式進入你的生活，而我們才剛剛開始研究它發揮影響的途徑而已。它是歷史上對金融業衝擊最大的變化之一，將來甚至可能重塑資本主義本身。

　　雖然我們在最後幾章點出它的許多潛在問題，但同樣不應忘記的是柏格的觀察：在華爾街歷史上，指數型基金是少數真正幾乎百分之百有

1　Jan Sytze Mosselaar, *A Concise Financial History of Europe* (Rotterdam: Robeco, 2018).

益的發明。這種破壞性創新已經為投資人省下幾千億，再累計幾年無疑
還會破兆。請稍停片刻，想想其中的意義。幾乎每一個存下退休金、急
用錢、送孩子上大學、買房子的人，都直接或間接收割了廉價的指數型
基金的利潤。

的確，指數型基金正悄悄改變現代金融。可是在它之前，共同基金
也是如此；在共同基金之前，投資信託還是如此。擔心權力集中在少數
人手上雖非杞人憂天，但更長期、更不分散的股權結構或許更有益於公
司治理。就算並非如此，我們也有減低這種危險的辦法。

1970年代那群催生指數投資的異類有決心、敢挑戰，可以說是現
代最重要、也最被低估的人。雖然他們掀起的革命的確伴隨副作用，我
們也必須正視並設法解決那些缺點，但他們帶來的利益是真實的，也是
龐大的。

致謝
Acknowledgments

　　雖然這本書只有一個作者，但它其實是許多人合作的成果，不論他們知不知道自己成就了這本書。

　　首先感謝所有慷慨撥冗說出他們的故事的人。記者的成敗繫於消息人士，我極其幸運能在本書寫作期間得到這麼多幫助——其中幾位甚至在這本書還八字沒一撇時就幫了我。雖然部分消息人士要求匿名，我還是希望在此向你們致上深深的感謝。你們知道我感謝的是你。

　　很多人不只和我談了好幾個鐘頭電話，也耐心回覆我後續確認細節的電郵。有幾位甚至是在紛擾混亂的疫情期間給予我協助，這令我更為感激。值得一提的是：很多前輩現在已經7、80歲，甚至90多歲了，但他們的活力與機敏還是令我汗顏。

　　我要特別感謝總是神采奕奕的約翰・柏格。我先前已經為《金融時報週末雜誌》(*FT Weekend Magazine*)的報導採訪過他幾次，那篇報導後來也變成這本書的骨幹。2018年12月末，他親切地撥電話給我，想知道我需要的是不是都已經找到了。他當時正要去醫院，擔心自己恐怕不久於人世。一個月後，他溘然長逝，享年89歲，無疑將青史留名。

特別感謝我的經紀人茱莉亞‧伊格頓（Julia Eagleton）和編輯莉雅‧楚伯斯特（Leah Trouwborst）。茱莉亞有追蹤我在《金融時報》的報導，在我還沒意識到之前就看出這會是個好故事。在整個寫作過程中，雖然她必須面對疫情，還跨過大西洋換了公司，但她一直給我充分的支持和寶貴的建議。很幸運地，莉雅和茱莉亞看法一致，也認為指數型基金的這段故事值得出書，我永遠感謝。我想，這次寫書之所以遠比我想像中有趣，大半是因為她熱情投入，還有願意容忍我不斷去信。後來接棒的挪亞‧史瓦茲伯（Noah Schwartzberg）沉著地完成任務；露西‧伍茲（Lucy Woods）也做了出色的事實查核工作，而且讓我將泰瑞‧普萊契偷渡到書裡。但當然，書中如果仍有錯誤，概由本人負責。

朋友和舊識也給了我許多協助，有的是加油打氣，有的是傳授寫作技巧，有幾位甚至不辭辛苦詳讀我的冗言贅句，為我指出遺漏或錯誤，並介紹自己的舊識給我。我想特別點名感謝查理‧艾利斯、伊旺‧柯克（Ewan Kirk）、約翰‧沃斯（John Woerth）、吉姆‧李普、楊‧特瓦多斯基、艾瑞克‧克羅希爾（Eric Clothier）、賴瑞‧亨特、弗瑞德‧葛勞爾、菲力克斯‧薩爾蒙（Felix Salmon）、克里夫‧韋伯（Cliff Weber），他們都幫我揪出不同章節的錯誤或疏漏。如果仍有漏誤，責任在我。查理是鼓勵我寫這本書的表率——也是我一切的表率。德明信和貝萊德都寄贈他們自己編的公司史給我，是我寫相關章節時的重要參考資料。基普‧麥可丹尼爾（Kip McDaniel）[1] 好心容我進入《機構投資者》的檔案室，對我這樣的金融史宅來說，那猶如置身天堂一日。

1　譯註：《機構投資者》前總編輯。

　　能與《金融時報》優秀的同事共事，我深以為幸。他們不但天天在工作上為我帶來知性刺激，也是 2020 年諸事不順時吐苦水的良伴（這本書大部分都是那年寫的）。感謝凱蒂・馬丁（Katie Martin）、伊恩・史密斯（Ian Smith）、班・麥可蘭納翰（Ben McLannahan）、東尼・塔索（Tony Tassell）、傑夫・代爾（Geoff Dyer）、哈莉特・阿諾德（Harriet Arnold）、亞當・山桑（Adam Samson）和《金融時報》一流的編輯團隊，謝謝他們（大多數時候）耐心忍受我的大量牢騷。市場和投資團隊裡有太多優秀的好同事，我無法一一點名，但我愛你們，第一杯酒請讓我請。從十二年前加入《金融時報》集團後，這裡真的帶給我太多快樂，為此，我要感謝茹菈・哈拉夫（Roula Khalaf）和安德魯・英格蘭（Andrew England）這些年願意讓我嘗試，也要感謝詹姆斯・莊門德（James Drummond）一路的栽培。我相信沒有多少記者有我這般好運。

　　不論自己願不願意承認，每一個記者都是站在巨人的肩膀上。這本書有許多地方得力於其他記者、作者、金融史家的扛鼎之作。我想用一個大故事串起來的許多主題，都是他們親自探究之後的心血結晶。彼得・伯恩斯坦是了不起的典範，這本書最前面幾章受惠於他的著作非常多。柯林・瑞德的（Colin Read）的《效率市場假說群像》（*The Efficient Market Hypothesists*）對這本書的幫助也很大。對先鋒創辦人波瀾壯闊的一生感興趣的讀者，千萬不可錯過路易斯・布拉罕為約翰・柏格寫的傳記。關於 ETF 的誕生，雷夫・雷曼（Ralph Lehman）的《難解的交易》（*The Elusive Trade*）敘述得極為詳盡。對於派蒂・鄧恩時代的富國投顧／BGI，安東尼・畢昂哥（Anthony Bianco）的《彌天大謊》（*The Big Lie*）有十分生動的陳述。我也要在此感謝財經記者約翰・奧瑟茲（John Authers）、

吉蓮・邰蒂（Gillian Tett）、詹姆斯・麥金塔（James Mackintosh）、傑森・茲威格（Jason Zweig），以及產業專家黛柏拉・富爾（Deborah Fuhr）、班・強森（Ben Johnson）、艾瑞克・巴楚納斯（Eric Balchunas）、大衛・納迪格（David Nadig）等人，我與他們或是曾經共事，或是仰慕已久，從他們身上學到很多。站在這些巨人的肩膀上，我誠惶誠恐。

最感謝的還是家人。在疫情封城期間，我女兒有一天寫了一道謎語，得意洋洋地要我猜猜看：「什麼東西工作又工作，永遠都在工作？」知道答案是我的時候，我心裡一驚。

我是少數真心喜歡自身工作的幸運兒。不幸的是，這讓我周遭的人付出不少代價。妻子岡沃（Gunvor）多年來付出無比的耐心，甚至容我一個人關在屋裡幾個星期拚完這本書，但她至少本來就知道她要嫁的人是什麼德性。我的一切都歸功於我的父母薇蓮（Willen）和彼得（Peter），但他們也得為我變成工作狂負責。我的兄弟菲利普（Philip）給我很多鼓勵，總說我比我自己以為的聰明。但他的運氣也不錯，一直沒有被我無法收拾的後果波及。

最重要的是，這本書獻給我的孩子瑪蒂姐和芬恩，他們的搞笑讓每一天充滿歡樂。

Ted Seides, CFA
Director of Investments

protégé partners

The MoMA Office Building
25 West 53rd Street, 15th Floor
New York, NY 10019

(212) 784-6320
fax (212) 784-6349
ts@protegepartners.com

[handwritten note:] Mr. Seides — The number has to be 10 — equally weighted — + the competitor is the S+P 500, however, the wager has to be substantial along with a l/c a collateral — WB

Dear Warren,

Last week, I heard about a challenge you issued at your recent Annual Meeting, and I am eager to take you up on the bet. I wholeheartedly agree with your contention that the aggregate returns to investors in hedge funds will get eaten alive by the high fees earned by managers. In fact, were Fred Schwed penning stories today, he likely would title his work "Where Are the Customers' G5s?"

However, my wager is that you are both generally correct and specifically incorrect. In fact, I am sufficiently comfortable that unusually well managed hedge fund portfolios are superior to market indexes over time that I will spot you a lead by selecting 5 fund of funds rather than 10 hedge funds. You must really be licking your chops!

To be fair, my five picks are not the ordinary fund of funds you might read about in *Barron's*. Each has been trained in the discipline of value investing with a long time horizon and has experience vastly different from the crowd of fee gatherers in the industry. You might call them "The Superinvestors of Endowmentsville."

Without diving into detail, the managers of these funds selected or helped select hedge funds at ▬▬▬▬▬▬▬▬▬▬▬▬▬▬▬▬▬▬▬▬▬▬▬▬▬▬▬▬▬▬

I am flexible as to what stakes you propose. I would offer a typical "loser buys dinner at Gorat's," but I hear your going rates for a meal are higher than mine these days (though my wife and young kids might beg to differ).

Best of luck and I look forward to hearing your index selection.

Sincerely,

TA Seides

Ted Seides, CFA
Director of Investments, Protégé Partners

protégé partners

泰德・塞德斯去信接受華倫・巴菲特的挑戰,願意選擇數檔避險基金與巴菲特的一檔指數型基金對決。
波克夏・海瑟威董事長直接在信上寫下正面答覆,寄回給他,塞德斯十分欣喜。

上｜哈利‧馬可維茲聰明過人，喜愛哲學，是史上最有影響力的經濟學家之一。對許多崇拜他的人來說，他的現代投資組合理論是現代金融的起源，也為指數型基金的發明提供了重要學術基礎。

下｜哈利‧馬可維茲的學生威廉‧夏普證明：整個股票市場是風險與報酬之間的最佳權衡。他的作品讓自己和馬可維茲獲得諾貝爾經濟學獎，也為第一檔被動追蹤市場基金的誕生做好準備。

上｜尤金‧法馬曾是運動健將，他的效率市場假說是經濟學革命之作，也是芝加哥大學的金字招牌。他的貢獻為一群金融業異端提供了知識後盾，讓他們打造出第一檔指數型基金。

左｜約翰‧「麥可」‧麥克考當過農夫和海軍工程師，進入金融業時已經對電腦無比著迷。這兩個領域的結合讓他如虎添翼，為富國銀行推出第一檔指數型基金。

右｜百駿財管創辦人迪恩‧里巴倫性好交際，雖然他未必信服效率市場假說，但的確認為指數型基金合乎許多投資人的需求，對於推出全新產品也樂觀其成。

上｜一九八六年《機構投資者》的封面。業界原本十分看好威靈頓公司與波士頓TDP&L的合併——威靈頓這家老字號投資公司需要注入新血，與TDP&L這群「天才」財富管理人可謂天作之合——但這場合作很快變調。

下｜「柏格男孩」。先鋒創辦人約翰·柏格總是親自栽培年輕助理。每年聖誕節，所有前任和現任助理都會和他共進晚餐，開懷暢飲。後排從左到右：傑瑞米·杜斐德、吉姆·李普、丹尼爾·巴特勒（Daniel Butler）、楊·特瓦多斯基、鄧肯·麥可法蘭；前排從左到右：傑克·布倫南、提姆·巴克利（Tim Buckley）、約翰·柏格、吉姆·諾理斯。

上｜大衛・布斯、雷克斯・辛格費德、賴瑞・克洛茲共同創立德明信基金顧問公司，並請他們的師父約翰・麥可考和尤金・法馬擔任董事，準備推出新一代指數型基金。從左到右：麥可考、克洛茲、法馬、布斯、辛格費德。

下｜指數投資現象迅速崛起，代表的是學術人才和開明的金融門外漢合作成功。這張合照是很好的例子：約翰・麥可考、大衛・布斯和富國銀行顧問、未來的諾貝爾獎得主邁倫・修爾斯。

上｜弗瑞德・葛勞爾（左）原已準備讓派翠西亞・鄧恩當他的接班人，沒想到鄧恩在薪資協商中與BGI的母公司巴克萊集團妥協，還在他離開後獨掌大權，令他憤怒萬分。站在兩人中間的是BGI資深主管艾瑞克・克羅希爾，他十分符合這裡「和善、聰明、有志氣」的公司文化。

下｜賴瑞・芬克曾在波士頓第一銀行工作，是那裡的「宇宙大師級」債券交易員。可是在他的團隊損失一億元之後，他被迫離開。後來他創立貝萊德，使它成為全世界最大的投資集團，甚至大膽收購被動投資界的明珠──巴克萊全球投資。

COURTESY OF THE LEUTHOLD GROUP

投資業早年多半輕視新出現的指數投資，可是在後者開始吸引投資人之後，同業的態度也從嘲弄轉為攻擊──有時是無意間流露鄙夷，有時是惡意而為。這張挖苦海報是奉行主動管理的投資管理公司盧索得印的，當年為指數投資打前鋒的幾家公司都有收到。（本文p.105）

指數型基金與ETF管理的財富（單位：兆元）

■ 指數型基金　　▨ ETF

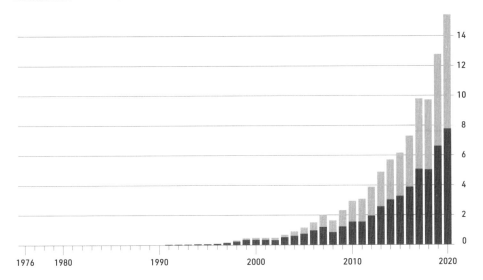

雖然指數型基金早在1970年代就已問世，但真正開始崛起是1990年代，過去十年更飛速成長（不論被動共同基金或ETF，都是如此），占領越來越多投資市場。

分析

指數型基金與ETF管理的財富（單位：兆元）

■ 股票ETF　▨ 債券ETF　▨ 其他ETF　■ 股票指數型基金　▨ 債券指數型基金
Equity ETF　　Bond ETF　　Other ETF　Equity Index Fund　Bond Index Fund

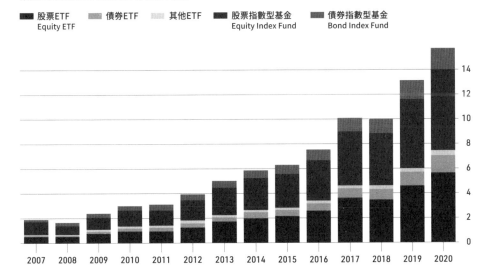

從追蹤油價的指數投資證券，到被動貨幣市場基金，指數型基金的形式很多。股票指數型基金到目前為止還是最大的，但債券指數型基金近年快速成長，未來十年預計也將繼續擴大版圖。

FOCUS 34

兆億大戰
指數型基金與ETF如何崛起成為大眾致富金鑰，並改變全球投資樣貌

TRILLIONS
How a Band of Wall Street Renegades Invented the Index Fund
and Changed Finance Forever

作　　者　羅賓·魏吾絲（Robin Wigglesworth）
譯　　者　朱怡康
總 編 輯　林慧雯
封面設計　黃暐鵬

出　　版　行路／遠足文化事業股份有限公司
發　　行　遠足文化事業股份有限公司（讀書共和國出版集團）
　　　　　地址　231新北市新店區民權路108之2號9樓
　　　　　電話　（02）2218-1417；客服專線　0800-221-029
　　　　　客服信箱　service@bookrep.com.tw
郵撥帳號　19504465　遠足文化事業股份有限公司

法律顧問　華洋法律事務所　蘇文生律師
印　　製　韋懋實業有限公司
出版日期　2024年4月　初版一刷
定　　價　620元

I S B N　9786267244432（紙本）
　　　　　9786267244456（PDF）
　　　　　9786267244463（EPUB）
有著作權，侵害必究。缺頁或破損請寄回更換。
特別聲明　本書中的言論內容不代表本公司／出版集團的立場及意見，由作者自行承擔文責。

行路Facebook
www.facebook.com/
WalkPublishing

儲值「閱讀護照」，
購書便捷又優惠。

線上填寫
讀者回函

國家圖書館預行編目資料

兆億大戰：指數型基金與ETF如何崛起成為大眾致富金鑰，
並改變全球投資樣貌
羅賓·魏吾絲（Robin Wigglesworth）著；朱怡康譯
一初版一新北市：行路出版，
遠足文化事業股份有限公司發行，2024.04
面；公分
譯自：Trillions: How a Band of Wall Street Renegades
　　　Invented the Index Fund and Changed Finance Forever
ISBN 978-626-7244-43-2（平裝）
1.CST：共同基金　2.CST：投資　3.CST：歷史
563.5　　　　　　　　　　　　　　113002984